资本之税 2

TAX OF CAPITAL

张远堂　著

TAX PLANNING OF INVESTMENT MERGER AND REORGANIZATION

投资并购重组节税策划

法律出版社 LAW PRESS · CHINA

序言

本书之所以叫《资本之税2:投资并购重组节税策划》,是因为重写了《资本之税:投资并购重组税收成本和节税策划》一书85%以上的内容;之所以重写,是因为:

1.《资本之税:投资并购重组税收成本和节税策划》一书结稿于2013年。那时资本项目的所得税收优惠政策只有财税〔2009〕59号,土地增值税优惠政策还适用财税〔1995〕48号,“营改增”还处于试点阶段。2014年年末以来为贯彻国务院〔2014〕14号文件的精神,财政部、国家税务总局在资本项目企业所得税方面相继出台了财税〔2014〕116号、财税〔2014〕109号、国税〔2015〕40号、财税〔2016〕101号;在个人投资所得税方面相继出台了财税〔2015〕41号和财税〔2018〕55号;在土地增值税方面废止了财税〔1995〕48号和财税〔2015〕5号,出台了财税〔2018〕57号;在契税方面废止了财税〔2015〕37号及以前的政策,出台了财税〔2018〕17号;在增值税方面在国税2011年13号公告的基础上增加了财税〔2016〕36号附件2的相关内容。原有税收政策的更迭和新政策的出台是重写本书的重要原因之一。

2.为尽量使本书成为实务者手中的工作手册和学习者手中的教材,《资本之税2:投资并购重组节税策划》删除了原书冗长的论述,改为直截了当地阐述税收基准和税收优惠政策,将税收认定和税收征管相结合,将税收优惠政策和适用条件相融合,从而大大提升了本书的实用性;用图形、举例、会计分录、平常白话解说税法和税收优惠政策,并增加了资本项目会计基础知识和税收基础知识,从而大大提升了本书的学习性;对每一种资本项目都使用法律、财务、税收的定义、思维、语言和逻辑进行阐释和贯通,消除彼此的篱笆,使法律人知道会计如何核算资本项目,使财务人知道法律如何定性资本项目以及在不同资本项目中如何适用不同的税收优惠政策。

本书的内容全部出自本人讲授的资本项目法、财、税课程,基本涵盖了其财税部分的主要内容。这些内容前后经过七八年的打磨,并从广大学员和实际案例中吸收营养,可谓十年磨一剑了。读者有任何问题想交流探讨或者想深入学习可与我微信联系(18611975986)。

张远堂

2020年2月12日于北京

目录

第一章

资本项目的财税基础知识

根据读者的反馈，本次重写增加了“资本项目的财税基础知识”一章，作为新书的第一章。本章我们主要介绍什么是资本项目、资本项目的会计基础知识和资本项目的税收基础知识，目的是帮助初学资本项目财税知识的读者能够读懂本书，以便利用本书讲述的知识做好资本项目的财税工作。

■第一节　资本项目及实施方案

企业的全部活动可以分为经营行为和资本行为。经营行为是指企业日常的生产经营活动,比如企业销售产品或者服务,买进原料或者设备等都是企业的经营行为,通常我们称为经常性业务。资本行为是指企业在日常生产经营活动之外所从事的投融资、并购、重组、清算等行为,由于这些行为已经超出企业简单再生产的范畴,故我们称之为资本项目,也叫非经常性业务。由于资本行为动用的资金额大,对企业的影响也大,且对一般企业而言都是临时性活动,所以往往称其为资本项目,比如某某收购项目、某某融资项目。

具体地说,企业的资本项目包括:

1. 投融资项目。投融资项目是资本诞生的过程,通过这个过程财产演化成资本。投融资项目有两个交易主体:一个是投资方,另一个是融资方。讨论投融资产项目的财税问题,就是讨论这两方的会计处理、税收负担及税收优惠政策的适用。企业的投融资项目分为权益性投融资项目和借贷性投融资项目。权益性投融资项目是指资源与股权对换的交易。在这种交易中,投资方付出资源(货币、财产、权益等)获得融资公司的股权甚至控制权;融资公司付出股权甚至控制权,获得资源。借贷性投融资项目是指资源(绝大多数情况为货币)一定期间的使用权与利息的交易。在这个交易中,投资方(出借方)放弃货币一定期间内的使用权,获得一定数量的利息回报;融资方(借入方)付出利息,获得一定数量的货币一定期间的使用权。

2. 并购项目。并购项目是资本繁衍的过程,在这个过程中,资本家族的成员越来越多,企业日益发展壮大。并购项目的交易主体是并购方和被并购方,但不同并购项目的交易主体并不完全相同。我们讨论并购项目的财税问题,就是讨论并购项目中交易双方的会计处理、税收负担及国家税收优惠政策的适用。企业并购分为股权并购和资产并购两种基本方式。股权并购又分为受让股权并购和增资并购两种操作模式。受让股权并购是指通过购买目标公司股权的方法实现对目标公司的控制。增资并购是指并购方通过向目标公司增资的方法实现对目标公司的控制。这与上面谈到的投融资项目如出一辙,只不过以实现对融资公司的控制为目标。资产并购是指通过收购目标公司的资产,实现取得目标公司的业务、取代目标公司的市场地位的目的。在并购项目中取得控制权的一方我们称为并购方、收购方或者投资方,出让股权或者股权被稀释的一方我们称为被并购方,标的公司我们称为目标公司。

3. 重组项目。重组项目是资本成长的过程,在这个过程中资本不断地蜕变,企业日益成熟,富有竞争力和成长性。重组项目的主体可能有两方,也可能有多方,也可能实质上是一方。我们讨论重组项目的财税问题,就是讨论各种重组项目的会计处理、税收负担及如何适用国家的税收优惠政策。企业重组包括合并、分立、增资、减资、改制、债务重组等。合并是指两个或者两个以上的公司通过法定程序合并为一个公司,表现为市场主体的减少,企业规模的扩大。分立是指一个公司通过法定程序分立为两个或者两个以上公司,表现为市场主体的增加,企业核算单位的缩小。增资是指股东或者股东以外的投资者向公司增加出资,可以解决公司发展对资源的需求,使公司资金满足公司发展的需要,使公司的规模日益壮大。减资是指公司股东按照法定程序减少对公司的出资额,从公司撤回部分权益资产,从而解决公司资金过剩、利用率低的问题。改制是指依法定程序改变公司的组织形式,包括有限责任公司改制为股份有限公司,股份有限公司改制为有限责任公司以及其他企业组织形式的改变。债务重组是指债权人和债务人达成协议,或者债权人给予债务人一定的债额豁免,或者债务人用非货币资产偿还债务或者进行债权转股权的债权债务处理方式。

4. 清算项目。清算项目是资本生命终结的过程,当然也可能是下一轮回的开始。清算包括解散清算和破产清算,是企业用全部资产偿还债务的过程,是股东最终分配留存在公司权益的过程,是股东之间解除共同投资关系、股东与公司之间解除委托关系的过程,是股东有限责任和公司独立性的最后落实过程。

本书所说的资本项目就是指企业的上述行为。

前面已经说过资本项目不同于企业日常经营活动,日常经营活动轻车熟路,天天重复进行,而资本项目则是临时行动,而且动用的资金数额大,交易过程复杂难控,对企业的风险大,因此对企业来说设计好企业资本项目的实施方案非常重要。没有实施方案的资本项目是盲目行动,没有实施方案或者实施方案不佳都是企业资本项目的战略风险。设计好企业资本项目实施方案要把握三个维度:第一,可行性;第二,节约性;第三,安全性。

所谓可行性就是要评估从当事人的既有条件到当事人的项目目标的可行性、顺畅性、把握性与阻碍、不可控、不利因素,并根据评估结果评价方案可行性的高低,从而选择可行性最高的方案。任何方案都应当把追求可行性放在第一位,把实现目标放在第一位。所谓节约性就是要估算各方案下交易主体的纳税义务额,通过对比各方案纳税义务的多少选择最佳的交易方案。交易主体在交易前应当知道实现自己的交易目标有几种方案,每种方案的税收成本是多少,有权选择税收成本最低的方案实施,尤其重组项目更是如此。顺便说一句,这也正是本书的宗旨所在。所谓安全性就是资本项目方案不仅要保证项目目标的实现、保证税收成本最低,还要能够最大限度地控制风险,既不能违法违规,也不能过多地依靠外部因素;

既不能受制于人,也不能因小失大。在设计资本项目方案或者对比选择资本项目方案的过程中,要上述三个维度三位一体、综合考量。当然个案的情况不同,三个维度的权重也应当不同。

■第二节　资本项目的会计基础知识

增加本节的目的是:(1)帮助读者更好地理解本书的内容,利用本书的知识做好工作;(2)使读者能够读懂税法和有关税收优惠政策文件,正确地适用国家的税收优惠政策;(3)使读者能够和财务会计人员无障碍地交流;(4)能够更好地完成资本项目的尽职调查和法务工作。

现代会计分为两种:一种是管理会计,功能是帮助企业的管理者和决策者预测未来;另一种是财务会计,功能是帮助企业管理者和投资者记录企业的经营过程,核算企业的经营成果。我们现在要介绍的是财务会计,是财务会计与资本项目有关的基础知识。

一、会计前提和原则

会计前提是指会计工作得以开展的前提条件,会计前提包括会计主体、持续经营、分期核算和货币计量四项。所谓会计主体,是指会计工作的对象必须是一个核算的主体,如果不是一个核算主体就无法开展会计工作。会计核算主体不同于法律上的民事主体,比如合伙企业和分公司不是法律上完整的民事主体,但却可以是会计上的核算主体。会计主体实际上讲的是会计核算的空间和对象问题。所谓持续经营,是指在会计核算上把每个企业都视同持续经营的经济组织,会计核算要从企业诞生一直延续到企业死亡。持续经营讲的实际是会计核算的时间问题。所谓分期核算,是指会计对企业经营的核算虽然是从生到死,但要分成各个会计期间,比如某某会计年度或者某某月份或者某某季度核算结果。分期核算实际上是会计核算空间和会计核算时间的分割。所谓货币计量,是指会计在记录企业经营过程、核算企业经营成果时使用货币为计量单位,以便换算和统计,而不是使用实物的方法,也就是说不管是什么资产和负债,在企业会计核算上统统表现为一定数量的货币。

会计原则是指会计在记录企业经营过程和核算企业经营成果时应当遵守的基本原则。会计原则包括权责发生制原则、配比原则、历史成本原则、区分收益性支出和资本性支出原则。所谓权责发生制原则,是指凡是当期已经实现的收入和已经发生或者应当负担的费用,不论款项是否收到或者付出都应当作为当期的收入和费用处理。比如公司出售一项资产,该资产净值100万元,作价150万元,即使150万元的价款尚未收到,也应当确认当期营业外收入150万元,营业外支出100万元,收益50万元。凡不属于当期的收入和费用,即使款项在当期已经收到或者付出也都不应当作为当期的收入和费用处理。比如企业收到承租人一次支付的两年租金200万元,也只能确认当期收入100万元,另外100万元暂时记为预收款或者应付款,待明年再确认为收入。配比原则是指企业的收入与其成本费用应当互相配比,不能只确认收入不确认成本费用,也不能只确认成本费用不确认收入,它要求一个会计期间的各项收入与其相关的成本费用应当在同一会计期间进行确认。历史成本原则是指在对企业的各项经济活动进行计量核算时,应当以经济活动发生时的实际成本作会计计量,也就是说,企业的各项资产应当按照取得这些资产时的实际购建成本入账进行会计确认。比如企业以1000万元的价格和100万元的税费购入一处物业,企业对该物业资产的会计初始成本的确认就应当是1100万元,1100万元就是该物业在本企业财务账册上的原值,企业就应当按照该原值和该物业资产的法定使用年限计提折旧。区分收益支出和资本性支出原则是指企业在确认成本费用时,要将这两种支出准确的区别开来。收益性支出是指为了本年度的收益而发生的支出,应当全额计入本年度经营成果的核算;而资本性支出是指为了以后若干年度的收益发生的支出,不应当全部进入本年度的经营成果核算。我们常说的支出费用化和支出成本化就是指这个原则。支出费用化就是尽可能多地将当期支出确认为当期的费用,这会降低企业当期的利润,有减少当期企业税负的效果。费用资本化就是尽可能多地将当期支出确认为资本,这会提高企业当期的利润,有增加当期纳税减少未来纳税的效果。

二、会计要素和方法

会计要素是会计记录企业经营过程、核算企业经营成果的概念,也就是说,会计使用这些概念来记录企业的经营过程、核算企业的经营成果。会计要素包括资产、负债、股东权益、收入、费用、利润。资产是指企业在过去的交易中形成的由企业拥有或者控制的各种资源的总和,这些资源可以给企业的未来带来收益,是企业持续经营的物质条件。会计对资产的处理可以分为三个主要环节:一是获取资产时的会计处理,要按照企业取得该资产的价格和税费,也就是构建成本进行会计确认,比如前面说的企业取得物业资产时要对其原值1100万元进行确认,借固定资产1100万元;二是根据企业对资产的使用进行会计处理,比如固定资产要根据使用期间计提折旧,存货资产要根据使用量结转成本;三是在企业处理资产时要确认损益,比如企业在销售产品时要确认收入,并根据收入核算损益。负债是指因过去的交易形成的在当期或者以后资源要流出企业的原因,负债是企业取得资源的来源之一，也是企业资源流出的原因之一，对负债的偿还会使企业控制的资源减少。会计对负债的核算采取序实的原则，即按照实际发生时间和实际发生的金额进行会计处理，比如企业以价税合计100万元赊购一批原料，在购入当期会计处理为借库存原料，贷应付账款100万元，表示当期企业负债增加了100万元。股东权益是指企业股东在企业总资产中享有的价值份额，其金额等于资产总额减去负债总额。股东权益是企业资源的来源之一，只不过它不像负债那样快速地流出企业及流出企业的途径不同。资产、负债、股东权益构成企业资产负债表的三要素：资产 = 负债 + 股东权益；股东权益 = 资产 - 负债。资产负债表反映的是企业某一时点资产总额及构成、负债总额及构成、股东权益总额及构成及三者之间的量的关系。收入是指企业在某一个会计期间因销售产品、劳务及其他经济活动取得的资源流入的总额，由营业收入、投资收益和营业外收入构成。费用是指企业为销售产品提供服务发生的营业支出和营业外支出，也包括管理费用、财务费用等期间性费用。利润是指企业某一会计期间的经营成果，利润 =（营业收入 + 投资收益 + 营业外收入）-（营业成本 + 营业外支出 + 管理费用 + 财务费用），如果得数为正说明企业本会计年度盈利，如果得数为负说明企业本会计年度亏损。收入、费用、利润是企业利润表的三个组成部分，收入总额 - 费用总额 = 利润。

财务会计的工作方法是根据企业经营过程中发生的各种票据，利用会计分录的方法，制作会计凭证。然后再根据会计凭证上记载的内容登记企业会计账册，对企业的经营过程进行记录。然后再汇总一定期间的各种会计记录，核算企业的经营成果，根据企业的经营成果制作会计报表，向投资者和管理者报告。财务会计制作会计分录的方法为借贷记账法和复式记账法。所谓借贷记账法就是使用借和贷来表示企业各项资产和来源（负债和股东权益）的增加和减少，资产类借为增，贷为减，来源类（负债和股东权益）相反，贷为增，借为减。所谓复式记账法就是企业的每一笔业务都要记录两笔（两次），有借必有贷，有贷必有借，借贷必相等。比如某企业某年某月发生一笔买入净价为200万元原料的交易，验收入库并收到卖方发票后，会计分录为：

借：库存原料　200万元；

　　应缴税金（增值税进项税）　26万元；

　　贷：银行存款　226万元。

再如企业向某公司出资1000万元，在出资行为完成后企业制作会计分录如下：

借：长期股权投资　1000万元；

　　贷：银行存款　1000万元。

掌握借贷记账法的要领并不难，关键要会分辨哪些是资产类科目，哪些是来源类（负债和股东权益）科目，然后再记住资产类借为增，贷为减，来源类贷为增，借为减,有借必有贷,借贷必相等这个口诀就可以了。下面我们通过对企业各类资产和各类来源核算规则的学习,帮助读者理解和使用借贷记账方法。

三、资产的分类及核算规则

企业的资产多种多样,按照它们的物理形态和价值周转特征,财务会计将其分为以下各大类,并施以不同的核算规则。

1. 货币资金。货币资金属于企业的流动资产,包括库存现金、银行存款和其他货币资金科目中核算的资产。库存现金科目核算企业用于零星开支由出纳员保管的现金,其特点是数额小、流动性大。银行存款科目核算企业在银行或者其他金融机构的货币资金的进出和余额。按照有关规定企业必须在其所在地的银行开立账户,企业的收入除按照规定保留少量库存现金外,其他货币资金必须存入银行账户,企业发生的对外支付,除小额零星的以外必须通过银行账户支付。其他货币资金科目主要核算企业外埠存款、银行汇票存款、银行本票存款、信用证保证金等资金。在货币资金中与资本项目关系紧密的是银行存款。比如企业以1000万元货币对外投资,会计分录为:

借:长期股权投资　1000万元;

　贷:银行存款　1000万元。

这个会计分录表示企业用存放在银行的货币资金对外出资,获得了融资公司的股权,企业的银行存款资产减少,长期股权投资资产增加。再如公司向投资者融资,投资者以1000万元货币向公司出资,收到出资后公司的会计分录为:

借:银行存款　1000万元;

　贷:实收资本　1000万元。

这个会计分录表示企业的银行账户收到了投资出资的货币1000万元,公司的股东权益因股东的投入增加了1000万元。

2. 应收款。应收款也属于企业的流动资产,主要包括在应收账款、应收票据、预付账款、其他应收款和待摊费用等科目中核算的资产。应收账款科目核算企业因销售商品、提供劳务等经营活动应收尚未收回的款项,是企业的债权资产。应收票据科目核算企业持有的尚未到期不能兑现的商业汇票项下的货币资金。预付账款科目核算企业为购买商品或者接受服务预付给卖方的款项,也是企业的一项债权资产。其他应收款科目核算企业在主营业务以外拆借给别人资金,是一项纯粹的债权资产。待摊费用科目核算企业已经支出但按照配比原则尚不能确认为成本和费用的支出,是企业当期对企业未来的债权。在应收款各科目中,与资本项目关系密切的是应收账款和其他应收款这两项债权资产。债权转股权就是企业将对债务人的债权资产作为出资投向债务人,使债权债务关系消灭,股权投资关系生成,使债权人转化为股东。比如甲公司对乙公司有1000万元的到期其他应收款债权,经协商双方达成债权转股权的协议。双方根据合同制作会计分录如下：

甲公司　　借：长期股权投资（乙公司）　1000 万元；

　　　　　　贷：其他应收款　1000 万元；

乙公司　　借：其他应付款　1000 万元；

　　　　　　贷：实收资本　1000 万元。

上述会计分录表示双方之间的债权债务关系消灭，甲公司不再是乙公司的债权人，而是乙公司的股东，乙公司接受甲公司的股权投资，不再欠甲公司的款项了。

3. 存货。存货包括企业在生产经营过程中准备出售的商品及为生产而持有的各种原料、材料、包装物、燃料、低值易耗品、在产品、半成品等。企业取得存货以其购买价格加发生的费用为成本入账，我们称为会计初始成本确认。注意如果是增值税一般纳税人，其与价款一同支付的增值税不确认为存货的成本，作为增值税的进项税单独核算，以便进行抵扣。如果是小规模纳税人因不存在增值税抵扣的问题，故进项税和价款一并确认为存货的成本。比如某企业是增值税一般纳税人，其购买一批原料，单价每公斤 10 元（净价），共计 10，000 公斤，增值税税率为 13%，原料已经验收入库，发票已收，货款从银行存款中支付。企业会计分录为：

借：原材料　100，000 元；

　应交税金（增值税进项税）　13，000 元；

　贷：银行存款　113，000 元。

存货与资本项目的关系比较密切，在投融资项目中存货可以作为非货币财产对外出资，在资产并购项目中存货可能成为并购的标的，在企业合并和分立重组项目中也可能被视为转让的标的。比如甲企业以 100 吨的原料对乙公司出资，该原料的成本为每吨 90 元，经评估每吨原料作价 100 元，增值税率 13%，计得甲公司对乙公司的出资额为 113，000 元。双方的会计分录如下：

甲公司　　借：长期股权投资　113，000 元；

　　　　　　贷：库存原料　90，000 元；

　　　　　　　　应交税金（增值税销项税）　13，000 元；

　　　　　　　　营业外收入　10，000 元；

乙公司　　借：库存原材料　100，000 元；

　　　　　　应交税金（增值税进项税）　13，000 元；

　　　　　　贷：实收资本　113，000 元。

4. 固定资产。固定资产是企业为生产商品、提供服务、出租或者经营管理持有的，使用年限在一年以上，单位价值较高的有形资产，包括房屋建筑物、机器设备、运输工具等。根据固定资产使用期限长，其价值逐渐转移的特点，财务会计使用原值、累计折旧和净值三个概念对固定资产进行核算。固定资产按照其来源不同，确认其原值的方法也不同。外购的固定资产按照实际支付的买价加包装费、运输费、安装调试费、缴纳的税金(增值税除外)确认原值。自建的固定资产按照在建设过程中实际发生的全部支出确认原值。投资者投入的固定资产按照评估及协商的价格确认原值。固定资产折旧是根据固定资产的法定使用年限，将其初始确认的原值分摊到其服务的生产过程乃至全部商品上。某一期间某项固定资产折旧额的计算方法为原值÷法定使用年限。比如企业花20万元买入公务用小汽车一台，使用年限5年，原值20万元，每年折旧额为4万元，每个月分摊的折旧额为3333元(40,000÷12)，企业每个月的管理费用因此一项会增加3333元。固定资产的原值－累计折旧＝固定资产的净值。对每一项固定资产而言，随着使用年限的增加，累计折旧也增加，净值必然减少。注意固定资产净值和企业净资产不是一回事，固定资产净值是就某项固定资产讲的，而企业净资产是对一个企业讲的，但两者又有联系，那就是我们在计算一个企业的净资产(股东权益)时，固定资产是按照净值进行计算的，而不是按照原值计算的。

固定资产与资本项目的关系密切，特别是固定资产的净值对确认因资本项目的所得意义重大。投融资项目、资产并购项目、公司合并分立项目、公司减资项目等都可能涉及企业的固定资产，企业可以用机器设备评估作价对外履行出资义务，也可以用房屋建筑物作价支付收购股权的价款。比如甲公司有一处房屋建筑物，原值3000万元，累计折旧1500万元，净值1500万元。A公司对B公司出资1000万元，持有B公司60%的股权。甲公司和乙公司协商一致，甲公司以3000万元的价格收购A公司持有的B公司60%的股权，甲公司以前述房屋建筑物作价2500万元(含税价，增值税税率9%)另加500万元货币支付股权转让价款。对此交易双方的会计分录如下：

甲公司　　借：长期股权投资(B公司)　3000万元；
　　　　　　贷：固定资产　1500万元；
　　　　　　　　应交税金(增值税销项税)　206.422万元；
　　　　　　　　银行存款　500万元；
　　　　　　　　营业外收益　793.578万元；

A公司　　借：固定资产　2293.578万元；
　　　　　　应交税金(增值税进项税)　206.422万元；
　　　　　　银行存款　500万元；
　　　　　　贷：长期股权投资(B公司)　1000万元；
　　　　　　　　营业外收益　2000万元。

这个会计分录表示甲公司将自己会计账面净值1500万元的房屋建筑物作价2500万元(含增值税)卖给了A公司，扣去增值税后取得793.578万元的收益，而A公司将自己出资1000万元持有的B公司60%的股权作价3000万元卖给甲公司，获得了2000万元的收益。以后A公司就按照原值2293.578万元对本次买入

(换入)的房屋建筑物计提折旧。

5. 对外投资。对外投资是指企业付出资源以便获得权益和收益的行为。企业的对外投资根据投资的性质分为债权投资(债券投资)和股权投资,根据投资期限的长短分为长期投资和短期投资。对外投资与企业资本项目的关系最密切,特别是企业的股权投资。企业对股权投资的核算方法分为成本法和权益法。所谓成本法就是按照企业取得股权的价格及合理的税费确认股权资产的成本,以后无论所投资企业的股东权益如何变化不作调整。比如,甲公司以 1000 万元的价格及 200 万元的中介费用,收购占乙公司全部注册资本 70% 的股权,甲公司持有的占乙公司全部注册资本 70% 的股权的成本(也称计税基础)就一直是 1200 万元,无论 B 公司今后的经营业绩如何,股东权益如何变动。比如,前两年 B 公司累计未分配利润达到 1500 万元,第三年股东会通过了 1000 万元利润的决议,甲公司在 B 公司通过决议后的会计处理为借应收股利 700 万元,贷投资收益 700 万元,收到 700 万元股利时借银行存款 700 万元,贷应收股利 700 万元,甲公司对 B 公司投资的成本不因 B 公司股东权益的变动而变动。将来甲公司转让其持有的 B 公司的股权时,以转让价格减 1200 万元的计税基础和合理税费计算股权转让的收益。所谓权益法就是初始取得股权的成本按照与成本法相同的规则确定,而以后则根据所投资公司股东权益的变动进行调增或者调减的变动。比如,甲公司 2010 年 1 月以 1000 万元价款取得 B 公司 40% 的股权。当年 B 公司实现净利润 500 万元,采用权益法核算,会计分录如下:

2010 年投资时会计处理

借:长期股权投资　1000 万元;

　　贷:银行存款　1000 万元。

2011 年确认投资损益时会计处理

借:长期股权(投资损益调整)　200 万元;

　　贷:投资收益(500 × 40%)　200 万元。

2011 年 5 月,A 公司以 1500 万元价格,将其持有的 B 公司 40% 的股权全部转让。转让股权时的会计处理

借:银行存款　1500 万元;

　　贷:长期股权投资　1000 万元;

　　　　损益调整　200 万元;

　　　　营业外收益　300 万元。

但是根据企业所得税法和有关文件的规定,在计算企业转让股权的应税所得时,并不承认上述调整损益的 200 万元,一律还原为原始成本计算股权转让的损益。也就是说,在上例中按照权益法核算的股权转让收益为 300 万元,但是在申报缴纳企业所得税时,该项股权转让的收益仍为 1500 万元 - 1000 万元 = 500 万元。

这就是说权益法只在企业内部管理上适用，在企业所得税的核算上并不适用。以权益法核算的股权投资，在计算转让所得时仍要还原为成本法，以取得股权的成本为扣除额。

6. 无形资产。无形资产是指企业持有的在生产经营过程中使用的没有形状的资产。企业的无形资产包括专利权、非专利技术、商标权、著作权、单独核算的土地使用权和商誉。无形资产原始成本的确认与固定资产相同。比如甲公司10年前以5000万元原始成本取得一宗土地使用权，现财务账面净值2500万元，用该土地使用权向乙公司出资，经评估作价7500万元（含增值税价）。双方的会计分录如下：

甲公司　　借：长期股权投资（乙公司）　7500万元；

　　　　　　　贷：无形资产（土地使用权）　2500万元；

　　　　　　　　　应交税金（增值税销项税）　619.266万元；

　　　　　　　　　营业外收益　4380.734万元；

乙公司　　借：无形资产　6880.734万元；

　　　　　　　应交税金（增值税进项税）　619.266万元；

　　　　　　　贷：实收资本　7500万元。

上述会计分录表明乙公司通过权益融资取得土地使用权一宗，取得成本为6880.734万元，按照6880.734万元确认该宗土地使用权的初始成本，以后按照该初始成本计提摊销。

外购的包括权益融资取得的无形资产以作价额和合理费用为初始成本，自建的以实际支出为初始成本。如果自建无形资产的支出已经进入生产经营成本或者费用，自建无形资产就往往没有初始成本，也就不会有摊销问题。无形资产的摊销与固定资产的折旧规则没有什么差异。无形资产也有原值、累计摊销和净值问题。在计算企业资产总额及股东权益时，也是按照无形资产的净值核算的，在计算企业转让无形资产或者无形资产出资的损益时，都是以无形资产的净值为扣除额的。

7. 在建工程。在建工程是指那些正在建设尚未投入使用的固定资产。在建工程科目核算企业为建造固定资产而进行的各项建筑工程和安装工程中的投入。在建工程分为自营工程和外包工程两种。自营的在建工程设置工程物资科目，核算企业为建设固定资产购入的物料，按照实际使用数量和成本结转在建工程。外包在建工程工程物资由承包单位核算，发包单位只在在建工程科目核算与承包单位的结算情况。比如企业为建设厂房先支付勘探费50万元，后又支付设计费100万元，再后合计支付工程款500万元，企业的会计分录如下：

借：在建工程（勘探费）　50万元；

　贷：银行存款　50万元；

借：在建工程（设计费）　100万元；

　贷：银行存款　100万元；

借:在建工程(施工费)　500 万元;

　　贷:银行存款　300 万元;

　　　　应付施工费　200 万元。

以上会计分录表示企业为建设厂房合计支出 650 万元,已经给付 450 万元,尚欠 200 万元施工费。在建工程建设完成验收合格时,结转固定资产,以后按照规定计提折旧。如上例厂房建设完工验收合格后,企业制作如下会计分录,将在建工程结转固定资产:

借:在建工程　650 万元;

　　贷:在建工程　650 万元。

表示企业的建设厂房的成本共计 650 万元,现在已经投入使用的固定资产增加了 650 万元。在建工程与资本项目的联系不算太紧密,主要是它作为企业的一项特殊资产,在企业资产并购、合并、分立及企业估值中具有特殊的地位。

以上我们把企业所有的资产概括性地分为七大类,并分析了每类资产的核算规则。当财务会计根据交易凭据记录交易过程时,首先要确定企业在相关交易中是否取得了资产,取得多少资产,然后分门别类地借记相关资产的科目,表示企业相关资产乃至资产总额增加了。每个科目项下核算的资产都有自己的规则,比如货币资金要据实记录据实核算;存货要以购买价格加费用作成本确认,根据使用情况结转成本;外购固定资产以购买价格加费用确认初始成本,以初始成本除法定使用年限计提折旧,以转让价格减除净值和合理费用确认转让所得;等等。

四、负债的分类和核算规则

负债既是企业资源流出的原因,也是企业资产的来源之一。负债根据其偿还期限的长短可以分为短期负债和长期负债。短期负债指期限不超过一年的银行或者金融机构的借款;长期负债指期限在一年以上的银行或者金融机构的借款。负债从形成原因上可以分为银行借款、应付账款、应付票据、应付债券、其他应付款、应付工资和福利、应交税金等。应付账款是指因购买机构设备、原材料、燃料等形成的负债;应付票据是指企业为购买商品开出尚未兑付的商业承兑汇票形成的负债;应付债券是指企业因发行债券形成的负债;其他应付款是企业之间拆借形成的负债。负债与资本项目的关系主要在于股权并购、企业合并或者分立时对企业估值的影响,也就是说,企业的资产相同,其他因素相同,负债越多企业估值越少;负债越少,企业估值越多。再就是前边已经说过的债权转股权与企业负债有直接关系。

负债的核算规则比较简单,遵循据实核算的规定,如果发生利息作为财务费用进入成本。比如企业与银行签订短期贷款合同,贷款 100 万元,在贷款到账后企业的会计分录为:

借:银行存款　100 万元;

贷:短期银行借款　100 万元。

这个会计分录表示企业的负债增加了 100 万元。

五、股东权益的构成和核算规则

股东权益又称所有者权益,在数量上等于企业的净资产,计算公式都是股东权益(净资产) = 资产总额 - 负债总额。股东权益主要由实收资本、资本公积、盈余公积和未分配利润构成。实收资本是股东投入公司的资本部分,有限责任公司叫实收资本,股份有限公司叫股本。我国目前实行公司资本认缴制,注册资本和实收资本是两个不同的概念,注册资本是公司全体股东在公司章程中认缴的出资额,在公司会计账册上没有表示,实收资本是全体股东实际缴付的资本,表示在公司会计账目上。另外,实收资本与股东对公司的出资额也不一定相等,无论是有限责任公司还是股份有限公司,公司平价发行资本对应的股东出资额全部确认为公司的实收资本,公司溢价发行资本溢价部分所对应的股东出资额确认为公司的资本公积金。因此可以说有限责任公司的实收资本和股份有限公司的股本都是股东出资中与资本平价的部分。

资本公积金也是公司中股东权益的重要组成部分,其来源之一是资本溢价部分及非资本溢价部分,其中以资本溢价部分为主要来源。就资本溢价而言,这部分资金与实收资本没有什么不同,都是股东投入公司的资金形成的,因此也有人将资本公积金称为准资本,意为它是实收资本以外的资本。

盈余公积金可以分为法定盈余公积金和任意盈余公积金。法定盈余公积金顾名思义是由法律规定提取的,根据《公司法》第 166 条第 1 款的规定,公司分配税后利润时,应当提取利润的 10% 列入公司法定公积金。公司法定公积金累计额达到公司注册资本的 50% 以上的,可以不再提取。公司是否提取任意公积金及提取多少任意公积金由公司的权力机构决定。

未分配利润是指企业历年结存未分配给股东的利润余额。这个科目与其他科目的最大差异是它可以是正也可以是负。“是正”就说明企业以前年度有利润未分配已经结转到本年度,本年度和以后年度随时可以分配。“是负”就说明企业以前年度有尚未弥补的亏损结转到现在,等待用本年度或者以后年度的盈利来弥补。

股东权益与资本项目的关系非常密切,可以说,每个资本项目都会直接改变公司股东权益的总额和构成。比如融资项目会增加公司的实收资本,也可能会增加公司的资本公积金;转增资或者派红股会改变公司股东权益的构成;合并会增加公司的资本;分立会减少公司的资本;减资会减少公司的资本和留存收益;等等。

关于企业资本项目的会计基础知识,初学者主要掌握两点即可:一是企业取得一项资产时如何确认它的初始成本;二是企业出让一项资产时如何确认损益。

以上是关于企业资本项目的会计基础知识,虽然它很简单甚至简陋,但是笔者相信它对初学财税的读者学习本书以后章节肯定会有帮助。

■第三节　资本项目的税收基础知识

企业资本项目涉及的税种是指因资本项目本身构成交易而发生的各种税的纳税义务，至于资本项目交易完成之后企业在日常经营中发生的纳税义务，则与资本项目无关。企业资本项目涉及的税种有增值税、附加税、土地增值税、契税、印花税、企业所得税、个人所得税。本节我们逐一进行讨论，目的是为学习本书以后的章节打下基础。

一、增值税基础知识

《增值税暂行条例》第 1 条规定："在中华人民共和国境内销售货物或者提供加工、修理修配劳务（以下简称劳务），销售服务、无形资产、不动产以及进口货物的单位和个人，为增值税的纳税人，应当依照本条例缴纳增值税。"《营业税改征增值税试点实施办法》第 1 条规定："在中华人民共和国境内（以下称境内）销售服务、无形资产或者不动产（以下称应税行为）的单位和个人，为增值税纳税人，应当按照本办法缴纳增值税，不缴纳营业税。单位，是指企业、行政单位、事业单位、军事单位、社会团体及其他单位。个人，是指个体工商户和其他个人。"

据上，增值税的适用对象为销售货物或者提供加工、修理修配劳务以及进口货物；销售不动产；销售各种服务和无形资产。适用主体为单位和个人，包括自然人、个体工商户、合伙企业、个人独资企业、各种法人企业和各种组织单位。增值税纳税人分为小规模纳税人和一般纳税人。小规模纳税人销售行为统一适用 3% 的税率，但是买方不能作进项税抵扣。一般纳税人适用 13%、9% 和 6% 档税率。销售货物即有形可以移动的资产税率为 13%；销售交通运输、邮政、基础电信、建筑、不动产租赁服务，销售不动产，转让土地使用权，销售或者进口粮食、食用植物油、食用盐、自来水、暖气、冷气、热水、煤气、石油液化气、天然气、二甲醚、沼气、居民用煤炭制品、图书、报纸、杂志、音像制品、电子出版物、饲料、化肥、农药、农机、农膜税率为 9%；销售增值电信服务、金融服务、现代服务（租赁服务除外）、生活服务、无形资产（不含土地使用权）税率为 6%。

增值税一般纳税人实施进项税抵扣，当期应纳税额 = 当期销项税额 - 当期进项税额（当期销项税额小于当期进项税额不足抵扣时，其不足部分可以结转下期继续抵扣）。一般纳税人按照销售额和适用的税率计算向购买方收取的增值税额，为销项税额。销项税额 = 销售额 × 适用的税率，每一项销售活动发生的销项税额都反映在销售方开出的发票上。纳税人购进资产或者接受服务支付的增值税额,为进项税额,进项税额载明在购买时取得的发票上,构成购买方支付的总价款的一部分。每个纳税人在生产经营过程中既是销售方,发生销项税,又是购买方发生进项税。一般纳税人通过增值税核算确定自己的纳税额,其增值税核算方法为:发生销售业务时按照发票上载明的增值税额贷记应交税金增值税销项税,发生购买业务时按照取得发票上载明税额借记应交税金增值税进项税。余额为贷方的,表明企业欠缴增值税,按照余额缴纳增值税;余额为借方的,表明企业有进项税没有抵扣,可以继续抵扣。

下列资本项目涉及增值税:

1. 权益性投融资项目中,投资方以非货币资产出资的视同资产转让的;

2. 借贷性投融资项目中,出借方收取利息的;

3. 股权并购项目中,并购方用非货币资产作价支付股权转让价款的,视同转让资产的;

4. 资产并购项目中,目标公司向并购方转让货物资产、房地产、无形资产的;

5. 公司合并项目中,解散公司向存续或者新设公司移交的非货币资产视同转让资产的;

6. 公司分立项目中,被分立公司向新设公司移交非货币资产视同转让资产的;

7. 公司减资项目中,如果公司以非货币资产向减资股东支付减资对价,视同转让资产的;

8. 企业改制项目中,改制后企业承受改制前企业的非货币资产的;

9. 企业清算项目中,处理清算财产中非货币资产的;

10. 债务重组项目中,债务人用非货币资产作价偿债的。

当然这里只是说涉及增值税,是不是需要缴纳增值税及需要缴纳多少,要看企业的情况及是否可以适用国家相关税收优惠政策,我们将在本书以后逐项讨论。

二、附加税基础知识

附加税是一种以主税纳税人为纳税人,以主税为税基,与主税同时缴纳的带有附带征收性质的税。这就是说谁缴纳了增值税,谁在缴纳增值税的同时需要缴纳附加税。附加税多少呢?按照缴纳的增值税额和适用的税率计算。我国目前主税有两个,即增值税和消费税,也就是说在缴纳增值税和消费税的同时需要缴纳附加税。我国目前附加税也有两个,即城市建设附加税和教育费附加,这就是说纳税人在缴纳增值税和消费税这两种税时,需要按照税率缴纳两个附加税。城建附加税税率按照纳税人所在地不同分为三级,纳税人在地级市的税率为7%;纳税人在建制镇的税率为5%;纳税人在其他地方的税率为1%。教育费附加分为国家和地方,税率分别为3%和2%。附加税税额=主税×税率。附加税没有抵扣问题直接进成本。

三、土地增值税基础知识

《土地增值税暂行条例》第 2 条规定，转让国有土地使用权、地上的建筑物及其附着物（以下简称转让房地产）并取得收入的单位和个人，为土地增值税的纳税义务人（以下简称纳税人），应当依照本条例缴纳土地增值税。据此，转让国有土地使用权和房屋建筑物的由出让方缴纳土地增值税。但政府出让土地使用权不缴土地增值税，政府公益事业及国家建设征收房地产对被征收方也不征收土地增值税。

（一）土地增值税额计算公式

土地增值税税额 = 增值额 × 适用的税率。增值额 = 纳税人转让房地产取得的收入额 - 扣除项目额。扣除项目额有如下三种情况：

1. 房地产开发项目的扣除额为下列各项相加［其中（1）（2）之和加计 20% 扣除系数］：（1）取得土地使用权所支付的金额；（2）开发土地的成本、费用；（3）新建房及配套设施的成本、费用；（4）与转让房地产有关的税金；（5）财政部规定的其他扣除项目。

2. 出让外购的旧房屋，按照购入发票金额并每年加计 5% 为扣除额。

3. 出让自建的旧房屋，以经税务机关确认的评估值为扣除额。

（二）土地增值税税率

土地增值税实行四级超率累进税率：

1. 增值额未超过扣除项目金额 50% 的部分，税率为 30%；

2. 增值额超过扣除项目金额 50% 未超过扣除项目金额 100% 的部分，税率为 40%；

3. 增值额超过扣除项目金额 100% 未超过扣除项目金额 200% 的部分，税率为 50%；

4. 增值额超过扣除项目金额 200% 的部分，税率为 60%；

5. 纳税人建造普通标准住宅出售，增值额未超过扣除项目金额 20% 的免土地增值税。

（三）下列资本项目会涉及土地增值税：

1. 投融资项目中，投资方用房地产作价出资的；

2. 股权并购项目中，并购方用房地产作价支付股权转让价款的；

3. 资产并购项目中，并购资产中包含土地使用权、房屋建筑物的；

4. 公司合并项目中，解散公司的资产中包含土地使用权、房屋建筑物的；

5. 公司分立项目中,被分割给新设公司的资产中包含土地使用权、房屋建筑物的;

6. 公司减资项目中,公司用土地使用权、房屋建筑物作价向减资股东支付减资对价的;

7. 公司改制项目中,改制前公司的房地产转移到改制后公司的;

8. 公司清算项目中,清算公司出让土地使用权、房屋建筑物的。

这里说的是涉及,什么情况征什么情况不征,什么情况可以适用国家的税收优惠政策,我们将在本书以后逐一进行讨论。

四、契税基础知识

《契税暂行条例》第1条规定,在中华人民共和国境内转移土地、房屋权属,承受的单位和个人为契税的纳税人,应当依照本条例的规定缴纳契税。第2条第1款规定本条例所称转移土地、房屋权属是指下列行为:(1)国有土地使用权出让;(2)土地使用权转让,包括出售、赠与和交换;(3)房屋买卖;(4)房屋赠与;(5)房屋交换。

契税税率为3%至5%,由省、自治区、直辖市人民政府在该幅度内按照本地区的实际情况确定,并报财政部和国家税务总局备案。契税的计税依据:(1)国有土地使用权出让、土地使用权出售、房屋买卖,为成交价格;(2)土地使用权赠与、房屋赠与,由征收机关参照土地使用权出售、房屋买卖的市场价格核定;(3)土地使用权交换、房屋交换,为所交换的土地使用权、房屋的价格的差额。

契税税额计算公式:应纳税额 = 计税依据 × 税率。

所有涉及土地增值税的项目都涉及契税,同样我们也会讨论什么情况下应当缴纳契税,什么情况下不应当缴纳契税,什么情况下可以适用国家有关契税的优惠政策。

五、印花税基础知识

根据《印花税暂行条例》第1条规定,在中华人民共和国境内书立、领受本条例所列举凭证的单位和个人,都是印花税的纳税义务人(以下简称纳税人),应当按照本条例规定缴纳印花税。第2条规定,下列凭证为应纳税凭证:(1)购销、加工承揽、建设工程承包、财产租赁、货物运输、仓储保管、借款、财产保险、技术合同或者具有合同性质的凭证;(2)产权转移书据;(3)营业账簿;(4)权利、许可证照;(5)经财政部确定征税的其他凭证。

另自2018年5月1日起,对按5‰税率贴花的资金账簿减半征收印花税,对按件贴花5元的其他账簿免征印花税。印花税是唯一由交易各方分别缴纳的税种。所有资本项目可能都会涉及印花税,但其税率较低故对交易的影响有限。

六、企业所得税基础知识

根据企业所得税法的规定，按照企业注册地及主要管理机构所在地是在中国境内还是在境外，企业分为居民企业和非居民企业。居民企业就来源于中国境内和境外的所得缴纳企业所得税，非居民企业就来源于中国境内的所得缴纳企业所得税。

居民企业按照会计期间（每年的 1 月 1 日至 12 月 31 日）计算盈亏，本会计期间的盈亏 = 期间总收入（主营业务收入 + 非主营业务收入）－期间总支出（主营业务成本 + 非主营业务支出），结果是正数的为盈利，结果是负数的为亏损。

本会计年度盈利的，如果企业有前五个会计年度亏损未弥补的，首先弥补前五个会计年度的亏损，弥补后仍有结余的，按照适用的企业所得税率缴纳企业所得税。居民企业所得税税率为 25%，优惠税率为 15%。居民企业的所得税按照月或季预缴，年终汇缴，多退少补。

非居民企业所得税按照所得额乘以适用的税率计算缴纳。股息、红利、利息、特许费以全额为所得额；转让财产、股权以转让价格减除取得成本为所得额。非居民企业预提所得税税率按照 10% 及我国与非居民企业所在国签订的税收协定规定的税率孰低执行。非居民企业的预提所得税由境内企业或者个人在支付时代扣代缴。

所有的资本项目，只要其交易主体是法人企业都会涉及企业所得税问题。但是这也不是说所有的资本项目都会实实在在地发生企业所得税，什么情况下企业需要为资本项目缴纳所得税，什么情况下企业不需要为资本项目缴纳所得税，什么情况下可以享有国家有关资本项目的企业所得税优惠政策，是本书以后章节讨论的主要内容之一。

七、个人所得税基础知识

如果资本项目的主体是非法人企业就会涉及个人所得税。个人所得税法把个人区分为居民个人和非居民个人。在中国境内有住所，或者无住所而一个纳税年度内在中国境内居住累计满 183 天的个人，为居民个人。在中国境内无住所又不居住，或者无住所而一个纳税年度内在中国境内居住累计不满 183 天的个人，为非居民个人。居民个人就其从中国境内和境外取得的所得，依照个人所得税法规定缴纳个人所得税。非居民个人就其从中国境内取得的所得，依照个人所得税法规定缴纳个人所得税。

1. 居民个人所得按照如下分类分别征税：

（1）综合所得：包括工资、薪金所得，劳务报酬所得，稿酬所得，特许权使用费所得；

(2)个人的经营所得：包括个体工商户、私营个体企业、合伙企业所得；

(3)其他单项所得：包括利息、股息、红利所得，财产租赁所得，财产转让所得，偶然所得。

2. 个人所得税税率：

(1)综合所得，适用3%至45%的超额累进税率；

(2)经营所得，适用5%至35%的超额累进税率；

(3)利息、股息、红利所得，财产租赁所得，财产转让所得和偶然所得，适用20%的比例税率。

3. 应纳税所得额的计算：

(1)居民个人的综合所得，以每一纳税年度的收入额减除费用6万元以及专项扣除、专项附加扣除和依法确定的其他扣除后的余额，为应纳税所得额；

(2)经营所得，以每一纳税年度的收入总额减除成本、费用以及损失后的余额，为应纳税所得额；

(3)财产转让所得，以转让财产的收入额减除财产原值和合理费用后的余额，为应纳税所得额，利息、股息、红利所得和偶然所得，以每次收入额为应纳税所得额。

国家对个人参加资本项目的所得税问题也有优惠政策，我们也在本书以后附带进行讨论。

以上我们简单地分享了资本项目涉及的七大税种。以下我们将结合具体的资本项目讨论具体的财税问题，特别是要解析国家出台的各种资本项目的税收优惠政策，以帮助读者用足用好这些税收优惠政策。

第二章

投融资的税负和优惠政策

投融资过程是资本的诞生过程，财产经过投融资项目转化成资本。资本市场越发达，投融资的税收成本越低，投融资活动就越频繁，资本衍生的速度就越快，社会经济发展的原动力就越充足，经济发展的速度就越快。投资和融资是投融资法律关系的两个方面，就像买和卖是买卖合同关系的两个方面一样。投融资项目在投资者一方说是投资，在接受投资的一方说就是融资，两者是一个交易的两个方面。本章我们讨论在投融资项目中投资方和融资方所要承担的税负及国家给予双方的税收优惠政策。

■第一节　投融资方式

要讨论投融资项目的税收负担，首先要弄明白投融资方式。会计界将企业的投融资分为权益性投融资和借贷性投融资。虽然也承认这两种投融资的区别，但同时强调这两种投融资都是企业所能利用的资源的来源，通过这两种方式取得的资源都是公司所能运用的资本。正因如此，在讨论公司资本的构成时，我们就不能无视公司通过借贷方式所取得的资本。一个公司财产规模的大小，所能运用的资源的多少，不仅取决于权益性融资的多少，也取决于借贷性融资的多少（见图2－1）。

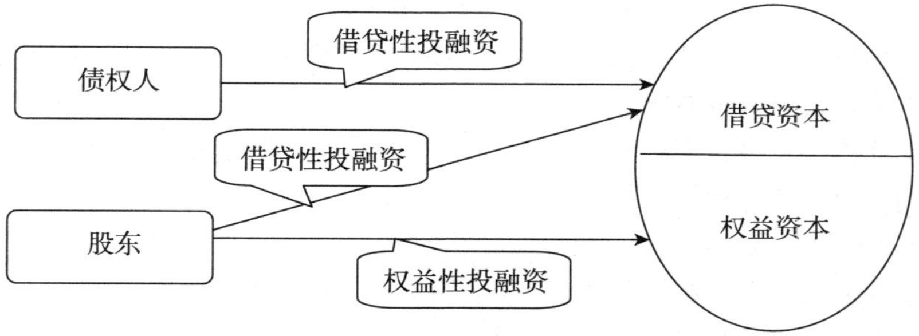

图2－1　公司资本构成及来源

法律界更强调这两种投融资的区别，甚至否认借贷关系的标的是资本，只承认权益性一种投资关系。在法律看来，投资是投资，借贷是借贷，只有投资关系才是公司资本的来源。他们不是从公司资源管理的角度看问题，而是从社会关系角度去审视事务。他们更强调权益性投融资和借贷性投融资的区别。我们无暇讨论这些问题，只是明确投融资方式包括权益性投融资方式和借贷性投融资方式及股债融合投资方式这三种方式而已。而且我们只讨论权益性投资方式的税收成本及税收优惠政策问题。

就权益性投融资而言，可以分为以下六种，有限责任公司可以进行其中的四种，上市公司可以进行其中的五种（见图2－2）。

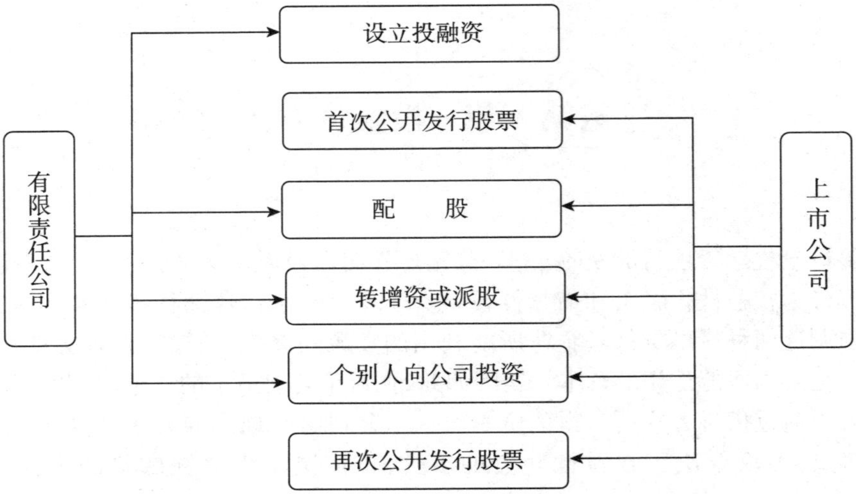

图2-2　权益性投融资的种类

这六种投融资有着不同的特征、运行规则和法律规范,但它不是本书讨论的对象。这里人们只是告诉读者这六种投融资虽然在会计处理上有所不同,但是却不能反映不同投融资方式税收成本的差异。要讨论投融资的税收成本问题,还必须讨论不同的投融资标的(多称出资方式,即用什么出资),因为即使投融资方式相同,只要投融资的标的不同,投融资双方的纳税义务就不同。换句话说,投融资的税收成本与哪种投融资方式无关,只受投融资标的的影响。因此,我们讨论投融资的税收成本就是讨论各种出资方式下投资方和融资方的税收成本。

《公司法》第27条第1款对公司的出资方式作出如下规定:“股东可以用货币出资,也可以用实物、知识产权、土地使用权等可以用货币估价并可以依法转让的非货币财产作价出资;但是,法律、行政法规规定不得作为出资的财产除外。”这是公司法对股东向公司进行权益性投资出资方式的规定。

根据会计处理和税收规则的不同,我们把投融资标的(出资方式)区分为以下七种(见图2-3)。

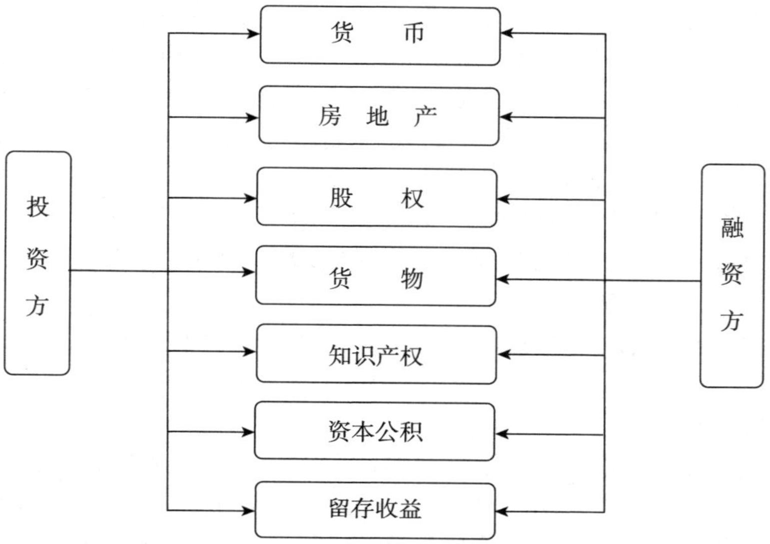

图 2－3　投融资标的分类

下面我们将分别讨论权益性投融资的各种出资方式中投融双方的税收成本问题。

■第二节　货币出资投融双方的财税问题

货币是一般等价物。投资公司以货币向融资公司出资，无论是作为向新设公司的出资，还是作为向已有公司的增资，都是普遍被接受和认可的。因此，货币是公司权益性投融资的第一标的。

一、货币出资投资公司的会计处理

以货币为对外出资是最常见的一种出资方式，也是税收成本最低的一种出资方式。根据现行税法和会计准则，投资公司以货币为对外出资的除发生印花税外，不发生其他纳税义务，但需要对投资形成的资产进行会计确认，这涉及未来投资公司转让股权或进行重组时的纳税义务。

根据《企业所得税法实施条例》第 56 条和第 71 条的规定，企业的各项资产，包括固定资产、生物资产、无形资产、长期待摊费用、投资资产、存货等，以历史成本为计税基础。所谓历史成本，是指企业取得该项资产时实际发生的支出。通过支付现金方式取得的投资资产，其成本有两种情况：其一是投资取得，以出资额为成本；其二是受让取得，以受让价格为成本。根据《企业会计准则第2号——长期股权投资》第6条第1项的规定，以支付现金取得的长期股权投资，应当按照实际支付的购买价款作为初始投资成本。初始投资成本包括与取得长期股权投资直接相关的费用、税金及其他必要支出。但实际支付的价款中包含的已宣告但尚未领取的现金股利，应作为应收项目单独核算。据此，在投资公司以货币为对外出资的情况下，无论是向新设公司出资，还是向已有的公司增资，无论是配股还是定增，其会计处理只有以下一种情况：

借：长期股权投资（根据修改的会计准则，如果股权不足20%，确认为可出售的金融产品，下同）

贷：银行存款

由于以货币为对外出资，投资公司不会产生任何损益，投资公司的资产总额不会发生变化，因此，也不会影响当期投资公司的所得税纳税义务。但投资公司对长期股权投资的会计确认，关系到未来转让该股权时或者目标公司重组时投资公司计算所得时的扣除额。比如，甲公司出资1000万元获得乙公司60%的股权。甲公司的会计处理为：

借：长期股权投资（乙公司） 1000万元；

贷：银行存款 1000万元；

未来甲公司以2000万元的价格转让其持有的乙公司的股权时，甲公司的会计处理和所得为：

借：银行存款 2000万元；

贷：长期股权投资（乙公司） 1000万元；

营业外收益 1000万元。

甲公司以1000万元的出资额为扣除计算转让股权的损益，需要确认因转让股权获得的收益1000万元。

二、货币出资融资公司的会计处理

投资公司以货币为对外出资，融资公司就会收到投资公司出资的货币。下面我们分析接受货币出资的融资公司的财税问题。

根据现行税法和会计准则，融资公司接受货币出资的仅因增加注册资本或者资本公积金会发生很少的印花税之外，不会发生其他纳税义务，包括其溢价发行股票（股权）也是如此。在实务中，我们可以将接受出资的融资公司说成发行股份（当融资公司为有限责任公司时，我们通常称为投资公司向融资公司出资，但实际上股东向有限责任公司出资与股份有限公司发行股份融资两者的法律关系是一样的，会计处理方法是一致的，税收成本也是相同的），而公司发行股份（包括有限责任公司的股东向公司出资和股份有限公司的发行股份）有平价发行和溢价发行两种。

平价发行是指以股本额为价格发行股份，会计处理是将股东对公司的全部出资额确认为公司的实收资本。实务中新设有限责任公司股东出资和有限责任公司的股东按照原有的持股比例向公司增资的多为平价发行。在平价发行的情况下，融资公司将投资公司的货币出资额全部确认为本公司的实收资本。比如根据乙公司章程的约定，甲公司作为乙公司的创始人之一向乙公司出资 1000 万元，持有乙公司 10% 的股权，甲公司出资的 1000 万元全部确认为乙公司的实收资本。乙公司的会计处理为：

借：银行存款　1000 万元；

　　贷：实收资本　1000 万元。

在融资公司平价发行股份的情况下，融资公司虽然收到了投资公司投入的货币，但全部登记为本公司的实收资本，并无损益可言，因此不会直接影响融资公司的所得税纳税义务。

溢价发行是指融资公司以高于股本的价格发行股份，会计处理是将收到的货币出资额中的一部分登记为融资公司的实收资本，其余登记为融资公司的资本公积。无论是有限责任公司还是股份有限公司，都可以平价发行股份（股权），也都可以溢价发行股份（股权），但不可以折价发行股份（股权）。是不是溢价发行、溢价多少，主要由公司的估值和股本（实收资本）决定。根据《公司法》第 167 条的规定，股份有限公司以超过股票票面金额的发行价格发行股份所得的溢价款以及国务院财政部门规定列入资本公积金的其他收入，应当列为公司资本公积金。实务中股份有限公司发行股票的和有限责任公司股东以外的人向公司增资的多为溢价发行。在溢价发行的情况下，融资公司将投资公司缴付出资的一部分登记为本公司的实收资本（按照资本配比原则），另一部分登记为本公司的资本公积。比如乙公司为上市公司，每一股票的面值（股本额）为 1 元，现乙公司向甲公司定向增发 1000 万股（也称为甲公司向乙公司认缴 1000 万股），双方参考股票的市场价格商定发行价格为每股 4 元（溢价 3 元），这样甲公司的出资行为完成之后，双方的会计处理如下：

甲公司　　借：长期股权投资（乙公司）　4000 万元；

　　　　　　　贷：银行存款　4000 万元。

乙公司　　借：银行存款　4000 万元；

　　　　　　　贷：实收股本　1000 万元；

　　　　　　　　　资本公积　3000 万元。

再如 A 公司持有 B 公司（有限责任公司）100% 的股权，B 公司注册资本 1000 万元，股东权益 2000 万元，C 公司与 A 公司协商一致，由 C 公司向 B 公司增资，投后持有B公司50%的股权,经协商B公司投前企业估值4000万元,C公司需出资4000万元。C公司的出资完成后,B公司的注册资本增加至2000万元,新增资本公积3000万元。双方的会计处理如下:

投资公司C　　借:长期股权投资(B公司)　4000万元;
　　　　　　　　贷:银行存款　4000万元。

融资公司B　　借:银行存款　4000万元;
　　　　　　　　贷:实收资本　1000万元;
　　　　　　　　　　资本公积　3000万元。

综上,在融资公司平价发行股份的情况下,融资公司不会发生企业所得税的纳税义务;在融资公司溢价发行股份(股权)的情况下,融资公司虽获得资本溢价的“收益”,但依法应当确认为资本公积金,不确认为收益,也不发生所得税的纳税义务。

总之,在投资公司用货币向融资公司出资的情况下,投融双方除发生少量印花税外,不会发生任何其他纳税义务。

■第三节　房地产出资的税负和优惠政策

房地产包括土地使用权、房屋建筑物以及地上附着物等。在会计账目上,单独计价的土地使用权在无形资产科目核算,其他房屋建筑物在固定资产科目核算。投资公司以房地产为对外出资,就是用土地使用权、房屋建筑物、地上附着物作价向融资公司履行出资义务。

在我们国家企业取得国有土地使用权的方式大致有五种:出让取得、转让取得、接受出资取得、租赁取得和划拨取得。其中以出让取得最为普遍。《城镇国有土地使用权出让和转让暂行条例》第4条规定:“依照本条例的规定取得土地使用权的土地使用者,其使用权在使用年限内可以转让、出租、抵押或者用于其他经济活动。合法权益受国家法律保护。”第45条规定:“符合下列条件的,经市、县人民政府土地管理部门和房产管理部门批准,其划拨土地使用权和地上建筑物,其他附着物所有权可以转让、出租、抵押:(一)土地使用者为公司、企业、其他经济组织和个人;(二)领有国有土地使用证;(三)具有地上建筑物、其他附着物合法的产权证明;(四)依照本条例第二章的规定签订土地使用权出让合同,向当地市、县人民政府补交土地使用权出让金或者以转让、出租、抵押所获收益抵交土地使用权出让金……”

公司按照上述五种方式取得的土地使用权都可以用来出资，但是以租赁和划拨方式取得的土地使用权出资的，要受到有关法规和公司身份的限制。

《物权法》第128条规定，“土地承包经营权人依照农村土地承包法的规定，有权将土地承包经营权采取转包、互换、转让等方式流转。流转的期限不得超过承包期的剩余期限。未经依法批准，不得将承包地用于非农建设”。第129条规定：“土地承包经营权人将土地承包经营权互换、转让，当事人要求登记的，应当向县级以上地方人民政府申请土地承包经营权变更登记；未经登记，不得对抗善意第三人。”在我国，农村土地为集体所有，农村集体经济成员通过承包方式取得土地使用权。根据现行法规的规定，集体经济成员通过土地承包方式取得的土地使用权，也可以在一定的范围内用来向公司出资。

房屋建筑物属于固定资产中的房地产。土地使用权作为无形资产，虽然可以独立存在并且可以单独作价出资，但是房屋建筑物却不能独立于其所占的土地使用权单独作价出资。故有“地不离房，房不离地”之说。况且土地使用权和房屋建筑物在出资时所涉及的税种和税率是一致的。所以本节我们将作为无形资产的土地使用权和作为固定资产的房屋建筑物，合并到一起分析其出资的税收成本。

一、关于房地产出资的增值税问题

投资方以房地产对外投资会涉及增值税、附加税、土地增值税、印花税和所得税，但不会涉及其他税种和税负问题。我们首先讨论投资方以房地产对外出资涉及的增值税问题。

“营改增”之前，房地产出资需缴纳营业税，但有优惠政策。“营改增”之后，房地产出资视同转让征收增值税，现时适用的增值税率为9%。为此，投资方对融资公司的出资额应当按照价格和税金合计计算。投资方应当给融资公司开具增值税发票，根据税额投资公司作销项税处理，融资公司凭增值税发票作进项税处理。比如，甲公司以一处物业向乙公司出资，物业净价100万元，增值税为9万元。如此，甲公司对乙公司的出资额为价税合计的109万元，甲公司应当为乙公司开具出让物业的增值税专用发票，其价为100万元，税为9万元。对增值税9万元，甲公司的会计处理为贷应交税金（增值税销项税）9万元，乙公司的会计处理为借应交税金（增值税进项税）9万元。表明因房地产出资甲公司发生增值税销项税9万元，乙公司发生增值税进项税9万元。

关于“营改增”之前购得或者自建的房地产在“营改增”之后转让的增值税问题，国家税务总局《纳税人转让不动产增值税征收管理暂行办法》第3条规定，一般纳税人转让其不动产，按照以下规定缴纳增值税：

1. 一般纳税人转让其2016年4月30日前取得（不含自建）的不动产，可以选择适用简易计税方法计税，以取得的全部价款和价外费用扣除不动产购置原价或者取得不动产时的作价后的余额为销售额,按照5%的征收率计算应纳税额。纳税人应按照上述计税方法向不动产所在地主管地税机关预缴税款,向机构所在地主管国税机关申报纳税。

2. 一般纳税人转让其2016年4月30日前自建的不动产,可以选择适用简易计税方法计税,以取得的全部价款和价外费用为销售额,按照5%的征收率计算应纳税额。纳税人应按照上述计税方法向不动产所在地主管地税机关预缴税款,向机构所在地主管国税机关申报纳税。

3. 一般纳税人转让其2016年4月30日前取得(不含自建)的不动产,选择适用一般计税方法计税的,以取得的全部价款和价外费用为销售额计算应纳税额。纳税人应以取得的全部价款和价外费用扣除不动产购置原价或者取得不动产时的作价后的余额,按照5%的预征率向不动产所在地主管地税机关预缴税款,向机构所在地主管国税机关申报纳税。

4. 一般纳税人转让其2016年4月30日前自建的不动产,选择适用一般计税方法计税的,以取得的全部价款和价外费用为销售额计算应纳税额。纳税人应以取得的全部价款和价外费用,按照5%的预征率向不动产所在地主管地税机关预缴税款,向机构所在地主管国税机关申报纳税。

5. 一般纳税人转让其2016年5月1日后取得(不含自建)的不动产,适用一般计税方法,以取得的全部价款和价外费用为销售额计算应纳税额。纳税人应以取得的全部价款和价外费用扣除不动产购置原价或者取得不动产时的作价后的余额,按照5%的预征率向不动产所在地主管地税机关预缴税款,向机构所在地主管国税机关申报纳税。

6. 一般纳税人转让其2016年5月1日后自建的不动产,适用一般计税方法,以取得的全部价款和价外费用为销售额计算应纳税额。纳税人应以取得的全部价款和价外费用,按照5%的预征率向不动产所在地主管地税机关预缴税款,向机构所在地主管国税机关申报纳税。

总之,截至目前房地产出资尚无增值税优惠政策,会被视同转让房地产征收增值税。无论是企业还是个人用房地产出资都需要缴纳增值税,只不过一般纳税人作为出资人的需要缴纳9%的增值税,并作为增值税的销项税处理,个人作为出资人的也需要缴纳9%的增值税,小规模纳税人作为出资人的需要缴纳3%的增值税。

二、关于房地产出资的附加税问题

根据附加税的有关规定,在缴纳增值税的同时需要缴纳附加税。附加税包括城建附加税和教育费附加,其税额以增值税额乘以适用的税率计得。附加税因其附加的性质不会有单独的税收优惠政策,故因房地产出资无增值税优惠政策,房地产出资也无附加税优惠政策。无论是增值税一般纳税人,还是小规模纳税人,还是个人，只要用房地产出资在缴纳增值税的同时都需要缴纳附加税。附加税不存在抵扣问题，直接进入出资方的成本。

三、关于房地产出资的土地增值税和优惠政策

《土地增值税暂行条例》第 2 条规定，“转让国有土地使用权、地上的建筑物及其附着物（以下简称转让房地产）并取得收入的单位和个人，为土地增值税的纳税义务人（以下简称纳税人），应当依照本条例缴纳土地增值税”。在投资公司以房地产对外出资的情况下，需要将房地产的所有权转移给融资公司，需要将相关产权证照办到融资公司的名下，因此会涉及土地增值税问题。

但是，根据财政部、国家税务总局《关于土地增值税一些具体问题规定的通知》（财税字〔1995〕48 号）（以下简称财税字〔1995〕48 号）的规定，对于以房地产进行投资、联营的，投资、联营的一方以土地（房地产）作价入股进行投资或者作为联营条件，将房地产转让到所投资、联营的企业中时，暂免征收土地增值税。

财政部、国家税务总局《关于继续实施企业改制重组有关土地增值税政策的通知》（财税〔2018〕57 号）（以下简称财税〔2018〕57 号）第 4 条规定，“单位、个人在改制重组时以房地产作价入股进行投资，对其将房地产转移、变更到被投资的企业，暂不征土地增值税”。第 5 条规定，“上述改制重组有关土地增值税政策不适用于房地产转移任意一方为房地产开发企业的情形”。第 9 条规定，“本通知执行期限为 2018 年 1 月 1 日至 2020 年 12 月 31 日”。但是根据目前宏观经济形势和以往的经验，在 2021 年年初财政部和国家税务总局还会出台类似文件，这个税收优惠政策很可能还会延续。

综上，无论是企业还是个人用房地产出资都暂不需要缴纳土地增值税，但是如果投融双方有一方是房地产开发企业的，则需要照章缴纳土地增值税。注意财税〔2018〕57 号没有为房地产出资暂免征收土地增值税设置任何条件，故此只要是出资，只要投融双方都不是房地产开发企业即可享受不征收土地增值税的优惠。

四、关于房地产出资的所得税和优惠政策

房地产出资的投资方无论是企业还是个人都会涉及所得税问题。房地产出资会被视同转让房地产，要求公允作价依法确认损益。在公允作价上个人房地产出资和企业房地产出资没有区别，都需要经过评估合理作价。但是在依法确认损益上个人房地产出资和企业房地产出资却有很大不同，个人以房地产出资作价额扣除房地产的原值及发生的合理费用确认损益；企业则以房地产出资作价额扣除出资房地产的净值及发生的合理费用确认损益。一个是扣除出资房地产的原值，另一个是扣除出资房地产的净值，其原因在于企业的房地产投入使用后逐年逐月提取折旧，折旧额已经在计算企业所得税时扣除，如果在确认出资损益时再行扣除，

就会构成重复扣除，故此在计算出资损益时只允许扣除尚未作折旧扣除的净值；而个人无固定资产折旧问题，当然也不存在折旧税前扣除的问题，故此，在计算房地产出资的损益时，应当扣除出资房地产的原值。

比如，甲公司10年前以5000万元买得一宗房地产，至今累计折旧2500万元，会计账目上该宗房地产的净值为2500万元，现作价（不含增值税价）10,000万元对乙公司乙出资，甲需要确认营业外收益7500万元（10,000万元－2500万元）。投资公司甲的会计处理如下：

借：长期股权投资（乙公司）　10,900万元；

　贷：固定资产　2500万元；

　　应交税金（增值税销项税）　900万元；

　　营业外收益　7500万元。

当然这并不等于说甲公司一定要缴纳7500万元×25%的企业所得税，因为这7500万元的收益要并入当期主营业务合并计算企业年度损益，只有年度盈利且没有5年之内的亏损需要弥补的才需要缴纳企业所得税。也就是说，如果投资公司当年的主营业务是盈利，且5年之内没有尚未弥补亏损的，因房地产对外出资产生的这7500万元就需要缴企业所得税，如果主营业务是亏损的或者有法定年限内的亏损尚未弥补，这7500万元就可能不需要缴企业所得税。

现在，我们再回过头来讨论个人房地产出资的所得税问题。假如A自然人5年前以1000万元的价格购入一套门市房，现作价2000万元（含增值税价）对甲公司出资，为完成出资A自然人支付中介费用等100万元。个人转让财产的应税所得按照行为计算，不按照期间计算。如此，A自然人因房地产出资需要缴纳增值税180万元，确认个人转让财产所得720万元（2000万元－1000万元－180万元－100万元），适用20%的税率缴纳144万元的个人所得税。

以上我们讨论了房地产出资需要视同转让确认损益，并分别讨论了企业房地产出资和个人房地产出资损益确认的不同规则。但是这并不等于说发生房地产出资就一定要确认损益，就一定会发生纳税义务。为了鼓励投融资，国家出台了许多关于企业非货币财产出资所得税的优惠政策，也相应地出台了个人非货币财产出资所得税的优惠政策，因为篇幅问题，我们将在本书第三章统一进行讨论。

五、关于房地产出资的契税和优惠政策

上边我们分析的是在房地产作价出资的情况下，投资一方的税收成本问题，下面我们讨论融资一方的税收成本问题。在房地产为投融资标的的情况下，融资公司会发生契税和印花税，需要对接受的房地产依法进行初始成本确认，以便计提折旧或者摊销。

《契税暂行条例》第1条规定，“在中华人民共和国境内转移土地、房屋权属，

承受的单位和个人为契税的纳税人，应当依照本条例的规定缴纳契税"。第3条规定，"契税税率为3%～5%。契税的适用税率，由省、自治区、直辖市人民政府在前款规定的幅度内按照本地区的实际情况确定，并报财政部和国家税务总局备案"。《契税暂行条例细则》第8条规定，以土地、房屋权属作价投资、入股，视同土地使用权转让、房屋买卖或者房屋赠与征税。

据上，在投资公司或者个人以房地产对外出资的情况下，接受房地产的融资公司负有依法缴纳契税的义务。契税额的计算方法为交易额乘以税率，在房地产作价出资的情况下就是房地产的作价额乘以税率。契税不同于增值税，不是价内税，不存在抵扣的问题，是实实在在的税收负担。

财政部、国家税务总局《关于继续支持企业事业单位改制重组有关契税政策的通知》(财税〔2018〕17号)(以下简称财税〔2018〕17号)第6条规定，同一投资主体内部所属企业之间土地、房屋权属的划转，包括母公司与其全资子公司之间，同一公司所属全资子公司之间，同一自然人与其设立的个人独资企业、一人有限公司之间土地、房屋权属的划转，免征契税。母公司以土地、房屋权属向其全资子公司增资，视同划转，免征契税。

该通知明确本通知自2018年1月1日起至2020年12月31日执行。据此，具备条件的下列房地产出资，对融资方免征契税：(1)作为居民企业的母公司以房地产向其居民企业的全资子公司出资，包括设立出资和增资出资；(2)同一居民企业母公司所属的各全资居民企业子公司之间房地产出资，包括设立出资和增资出资；(3)自然人用房地产向持有的居民个人独资企业出资，包括设立出资和增资出资；(4)自然人用房地产向其持有的居民一人有限公司出资，包括设立出资和增资出资。注意这四种契税优惠政策的共同特征是相关出资行为不具有交易的性质，投资方和融资方没有利益冲突，投资方不会从投资行为中获得实质收益，我们称之为非交易性投资或者增资。为了帮助读者理解前述房地产出资融资公司免征契税的前两种情况，我们分别制图(见图2－4、图2－5)：

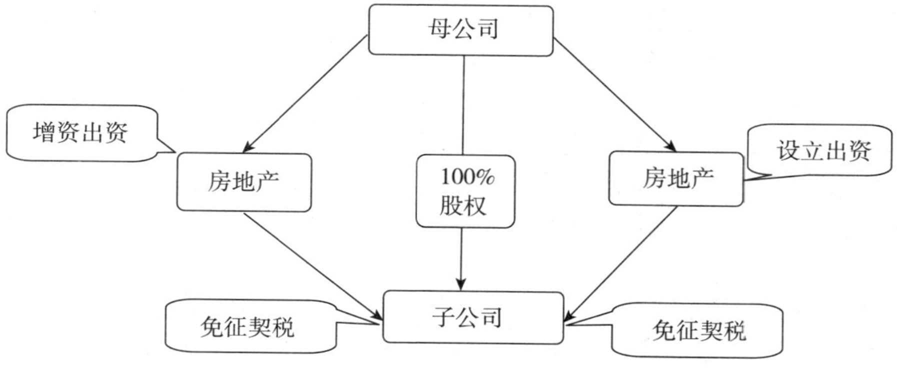

图2－4　居民企业母公司以房地产向其居民企业的全资子公司出资

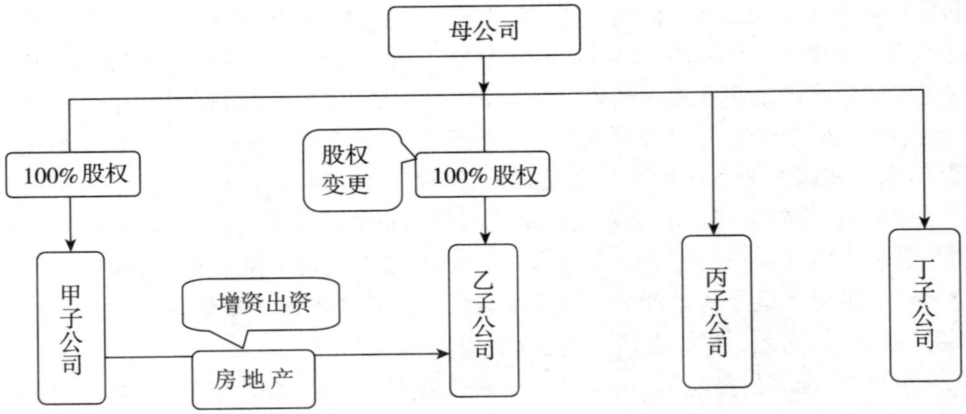

图2-5　同一居民企业母公司所属全资居民企业子公司之间房地产出资

六、房地产出资融资公司的会计处理

融资公司接受投资方房地产出资,除涉及印花税和契税外不会直接发生其他纳税义务,但对接受房地产资产的会计处理却涉及其增值税和所得税事项,故此我们讨论如下:

前面已经说过投资方用房地产向融资公司出资,应当给融资公司开具增值税发票,如果融资公司是小规模纳税人,按照价税合一即含税价格确认房地产的初始成本;如果融资公司是增值税一般纳税人,增值税发票上标注税金额在应交税金科目中核算,借记应交税金增值税进项税,表示企业在接受房地产时已经缴纳了增值税,做增值税抵扣。增值税发票上标注的价额,作接受房地产的初始成本确认,借记固定资产科目,并据此和法定使用所限计提折旧。

就如我们前边讨论的融资公司接受货币出资一样,投资方以房地产向融资公司出资,融资公司(不问是股份有限公司还是有限责任公司)也要向投资公司发行股份(股权),而发行股份(股权)可以平价发行,也可以溢价发行。同样无论融资公司是平价发行股份(股权)还是溢价发行股份(股权),都不会直接引发融资公司的所得税纳税义务。《企业所得税法实施条例》第57条第5项规定,“通过捐赠、投资、非货币性资产交换、债务重组等方式取得的固定资产,以该资产的公允价值和支付的相关税费为计税基础”。第66条第3项规定,“通过捐赠、投资、非货币性资产交换、债务重组等方式取得的无形资产,以该资产的公允价值和支付的相关税费为计税基础”。

据上,企业以接受投资方式取得的房地产,以出资作价额加税费(增值税除外)为资产的初始成本进行会计确认。因该资产不是公司买入的,而是股东投入的,故其来源在股东权益中确认。如果融资公司是平价发行股份(股权),融资公司按照出资作价额的全额确认实收资本;如果融资公司是溢价发行股份(股权),融资公司将出资作价额中的部分确认实收资本,其余部分即溢价部分确认为资本公积金。比如甲公司用一处物业向乙公司增资,经评估该物业作价(净价)10,000万元,增值税税率为9%。乙公司注册资本1000万元,企业估值15,000万元。投后甲公司持有乙公司40%的股权。乙公司的会计处理如下:

借:固定资产　10,000万元;

　应交税金(增值税进项税)　900万元;

　贷:实收资本　666.6666万元;

　　资本公积　10,233.3333万元。

综上,在融资公司接受股东以房地产向公司投资之时,应当按照评估确定的出资作价额确认固定资产或无形资产的初始计税成本,以后按照初始计税成本和法定折旧年限计提折旧或者摊销费用。因该资产是股东投入的,该资产的来源(贷方)在股东权益科目中确认。

■第四节　货物出资的税负和优惠政策

货物是一个税法上的概念,指可以移动并且有形状的资产,基本等同于法律上的动产,包括存货资产和固定资产中的机器设备和运输设备。本节我们讨论货物资产对外出资的税收成本和优惠政策。

货物与房地产一样,可以转让并且可以用货币估价,符合《公司法》第27条的规定,因此可以用来向新设公司出资,也可以用来向已有的公司增资。根据现行税法的有关规定,以货物出资涉及增值税、附加税、印花税、企业所得税和个人所得税,但不会涉及契税和土地增值税。

一、关于货物出资的增值税问题

根据《增值税暂行条例》第1条的规定,"在中华人民共和国境内销售货物或者加工、修理修配劳务(以下简称劳务),销售服务、无形资产、不动产以及进口货物的单位和个人,为增值税的纳税人,应当依照本条例缴纳增值税"。根据《增值税暂行条例实施细则》第4条的规定,单位或者个体工商户将自产、委托加工或者购进的货物作为投资,提供给其他单位或者个体工商户的,视同销售货物征收增值税。这里的货物包括企业为生产经营持有的存货,也包括企业为生产经营持有的货物类固定资产。据此,将货物类资产用于对外出资的,将被视同销售货物而征收增值税。

据上，投资公司以货物类资产对外出资，将被视为销售货物征收增值税。比如甲公司以一套设备向乙公司出资，该设备账面净值2000万元，经评估作价3000万元（净价），甲公司需要给乙公司开具销项税额为390万元的增值税专用发票，增加增值税纳税义务390万元。甲公司的会计处理如下：

借：长期股权投资　3390万元；

　贷：应交税金（增值税销项税）　390万元；

　　固定资产　2000万元；

　　营业外收益　1000万元。

综上，无论是个人还是企业用货物类资产作价出资，都会发生增值税的纳税义务。

二、关于货物出资的附加税问题

附加税是一个以主税为前提，按照主税额和适用税率计算，并与主税同时缴纳的税种。如果投资方用货物类资产出资发生了增值税的纳税义务，在缴纳增值税时就会发生附加税的纳税义务。

三、关于货物出资的所得税和优惠政策

投资方以货物类资产对外出资时，也会涉及所得税问题。如果投资方是法人企业就涉及企业所得税问题，如果投资方是自然人或者非法人企业就涉及个人所得税问题。根据《企业会计准则第2号——长期股权投资》的规定，投资公司以货物类资产对外投资，取得长期股权投资资产的，应当确定为非货币性资产交换。根据《企业会计准则第7号——非货币性资产交换》的有关规定，当投资公司以货物类资产对外出资时，应当以公允价值和应当支付的相关税费确定换入资产的计税成本，换出资产公允价值与换出资产账面净值的差额计入当期损益。《企业所得税法实施条例》第13条明确，《企业所得税法》第6条所称企业以非货币形式取得的收入，应当按照公允价值确定收入额。前款所称公允价值，是指按照市场价格确定的价值。《企业所得税法实施条例》第71条第3款第2项规定，通过支付现金以外的方式取得的投资资产，以该资产的公允价值和支付的相关税费为成本。《企业所得税法实施条例》第75条规定："除国务院财政、税务主管部门另有规定外，企业在重组过程中，应当在交易发生时确认有关资产的转让所得或者损失，相关资产应当按照交易价格重新确定计税基础。"

也就是说，当投资公司以货物类资产（也包括其他非货币资产）对外出资时，如果评估值即资产的作价金额大于该资产在投资公司会计账面上登记的价值额（固定资产为账面净值），就会使投资公司产生当期收益，就会增加投资公司的企业所

得税负担；如果评估值即资产的作价金额小于资产在投资公司会计账面上登记的价值额（固定资产为账面净值），就会减少投资公司当期收入，从而减少投资公司的当期的应税所得额。

如果投资方是自然人，上述计算出资损益的方法就要有所调整，对货物资产中的固定资产扣除的不再是净值，而是货物资产的原值。当然个人要适用转让资产20%的税率缴纳个人所得税。

为了鼓励投资，国家相继出台了许多非货币资产出资企业所得税的优惠政策，也出台了个人非货币财产出资的所得税优惠政策，因为篇幅问题，我们将这些优惠政策放在本书的第三章集中进行讨论。

四、货物出资融资公司的会计处理

在投资方用货物资产向融资公司出资的情况下，融资公司不会发生土地增值税、契税，但会涉及增值税，并需要进行会计确认进而涉及企业所得税。

正如前边所说，投资方用货物资产向融资公司出资，应当为融资公司开具增值税发票。如果融资公司是小规模纳税人，按照含税价做接受货物类资产的初始计税成本；如果融资公司是一般纳税义务人，按照增值税发票上标注的增值税额借记应交税金增值税进项税，作为增值税进项税抵扣，按照增值税发票上标注的价额，做接受货物的初始计税成本，以后结转成本或者计提折旧。这就是说在投资方以货物类资产向新设公司出资或向已有的公司增资时，在融资公司是一般纳税义务人的情况下，虽然出资方按照含税价确认长期股权投资的计税成本，但是接受出资的融资公司应当按照出资资产的净价额确认相关资产的初始计税成本。增值税专用发票上的增值税额不进入资产的计税成本，在应交税金科目中核算。据此，在本节所举示例中，乙公司收到甲公司出资的设备和增值税专用发票后，应当制作如下会计分录：

借：固定资产　3000 万元；

　　应交税金（增值税进项税）　390 万元；

　　贷：实收资本　3390 万元。

融资公司如此会计分录表示，收到股东货物资产出资 3390 万元，公司的实收资本增加 3390 万元。3390 万元的出资中有 3000 万元为机器设备价款，有 390 万元为已缴增值税，以后从销项税（应缴增值税）中扣收。

■第五节　股权出资的税负和优惠政策

股权是股东对公司拥有的各项权益的合称。股权可以转让并可以用货币估价，符合《公司法》第27条关于出资方式的规定，无论是企业还是个人都可以用股权来对外出资。股权出资是指投资方用自己对其他公司的股权作为出资资产，向新设公司出资或者向已有公司增资。在投资方以股权资产对外投资的情况下，投资方将成为融资公司的股东，原来投资方持有的公司将成为融资公司持有的公司，成为投资方的孙公司。在实务中，这种出资方式不仅要履行投资方对融资公司的出资手续（股权转让手续），还要履行出资股权指向公司（原投资方子公司）的股东变更手续。为了帮助读者理解股东出资的交易结构，笔者绘制股权出资交易结构图（见图2－6）：

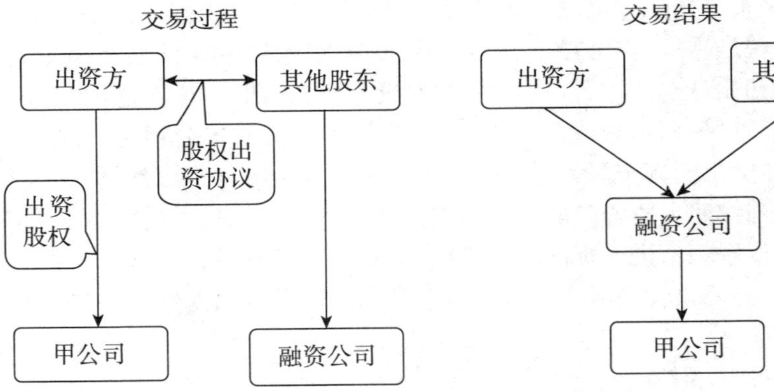

图2－6　股权出资交易结构

根据我国现行税法的有关规定，在投资方以股权出资的情况下，只涉及印花税及企业所得税或者个人所得税，不会涉及营业税、增值税、契税等其他税种。本节我们讨论股权出资投融双方的税收成本问题。

一、股权出资的所得税和优惠政策

股权属于非货币性资产，根据企业所得税法和企业会计准则的有关规定，企业在非货币性资产交换中产生的损益计入企业当期损益。因此，与其他非货币资产对外投资一样，股权出资对投资公司所得税的影响主要看出资股权评估作价的价格与投资公司会计账上登记的该股权的价值额之间的对比关系。如果评估作价的价格大于该股权在投资公司会计账上登记的价值额，投资公司就会产生收益，就会增加应税所得额，就会增加纳税义务；反之就会减少投资公司的应税所得额，就会减少纳税义务。比如，甲公司持有乙公司65%的股权，是5年前从A公司以1000万元的价格受让取得的，现拟用来向B公司增资出资。在评估的基础上经协商甲公司对乙公司65%的股权作价2000万元。这样甲公司的股权出资行为就会产生1000万元的应税所得，如果撇开其他因素不说，就会产生250万元的所得税纳税义务。这时投资公司甲的会计处理如下：

借：长期股权投资（B公司）　2000万元；

　贷：长期股权投资（乙公司）　1000万元；

　　投资收益　1000万元。

这个会计分录告诉我们，甲公司在用其持有的占乙公司全部注册资本65%的股权出资时，获得了1000万元的营业外收益。这1000万元的营业外收益要并入主营业务一并计算应税所得额缴纳企业所得税。

如果上述出资方不是甲公司而是甲自然人，就会发生个人所得税，在股权出资所得额的计算上，投资方是企业还是个人并无差别，都是以出资作价额减除股权的计税成本和发生合理的税费。假设上例中投资方是甲自然人，甲自然人在该出资行为中获得的应税所得额也是1000万元。甲自然人的个人所得税纳税义务与企业所得税的纳税义务只有三点不同：一是税率是20%，而不是25%；二是按照出资行为缴税，不存在期间核算问题；三是直接纳税，不存在弥补以前5年之内亏损的问题。

股权也是非货币财产，股权出资也可以适用国家有关非货币财产出资的税收优惠政策，故此，我们也将股权出资的所得税优惠政策放在本书的第三章一并进行讨论。

二、股权出资融资公司的会计处理

与接受其他非货币资产出资一样，接受股权出资的融资公司除发生少量印花税外，不会直接发生所得税的纳税义务，也不会发生其他纳税义务。但是融资公司应当按照出资股权的作价额确认其计税成本，并且与受让股权一样，如果目标公司有已经分配尚未支付的股利，该股利部分在应收股息科目核算。融资公司对通过融资取得的资产的会计处理，关系到融资公司未来出让该资产或者进行重组时的计税成本，从而关系到未来的所得税纳税义务。比如，甲公司持有乙公司50%的股权，评估作价3000万元向A公司出资。A公司在收到出资时的会计处理如下：

借：长期股权投资（乙公司）　3000万元；

　贷：实收资本　3000万元。

这个会计分录告诉我们，A公司通过融资取得甲公司持有的乙公司50%的股权,初始成本为3000万元。这3000万元的资产通过融资取得,故其来源全部确认为实收资本(或者包括资本公积)。未来A公司出让其对乙公司的股权时,以转让价格减除3000万元的初始成本计算损益。

顺便说一句,股权出资不涉及增值税,出资方也不需要为融资方开具增值税专用发票,双方凭合同、评估报告和其他法律文书进行会计处理。

■第六节　知识产权出资的税负和优惠政策

知识产权是指商标权、专利权、著作权、专有技术、商业秘密和字号权等,是一种能够给企业带来商业利益又没有形状的资产。知识产权可以用货币估价,并且可以转让,因此符合《公司法》第27条关于公司出资方式的规定,可以用来向新设立的公司出资,也可以用来向已有的公司增资。根据现行税法,投资方用知识产权对外投资会涉及增值税和所得税,但不会涉及土地增值税、契税以及其他税种。

本节我们讨论投资方用知识产权出资投融双方的税收成本和税收优惠政策。

一、关于知识产权出资的增值税问题

投资方用知识产权出资会涉及增值税。根据财政部、国家税务总局《关于全面推开营业税改征增值税试点的通知》(财税〔2016〕36号)(以下简称财税〔2016〕36号)附件1《营业税改征增值税试点实施办法》第1条的规定,在中华人民共和国境内(以下称境内)销售服务、无形资产或者不动产(以下称应税行为)的单位和个人,为增值税纳税人,应当按照本办法缴纳增值税,不缴纳营业税。单位,是指企业、行政单位、事业单位、军事单位、社会团体及其他单位。个人,是指个体工商户和其他个人。知识产权在无形资产科目中核算,故此,企业用知识产权出资会被视同转让征收增资税,执行的税率为6%。目前,尚没有关于知识产权作价出资增值税的优惠政策,故无论是企业还是个人用知识产权作价出资都会引发增值税的纳税义务。

与房地产、货物作价出资一样,出资方也要给融资公司开具增值税发票,出资额按照含税价计算。如果投资方是一般纳税人,其发票上标注的增值税额在应交税金科目中核算,贷记应交税金增值税销项税。比如,甲公司用自己开发的一项专利技术作价(含税价)100万元向乙公司出资,该专利技术会计账面净值20万元。甲公司应当为乙公司开具增值税专用发票,其中价为94.3396万元,税为5.6604万元。其会计分录为:

借:长期股权投资　100万元;

　　贷:无形资产　20万元;

　　　　应交税金(增值税销项税)　5.6604万元;

　　　　营业外收入　74.3396万元。

该会计分录表明,甲公司因专利技术作价出资获得74.3396万元的收益,同时也增加了5.6604万元的增值税纳税义务。

二、关于知识产权出资的附加税问题

正如前文已经说过的,只要缴纳增值税就要缴纳附加税,包括城市建设附加税和教育费附加。故此,用知识产权出资的投资方在缴纳增值税的同时也要缴纳附加税。附加税将构成投资方的投资成本。

三、知识产权出资的所得税和优惠政策

与其他非货币资产出资一样,投资方用知识产权对外出资,也需要对出资资产进行评估作价。如果评估作价的价格高于出资知识产权在投资公司会计账簿上登记的价值额,其大于额根据现行企业会计准则和企业所得税法的有关规定应当确认为企业的当期收益,这会影响投资公司的所得税纳税义务。从企业对外投资的税务实践看,除企业外购的知识产权外,凡企业自创的知识产权大多数在企业会计账簿上登记的价值额都很小,甚至是零。因此,在投资公司用知识产权作价对外出资时,大多数会产生数额较大的收益,进而会发生数额较大的企业所得税。

如果投资方是个人也需要视同转让确认非货币出资的所得依法缴纳个人所得税。但是个人与企业不同,除外购的知识产权有购入价格可查外,往往没有成本依据,所以当个人用知识产权作价出资时,按照出资作价额扣除开发费用和发生的合理税费计算应税所得没有问题,适用20%的比例税率缴纳个人所得税也没有问题,问题在于依据什么扣除个人开发专利的费用。建议与主管税务局沟通,通过评估确认个人开发知识产权的费用,以便进行扣除后确认个人知识产权出资的应税所得额。

与其他非货币资产出资一样,无论是企业还是个人知识产权出资都可以适用国家的相关所得税优惠政策,为了节约篇幅关于知识产权出资的所得税优惠政策我们也留待本书第三章一并讨论。

四、知识产权出资融资公司的会计处理

在接受投资方用知识产权对自己出资的情况下,融资公司除发生少量印花税外不会产生其他纳税义务。与其他非货币资产出资融资公司的财务处理一样,接受股东以知识产权向公司出资,公司的会计处理主要涉及两项内容:一是增值税进

项税的确认;二是对收到的知识产权资产做初始成本的确认。融资公司应当按照收到的增值税专用发票上标注的增值税额做进项税确认,借记应交税金增值税进项税,做增值税抵扣。融资公司应当按照增值税发票上标注的价额,对收到的知识产权作初始成本确认,以便在今后的会计期间作摊销扣除。比如在本节所举示例中,融资公司乙应当制作如下会计分录:

借:无形资产　94.3396 万元;

　应交税金(增值税进项税)　5.6604 万元;

　贷:实收资本　100 万元。

该会计分录反映,乙公司收到股东出资的知识产权 100 万元,其构成为知识产权本身作价 94.3396 万元,以后可以逐年做推销扣除,增值税税金 5.6604 万元,当期可以做增值税纳税义务的扣除。

■第七节　关于转增资股东的所得税问题

转增资是指公司用未分配利润、盈余公积、资本公积转增公司的注册资本,这种增资在股份有限公司称为公司向股东派股,在有限责任公司称为转增资。转增资的意义在于可以使本来要流出公司的资源不再流出,也可能是出于其他需求,比如为了满足公司对注册资本的需要。转增资是公司全体股东按原有的持股比例向公司增资,因此不会改变公司的股份结构。转增资虽然也是增资,它不会增加公司资产的数量,这是它与本章前边各节讨论的增资的最大区别。转增资不是交易,股东之间没有利益冲突,因此无须评估协商作价,甚至不用订立增资协议,只要公司的权力机构作出决议即可。转增资属于股东用留存在公司的财产权利出资,因此仅涉及所得税问题,不会涉及其他税收问题。由于转增资财产的来源不同,也因为税法对不同主体所得征税不同,从而导致不同来源或者不同主体转增资的税收成本不同。

一、关于留存收益转增资股东的所得税问题

公司未分配利润和盈余公积合称股东留存收益,意为股东收益中存放在公司的部分。未分配利润是企业未作分配的利润,它可以在以后年度继续进行分配,在未进行分配之前,属于所有者权益的组成部分,是公司财产总值中属于股东的组成部分。从数量上说,未分配利润是期初上年结转未分配利润加上本期实现的净利润之和。

盈余公积金包括法定盈余公积金和任意盈余公积金，都是企业利润完税后在分配前提取的，都可以转增公司的资本。根据《公司法》第 168 条第 2 款的规定，“法定公积金转为资本时，所留存的该项公积金不得少于转增前公司注册资本的百分之二十五”。

由于未分配利润和盈余公积金都是企业完税后的利润，因此两者在转增公司资本时所涉及的所得税事项是一致的。用未分配利润和盈余公积为公司增资，我们称为未分配利润和盈余公积转增注册资本。无论有限责任公司还是股份有限公司，都可以进行这类转增资。未分配利润和盈余公积转增注册资本所形成的增资，由公司的全体股东按照拥有的股份比例分享。此类转增资本股份有限公司称为派股，即以股份（股票）的方式分配股息红利，有限责任公司则称为股东以公司留存收益向公司增资。

既然利润和盈余公积转增公司注册资本属于公司向股东分配公司已缴完企业所得税后的利润，那么，以股份（股权）方式接受利润分配的股东是否应当缴纳所得税，就应当根据股东的身份和现行税法进行判断。居民企业的股东在税法上大致可以分为三类：(1)居民法人企业；(2)中国居民、适用个人所得税法的企业和非居民个人；(3)非居民企业。下面我们分别进行讨论。

二、留存收益转增资居民企业股东的所得税

税法上的居民企业是指根据中国法律设立依法缴纳企业所得税的法人企业。根据《企业所得税法》第 26 条第 2 项的规定，“符合条件的居民企业之间的股息、红利等权益性投资收益”为企业的免税收益，无须对此收益缴纳企业所得税。故此，中国居民企业从中国居民企业分配取得的股息、红利，包括以股份（股权）形式分配取得的利润和盈余公积，居民企业勿为此缴纳企业所得税。在公司以转增资方式向股东分配股份（股权）的情况下，转增资的资本都来源于公司已完税的收益，中国居民企业作为股东从公司分取的这部分收益，依据现行企业所得税法不再负有缴纳企业所得税的义务。

虽然公司用未分配利润和盈余公积金转增注册资本，居民企业股东无须为所分得的股份（股权）缴纳企业所得税，但是可以根据增资额调增该项长期股权投资的计税成本。这是因为作为股东的居民企业从所投资企业取得了收入，它需要进行会计确认，不缴税只是因为它取得的是一项免税收入。比如甲公司向乙公司投资 1000 万元，持有乙公司 20% 的股权。在投资之时甲公司会计处理如下：

借：长期股权投资（乙公司）　1000 万元；

　　贷：银行存款　1000 万元。

两年之后乙公司用 1000 万元的未分配利润转增公司的注册资本，甲公司分享乙公司新增资本中的 20%。甲公司的会计处理为：

借：长期股权投资（乙公司） 200万元；

贷：投资收益 200万元。

这样甲公司对乙公司投资的计税成本就由原来的1000万元，调增至1200万元。未来如果甲公司转让它持有的乙公司的20%股权时，计算其应税所得时的扣除额就不再是1000万元，而是1200万元了。由上可见，公司以未分配利润和盈余公积转增资本，属于向股东分配利润，对此居民法人企业依法不缴纳企业所得税，但可以相应调增该项长期投资的计税成本。

三、留存收益转增资居民个人股东的所得税

在所得税法上个人包括居民个人和非居民个人，还包括适用个人所得税法的企业。适用个人所得税法的企业是指私营个体企业和个人合伙等征收个人所得税的企业。根据《个人所得税法》的规定，利息、股息、红利所得，偶然所得和其他所得，以每次收入额为应纳税所得额，按照20%的比例税率征税。据此，居民个人、非居民个人及适用个人所得税的非法人企业从中国居民企业分配取得的股息、红利，包括以股份（股权）方式分配取得的利润和盈余公积，需要按照股息、红利和盈余公积的20%缴纳个人所得税。对此，国家税务总局在《关于印发〈征收个人所得税若干问题的规定〉的通知》（国税发〔1994〕89号）中对派发红股的征税问题中明确：股份制企业在分配股息、红利时，以股票形式向股东个人支付应得的股息、红利（派发红股），应以派发红股的股票票面金额为收入额，按利息股息、红利项目计征个人所得税。对于公司以股份（股权）形式向个人和适用个人所得税法的企业分配利润的，公司负有代扣代缴的义务。

与居民企业一样，个人股东包括居民个人股东和非居民个人股东接收公司用未分配利润和盈余公积金转增资所形成的股份（股权）后，也应当调整该股份（股权）的计税成本，在股份（股权）转让时享有扣除的权利，所不同的是个人在取得转增资形成的股份（股权）时负有缴纳个人所得税的义务。

四、留存收益转增资境外投资者的所得税

境外投资者指向中国境内投资的境外（含我国港澳台地区）企业。对境外投资者从中国居民企业分配的股息、红利是否征收预提所得税的问题，要分为两个阶段来讨论，即2007年12月31日以前境外投资者从所投资的中国境内公司取得的利润和2008年1月1日以后从该等公司取得的利润。

对于2007年12月31日以前从中国居民企业取得的利润，根据当时适用的《外商投资企业和外国企业所得税法》、《个人所得税法》和国家税务总局《关于外商投资企业、外国企业和外籍个人取得股票（股权）转让收益和股息所得税收问题的通知》（国税发〔1993〕045号），以及以后的国家税务总局《关于国税发〔1993〕

045 号文件废止后有关个人所得税征管问题的通知》(国税函〔2011〕348 号)的规定,外国投资者从中国居民企业取得的利润(股息),以及外籍个人从中国居民企业分得的股息、红利,免征所得税。对持有 B 股或海外股的外国企业和外籍个人,从发行该 B 股或海外股的中国境内企业所取得的股息(红利)所得,暂免征收企业所得税和个人所得税。

对于 2008 年 1 月 1 日以后外国投资者从所投资的中国居民企业取得的利润,根据现行《企业所得税法》第 19 条的规定:“非居民企业取得本法第三条第三款规定的所得,按照下列方法计算其应纳税所得额:(一)股息、红利等权益性投资收益和利息、租金、特许权使用费所得,以收入全额为应纳税所得额;(二)转让财产所得,以收入全额减除财产净值后的余额为应纳税所得额;(三)其他所得,参照前两项规定的方法计算应纳税所得额。”

《企业所得税法实施条例》第 91 条第 1 款规定:“非居民企业取得企业所得税法第二十七条第(五)项规定的所得,减按 10% 的税率征收企业所得税。”

2008 年 1 月 29 日,国家税务总局发布《关于下发协定股息税率情况一览表的通知》(以下简称国税函〔2008〕112 号),“根据《中华人民共和国企业所得税法》及其实施条例的规定,2008 年 1 月 1 日起,非居民企业从我国居民企业获得的股息将按照 10% 的税率征收预提所得税,但是,我国政府同外国政府订立的关于对所得避免双重征税和防止偷漏税的协定以及内地与香港、澳门间的税收安排(以下统称‘协定’),与国内税法有不同规定的,依照协定的规定办理。为方便协定的执行,现将《协定股息税率情况一览表》印发给你们并就有关问题通知如下:

一、表中协定税率高于我国法律法规规定税率的,可以按国内法律法规规定的税率执行。

二、纳税人申请执行协定税率时必须提交享受协定待遇申请表。

三、各地税务机关应严格审批协定待遇申请,防范协定适用不当”。

国家税务总局 2009 年 1 月 9 日发布的《非居民企业所得税源泉扣缴管理暂行办法》第 3 条规定,“对非居民企业取得来源于中国境内的股息、红利等权益性投资收益和利息、租金、特许权使用费所得、转让财产所得以及其他所得应当缴纳的企业所得税,实行源泉扣缴,以依照有关法律规定或者合同约定对非居民企业直接负有支付相关款项义务的单位或者个人为扣缴义务人”。当然,外国投资者取得居民企业未分配利润和盈余公积转增资本所形成的股份(股权),在缴纳完预提所得税后也有权调增该项长期投资的计税基础,在转让该项长期投资计算缴纳所得税时也享有按照调整后的计税成本扣除的权利。

据上,居民企业未分配利润和盈余公积转增资本,如果未分配利润是 2008 年 1 月 1 日以后取得的,如果公积金来源于 2008 年以后的利润,涉及的外国企业股东应当依法缴纳预提所得税,居民企业依法负有代扣代缴的义务。需要特别说明的是，前述预提所得税只适用于非居民企业源于中国境内的所得，非居民个人投资者来源于中国境内的所得适用个人所得税法，按照20%的比例税率征收个人所得税。

另外，这里需要特别提请注意的是，上述给予非居民企业来源于中国境内所得10%以下税率税收优惠的，仅为股息、红利所得，不包括利息、租金、特许权使用费和转让财产的所得。利息、特许权使用费是否也给予税收优惠应当根据有关税收协定判定。

五、关于资本公积转增资股东的所得税问题

资本公积也是公司财产中属于股东拥有的组成部分，是构成公司股东权益的价值组成部分。无论是有限责任公司还是股份有限公司，其资本公积都可以转增资本。根据现行税法和会计准则，资本公积的来源主要是公司溢价发行股份中的溢价部分，说到底不是由公司利润而来，而是由股东对公司的投入而来，是股东在公司注册资本以外对公司的投入。正是由于资本公积与未分配利润、盈利公积在来源上的这种区别，导致两者在转增注册资本时在所得税的处理上存在区别。这种区别从本质上说就是，未分配利润和盈余公积转增注册资本是公司向股东分配利润，其来源为公司的经营所得，而资本公积转增注册资本则是公司将股东在实收资本以外对公司的投入补充登记为公司的实收资本，其来源是股东对公司的投入。

既然资本公积同注册资本一样也是股东对公司的投入，公司将其转为注册资本向股东派发股份（股权），股东就无所得可言，也就不应当涉及所得税问题。对此，国家税务总局在1997年12月25日发出的《关于股份制企业转增股本和派发红股征免个人所得税的通知》（国税发〔1997〕198号）中明确，“一、股份制企业用资本公积金转增股本不属于股息、红利性质的分配，对个人取得的转增股本数额，不作为个人所得，不征收个人所得税。二、股份制企业用盈余公积金派发红股属于股息、红利性质的分配，对个人取得的红股数额，应作为个人所得征税”。《企业所得税法》实施后，2010年国家税务总局在《关于贯彻落实企业所得税法若干税收问题的通知》（以下简称国税函〔2010〕79号）中再次重申，“企业权益性投资取得股息、红利等收入，应以被投资企业股东会或股东大会作出利润分配或转股决定的日期，确定收入的实现。被投资企业将股权（票）溢价所形成的资本公积转为股本的，不作为投资方企业的股息、红利收入，投资方企业也不得增加该项长期投资的计税基础”。国家税务总局《关于股权奖励和转增股本个人所得税征管问题的公告》（国家税务总局公告2015年第80号），一反过去的成熟做法，既没有法理依据，又没有法律、行政法规根据就规定，“非上市及未在全国中小企业股份转让系统挂牌的中小高新技术企业以未分配利润、盈余公积、资本公积向个人股东转增股本，并符合财税〔2015〕116号文件有关规定的，纳税人可分期缴纳个人所得税；非上市及

未在全国中小企业股份转让系统挂牌的其他企业转增股本，应及时代扣代缴个人所得税”。此文一出引起一片哗然，至今也未能统一思想，统一行为。建议实务者在处理此类业务时，先与当地税务局沟通。

在公司用资本公积转增注册资本的情况下，对于接受资本公积转增资本所形成股份（股权）的股东不应当调增该项长期投资的计税成本。这是因为在股东当初进行投资时，已经对构成资本公积的投入确认为公司的长期股权投资，再确认一次则为重复确认。比如甲公司向乙公司增资，增资出资额为1000万元，乙公司注册资本500万元，估值1000万元。增资后甲公司持有乙公司50%的股权，双方的会计分录如下：

甲公司　　借：长期股权投资（乙公司）　1000万元；
　　　　　　贷：银行存款　1000万元；
乙公司　　借：银行存款　1000万元；
　　　　　　贷：实收资本　500万元；
　　　　　　　　资本公积　500万元。

可见甲公司出资的1000万元已经全部确认为甲公司持有乙公司50%股权的计税成本，如果乙公司将500万元资本公积转增注册资本，甲公司再调增其持有的乙公司50%股权的计税成本就重复了。

据上，只要相关资本公积的来源是股份（股权）溢价，公司资本公积金转增注册资本，股东无论是企业法人，还是自然人，或者是境外投资者都不因此而负有缴纳所得税的义务，但也不应因此而调增该项长期投资的计税成本。

案例2.1　选择出资方式节税案例

2001年，某外国企业对一境内企业进行合资资产并购（由外国企业和国内企业在国内企业所在地设立合资企业，然后由合资企业购买并运营国内企业的资产）。双方初步拟定的交易模式为：双方在中方所在地设立一家中外合资有限责任公司；注册资本为人民币1.5亿元，其中外方出资1.05亿元，占注册资本的70%，中方出资0.45亿元，占注册资本的30%；中外合资有限责任公司以人民币4.3亿元的价格购买国内企业全部有效资产。

谈判之初，中方企业没有进行节税策划，同意与外方一样以货币向合资公司履行出资义务（虽中方没有资金，但中外合资公司可以先注册后出资，中方便可以用转让资产价款的一部分向合营公司履行出资义务）。在基本方案确定后，中方进行会计测算，发现在中方企业向合资公司转让的资产中，有近6000万元的土地使用权和房屋建筑物。在资产并购的情况下，中方企业因转让这些房地产需要缴纳约300万元的营业税，约1000万元的土地增值税，约400万元的所得税，合计税负约达1800万元。

为了节约税收成本，中方企业在律师、会计师的帮助下进行税务策划，把出资方式由货币出资改为房地产出资，结果节约了营业税和土地增值税，只发生企业所得税近800万元，节税额达1000余万元。由于合资公司以接受投资方式取得房地产与以受让方式取得房地产，对合资公司来说税收负担是相同的（都要承担契税），故外方企业也接受了中方企业的要求，同意将中方企业的出资方式改变为土地使用权和厂房出资。为此双方变更了转让资产的范围和总价格，转让资产的总价格由人民币4.3亿元变更为3.7亿元，中方企业用0.6亿元的土地使用权和房屋建筑物向合资公司出资，合资公司在接收资产后以现金找回中方企业1500万元的出资资产作价差额。

从这个案例我们看到，中方企业在进行出资方式税收策划前后企业经营结果相差1000万元，合法节税为企业带来了可观的经济效益。因此，企业无论是对外投资设立新的公司，还是向已有的公司增资，都应当认真研究自己的出资方式，并且认真对比分析各种出资方式的税收成本，从而制订最佳的出资方案。

案例2.2　房地产出资后转股节税案例

甲商业公司在外埠设有一家分公司，拥有一个大院及房地产，净值7000万元，2000年拟将其打包对外出让。乙公司有意受让，双方协商拟定转让价格为20,000万元。

经甲公司法律顾问和会计人员共同测算，为完成上述交易甲公司需要缴纳营业税1000万元，土地增值税和其他费用约6000万元，甲公司最后实得约13,000万元。乙公司需要缴纳契税800万元。

为了节税增收，甲公司与乙公司协商改变了交易方式。首先由甲公司以外埠分公司的房地产评估作价10,000万元，作为注册资本成立了甲公司拥有全部股权的丙公司。丙公司注册完成后，甲公司分两次将其持有的全部股权仍以20,000万元的价格转让给乙公司。由于房地产出资不需要缴纳土地增值税，也不需要缴纳契税（母公司向全资子公司出资），只在转让股权时缴纳企业所得税。甲公司最后实得约17,400万元，仅发生2600万元的所得税和少量印花税。

这个案例告诉我们，节税不是偷税，是当事人根据各种交易方式下税收成本的高低，在确保实现交易目标的前提下，选择既可行又节税的交易方式，达到节税的目的。通过选择交易方式进行节税策划，就好比从北京去上海，有多种路径和方法，选择不同的路径和方法，成本不同。企业通过选择不同的交易方法节税，是合法节税。

案例2.3　甲公司为什么终止与乙公司的合作

乙公司是一家房地产项目公司，注册资本2000万元，几年前以2000万元的价格取得一宗土地，但一直未进行开发。甲公司是一家建筑施工企业，有相当的资金积累，想进入房地产开发领域。经人介绍甲、乙两公司开始洽谈合作，并在如下方面初步达成共识：(1)乙公司的土地使用权加少量围墙设施(全部资产)作价40,000万元，持有增资后的项目公司40%的股权(股权被摊薄)；(2)甲公司出资人民币60,000万元，持有增资后的项目公司60%的股权；(3)工程施工由甲公司负责，甲公司与项目公司订立工程承包合同。

起初甲公司认为乙公司土地使用权的作价虽显稍贵，但可以接受。在双方订立增资合作协议之前，甲公司请税务师和律师对项目进行最后分析，被告之虽然乙公司的土地使用权作价40,000万元并不是太高，但提请甲公司考虑土地增值的38,000万元所产生的增值税会由甲公司承担60%，这可是一个不小的数字，希望在税务师对整个项目的预计增值额核算后再作出最终决定。甲公司尊重了税务师的意见，向乙公司提出了新的合作方案，最终双方终止了合作。

这是一个房地产项目公司增值并购的案例，在这个案例中乙公司潜在地将土地增值产生的增值税纳税义务的60%转移给了甲公司，如果甲公司同意按照原方案合作，表面上可以接受的土地作价会给甲公司带来巨大的税收风险。

案例2.4　非货币资产向全资子公司出资趋低作价节税案例

非货币出资必经作价程序，尽管凡作价高于出资资产计税成本的必然加重投资者的纳税义务，而作价低于出资资产计税成本的必然减轻投资者的纳税义务，但在通常情况下，作价越高对投资者越有利。比如甲、乙两公司拟共同设立一家子公司，乙公司以现金1000万元出资，甲公司用一套机器设备出资。甲公司出资的机器设备会计账上的净值为500万元。甲公司出资的机器设备如果作价500万元，虽甲公司不会因此而引发任何所得税纳税义务，但甲公司只持有新设公司33.33%的股权，乙公司则持有新设公司66.66%的股权。甲公司出资的机器设备如果作价1000万元，甲公司将由此引发125万元的所得税纳税义务，但是甲公司却持有新设公司50%的股权，乙公司也就只持有新公司50%的股权。由此可见，在通常情况下，尽管会增加纳税义务，投资公司也应当尽量将非货币出资资产的价格作高，并且越高越好。

但是在另一种情况下，结果却不是这样。比如甲公司以上例相同的机器设备并配以一定数量的货币出资设立一家全资子公司，或者向自己已有的全资子公司增资。无论出资资产作价多少，都不会影响子公司对该等机器设备的使用，如果平价出资即作价500万元出资，投资公司就不会引发纳税义务，如果溢价出资，比如作价1000万元，就会引发125万元的纳税义务。因此，这类出资属于同一公司的资产从"左兜"掏出放入"右兜"，是否溢价没有实际意义，但是缴税拿出去的却是真金白银。除非投资公司有其他目的，否则在向自己的全资子公司出资时，以成本价格出资为好。

这个例子告诉我们,投资公司在向自己参股或者持股比例低于75%的公司非货币财产出资时,应当尽量高作价,尽管会发生所得税的纳税义务;如果是向自己的全资子公司或者持股比例在75%以上的公司非货币出资,就应当尽量趋低作价;如果再高作价,恐怕就会得不偿失。

案例2.5 某外商投资性公司每年有数亿元的利润进账,由于外商投资性公司为中国的居民企业,从其所投资的公司分取利润是不缴纳企业所得税的,故拟定用该等利润为本公司增资。后经查证如果投资性公司用从所投资公司分取的利润为本公司增资,则视为投资性公司的外国股东从中国居民企业分取利润,外国股东需缴纳预提所得税,遂取消了增资的想法,有关资金仍以未分配利润的名义在中国国内使用。如此,该外商投资性公司的外国股东推迟了缴纳预提所得税的期间。

这个案例告诉我们,未分配利润转增资和不转增资,并不改变公司的资金总量,原则上也不影响企业对资金的使用。因此,如果非居民企业股东确定该资金仍在中国国内使用,不应当急于分配自己独资或控股企业的利润,因为这会导致预提所得税纳税义务的发生。可以考虑推迟分配,而以其他方式使用资金,可以递延预提所得税的纳税义务。

第三章

对外投资所得税优惠政策

本书的第二章我们分别讨论了房地产出资、货物类资产出资、股权出资和知识产权出资四种非货币资产出资方式的财税问题，明确了所得税以外的各种税收优惠政策，同时我们也明确了各种非货币出资方式中投资方应税所得额的计算方法和纳税义务的生成规则，但是没有讨论非货币出资方式的所得税优惠政策。本章我们将集中讨论各种非货币出资方式的所得税优惠政策，包括企业所得税优惠政策、个人所得税优惠政策和外国投资者利润再投资的税收优惠政策。

■第一节 财税〔2009〕59号规定的股权出资优惠政策

2009年4月30日，财政部、国家税务总局发布《关于企业重组业务企业所得税处理若干问题的通知》（以下简称财税〔2009〕59号）。该文第1条开宗明义指出，“本通知所称企业重组，是指企业在日常经营活动以外发生的法律结构或经济结构重大改变的交易，包括企业法律形式改变、债务重组、股权收购、资产收购、合并、分立等”，可见财税〔2009〕59号规范的内容显然不包括投融资。但是在深入学习和实践过程中笔者发现，该文所规范的股权并购实际包含有股权出资的内容，其优惠政策也适用于企业股权出资。

一、财税〔2009〕59号规定的税收优惠政策包括股权出资

财税〔2009〕59号第5条，关于企业重组选择适用所得税优惠政策应当具备的条件中的第4项明确，“重组交易对价中涉及股权支付金额符合本通知规定比例”，第6条第2项明确，“……收购企业在该股权收购发生时的股权支付金额不低于其交易支付总额的85%财税〔2009〕59号”据上，根据财税〔2009〕59号的规定，企业股权并购要选择适用所得税特殊性处理这一税收优惠政策，收购方用股权支付的收购股权对价的比例至少要达到全部股权收购价款的85%。也就是说，股权收购方要想选择适用所得税的优惠政策，必须用股权支付其收购股权的对价，而且用股权支付的收购股权的对价必须达到收购全部股权对价的85%以上。那么，收购方用于支付收购股权对价的股权应当是什么样的股权呢？对此财税〔2009〕59号第2条明确，“本通知所称股权支付，是指企业重组中购买、换取资产的一方支付的对价中，以本企业或其控股企业的股权、股份作为支付的形式……”由此可见，收购方用于支付收购股权对价的股权有两种：第一种是收购方本公司的股权；第二种是收购方对其他公司的股权。问题就出在，如果收购方用其持有的其他公司的股权支付收购股权的价款，是股权（资产）换股权（资产），的确是股权收购；如果收购方用自己公司的股权支付收购股权的对价，收购方自己公司的股权不是收购方的资产，是收购方融资的工具，是收购方向投资方融资的工具。如此分析及经过实践后笔者认为，财税〔2009〕59号关于股权收购选择所得税优惠政策条件中规定的第一种股权支付，即收购方用自己公司的股权支付收购股权的对价，不是股权并购，而正是本书第二章第五节讨论的股权出资，即投资方（财税〔2009〕59号称为被收购方）用其持有的子公司的股权向融资公司（财税〔2009〕59号称为收购方）出资。正因如

此，笔者在本书中将财税〔2009〕59号规定的股权并购企业所得税的优先政策的第一种情况，作为股权出资企业所得税优惠政策进行讨论，并根据该文件的生效时间将其列为第一个非货币资产出资企业所得税的优惠政策。为了帮助读者对笔者观点的理解，我们绘制收购方以本企业股权支付收购股权价款和收购方用其控股企业股权支付收购股权价款两张图（见图3－1、图3－2），供读者对比分析。

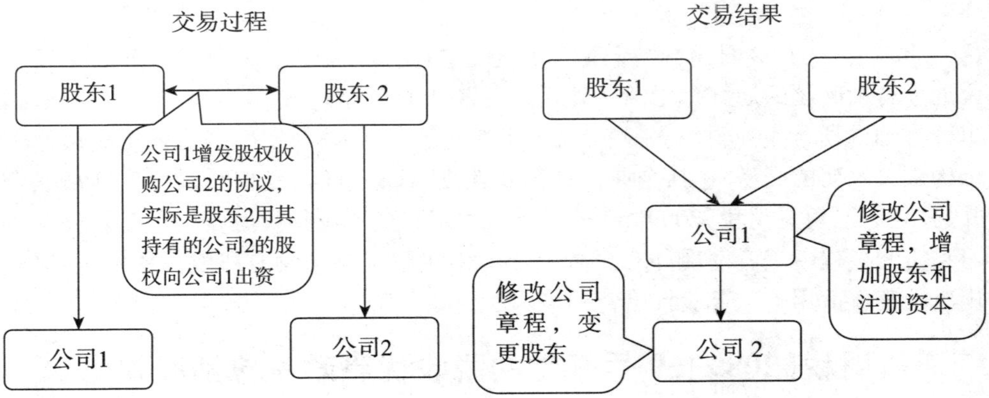

图3－1　收购方以本企业股权支付收购股权价款交易结构

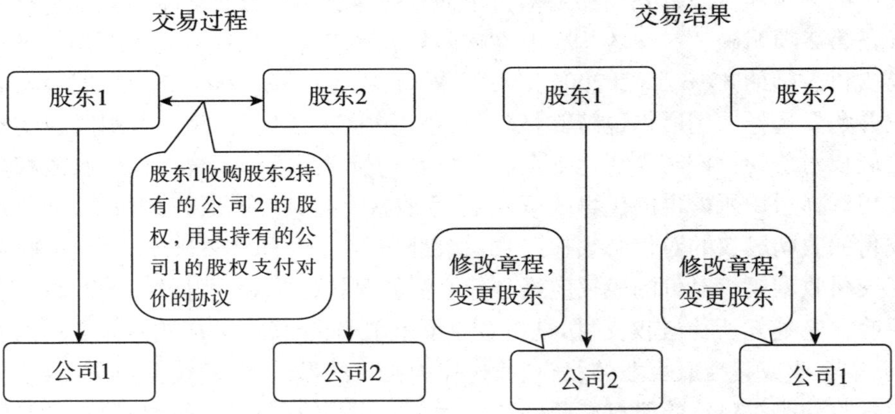

图3－2　收购方用其控股企业股权支付收购股权价款交易结构

从图3－1、图3－2中可以看出，图3－1中的公司1不是收购方，而是融资方，无论是法律关系、财务处理还是税收角色，它都是融资方，而不是并购方，只不过它融到的不是货币，而是股东2持有的对公司2的股权。因融资在法律上公司1要修改公司章程，增加公司股东和注册资本，它的会计分录为借长期股权投资，贷实收资本或者实收资本和资本公积金。而股东2也不是被收购方，而是投资方，只不过它不是用货币向公司1增资出资，而是用其持有的对公司2的股权向公司1增资出资。这种增资在特定情况下股东2可能是并购方，它以其持有的对公司2的股权,增资并购了公司1。在证券法及上市公司重大重组中我们也常常将第一种情况说成公司1(上市公司)定向发行股票收购资产(公司2的股权),但是笔者认为这样说的法理基础仍是认股人用股权资产向上市公司缴付出资,不能改变法律关系和财税关系的本质。我们要透过表象看本质,从内在规律上去把握事物,不要被表象所蒙蔽。而图3-2却与图3-1不一样,在这张图中既没有融资方,也没有出资方,而是股东1向股东2转让了其持有的公司1的股权,股东2向股东1转让了其持有的公司2的股权。这才是一种股权并购关系,无论是法律关系,还是会计处理,或者税收角色都是一种股权并购,而没有投融资关系。只不过收购方不是用货币支付受让股权的对价,而是用股权支付受让股权的对价,构成股权换股权。

其实我们前面讨论的问题发文机关也已经认识到了,财税〔2009〕59号出台后的第5个年头,2014年12月31日下发的《关于非货币性资产投资企业所得税政策问题的通知》(以下简称财税〔2014〕116号)第6条明确指出,“企业发生非货币性资产投资,符合《财政部国家税务总局关于企业重组业务企业所得税处理若干问题的通知》(财税〔2009〕59号)等文件规定的特殊性税务处理条件的,也可选择按特殊性税务处理规定执行”。据此,我们可以把财税〔2009〕59号规定的股权支付收购股权价款的第一种情况表述为,投资方用其持有的其他公司的股权向新设公司出资或者向已有公司增资的,凡符合财税〔2009〕59号规定条件的可以选择企业所得税特殊性处理。

二、解析财税〔2009〕59号规定的股权出资优惠政策

现在我们开始讨论财税〔2009〕59号关于股权出资的企业所得税优惠政策。在财税〔2009〕59号中优惠政策称为特殊性税务处理。根据财税〔2009〕59号第6条第2项的规定,居民企业用股权向居民企业出资,符合该通知规定条件的,可以选择按照如下规定进行所得税的特殊性处理:“1.被收购企业的股东取得收购企业股权的计税基础,以被收购股权的原有计税基础确定。2.收购企业取得被收购企业股权的计税基础,以被收购股权的原有计税基础确定。3.收购企业、被收购企业的原有各项资产和负债的计税基础和其他相关所得税事项保持不变。”

根据这一规定,投资方在对股权出资行为取得的融资方的股权进行会计确认时,不需要按照公允价值进行确认,可以按照自己出资股权的原有计税成本进行确认(相当于我们常说的原值划转),从而不需要像转让股权一样确认出资行为的损益。融资方取得的投资方的股权也不按照公允价值进行会计确认,只能按照所取得股权的原有计税成本进行会计确认。如此的结果是虽然交易过程中投资方出资的股权是公允作价的,投资方是按照公允作价取得融资公司股权的,但投资方对出资行为的结果进行会计确认时却可以视损益而不见,只按照出资股权的原计税成本对出资结果进行会计确认,从而使股权出资获得的收益在会计核算中得以递延。

如此,我们可以将上述税收优惠政策表述为:(1)出资企业按照出资股权的计税基础确认取得股权的计税基础;(2)接受出资企业按照出资股权的原计税基础确认取得股权的计税基础。比如,A公司出资500万元,持有B公司60%的股权,现A公司拟以B公司股权对甲公司增资。甲公司注册资本2000万元,在评估的基础上各方同意A公司对B公司的60%股权估值2000万元,甲公司企业估值8000万元,增资后A公司持有甲公司20%的股权,甲公司持有B公司60%的股权。如果不选择适用财税〔2009〕59号规定的股权出资企业所得税优惠政策,A公司将发生1500万元的投资收益。A公司和甲公司的会计分录如下:

A公司　　借:长期股权投资(甲公司)　2000万元;

　　　　　　贷:长期股权投资(B公司)　500万元;

　　　　　　　　投资收益　1500万元。

甲公司　　借:长期股权投资(B公司)　2000万元;

　　　　　　贷:实收资本　500万元;

　　　　　　　　资本公积　1500万元。

如果选择适用财税〔2009〕59号规定的股权出资企业所得税的优惠政策,按照出资企业按照出资股权的计税基础确认取得股权的计税基础,接受出资企业按照出资股权的原计税基础确认取得股权的计税基础规则进行会计处理。投资方A公司获得甲公司的股权比例不变仍为20%,但A公司因股权作价出资获得的1500万元收益却不需要进行会计确认,当然就不会发生纳税义务。A公司和甲公司的会计分录如下:

A公司　　借:长期股权投资(甲公司)　500万元;

　　　　　　贷:长期股权投资(B公司)　500万元。

甲公司　　借:长期股权投资(B公司)　500万元;

　　　　　　贷:实收资本　500万元。

需要特别提请注意的是,在选择适用股权出资企业所得税优惠政策的情况下,虽然投资方是按照出资股权原有的计税基础对出资结果(取得的融资公司的股权)进行会计确认的,但是在实际交易过程中,交易双方仍要对出资股权和融资公司进行公允作价和公允估值。比如在上列中即使选择税收优惠政策,A公司取得的甲公司的股权仍占甲公司投后全部股权的20%。税收优惠政策从来都尊重也不能改变等价交换的原则。

三、财税〔2009〕59号规定的股权出资优惠政策的适用

下面我们来讨论财税〔2009〕59号规定的股权出资企业所得税优惠政策的适用问题。根据财税〔2009〕59号的规定,企业以股权向其他公司出资必须具备如下条件才可以选择适用所得税优惠政策,不具备条件的不可以适用,具备条件的可以

选择适用，也可以不选择适用。选择适用的条件如下：

1. 具有合理的商业目的，且不以减少、免除或者推迟缴纳税款为主要目的；

2. 用于出资的股权不低于股权指向公司全部股权的75%［后由财政部、国家税务总局《关于促进企业重组有关企业所得税处理问题的通知》（以下简称财税〔2014〕109号）变更为50%］；

3. 企业重组后的连续12个月内不改变重组资产原来的实质性经营活动；

4. 股权作价出资投资方收回的出资差价不得大于股权作价额的15%；

5. 投资方在投资后连续12个月内，不得转让所取得的股权。

除上述必备条件外，就适用财税〔2009〕59号规定的股权出资企业所得税优惠政策问题，笔者在此作如下提示：

1. 财税〔2009〕59号规定的股权出资所得税优惠政策仅适用于投资方和融资公司均为居民企业，非居民企业及自然人股权出资的不适用；

2. 投资方和融资公司必须同时选择适用股权出资所得税优惠政策，不可以一方选择另一方不选择；

3. 财税〔2009〕59号规定的股权出资企业所得税优惠政策，既适用于设立出资，也适用于增资出资；

4. 选择股权出资企业所得税优惠政策的必须具备条件，但是具备条件的也可不选择，是否选择应当由交易双方在合同中约定；

5. 财税〔2009〕59号规定的股权出资所得税优惠政策是给投资方的优惠政策，可以使投资方递延自己的纳税义务；

6. 在投资方递延纳税义务的同时，融资公司对股东出资股权的初始成本的确认却被人为地降低了，这可能会加重融资公司未来的税收负担；

7. 如果投资方存在有效亏损可以税前弥补，则不宜选择适用财税〔2009〕59号规定的股权出资所得税优惠政策；

8. 根据财税〔2009〕59号的规定，选择适用股权出资企业所得税的优惠政策，投资公司获得的出资差价款（指股权作价额大于投资公司出资义务额时，融资公司支付给投资公司的出资差价）不能大于股权作价额的15%，允许投资公司获得少量的非股权差价（非股权支付），对投资公司获得的非股权差价部分不能适用所得税优惠政策，必须按照公允作价确认损益；

9.《企业重组业务企业所得税管理办法》和国家税务总局《关于企业重组业务所得税征收管理若干问题的公告》（以下简称国税2015年48号公告）对选择适用财税〔2009〕59号规定的非货币资产出资税收优惠政策有详细的规定，实务者应当认真执行之。

■第二节　财税〔2009〕59号规定的资产出资优惠政策

财税〔2009〕59号不仅在股权收购的优惠政策中规定了股权出资的企业所得税优惠政策，而且还在资产收购的优惠政策中规定了资产出资的企业所得税优惠政策。笔者认为，财税〔2009〕59号规定的资产收购的税收优惠政策适用于本书第二章讨论的房产出资、货物资产出资和知识产权出资。关于为什么说财税〔2009〕59号在资产收购的优惠政策中规定了资产出资的企业所得税优惠政策，请读者参考本章第一节的相关内容，为了节约篇幅我们对此不再赘述。下面我们直接解析财税〔2009〕59号规定的资产出资企业所得税优惠政策。

一、解析财税〔2009〕59号规定的资产出资优惠政策

财税〔2009〕59号第6条第3项规定的股权支付资产转让价款的并购项目，与股权支付股权转让价款的并购项目一样，也包括资产出资项目。因此，居民企业用资产向居民企业出资，符合财税〔2009〕59号规定的特殊性税务处理条件的，可以选择按照特殊性税务处理规则进行会计处理。财税〔2009〕59号规定的股权支付资产转让价款特殊性会计处理的规则包括："1. 转让企业取得受让企业股权的计税基础，以被转让资产的原有计税基础确定；2. 受让企业取得转让企业资产的计税基础，以被转让资产的原有计税基础确定。"该规则适用于资产出资项目时，其会计处理方法应当表述为：(1)出资企业取得股权的计税基础以出资资产的计税基础确定；(2)接受出资企业取得资产的计税基础以出资资产原计税基础确定。

据上，投资公司在对资产出资行为取得的融资公司的股权进行会计确认时，不需要按照公允价值进行确认，可以按照自己出资资产的原计税成本进行确认（相当于我们常说的原值划转），从而不需要像转让资产一样确认出资行为的损益。融资公司取得的投资公司的资产也不按照公允价值进行会计确认，只能按照所取得资产的原计税成本进行会计确认。如此的结果是虽然交易过程中投资公司出资的资产是公允作价的，投资公司是按照出资资产的公允作价取得融资公司股权的，但投资公司对出资行为的结果进行会计确认时却可以视损益而不见，只按照出资资产的原计税成本对出资结果进行会计确认，从而使资产出资获得的收益在财务核算中得以递延。比如，甲公司全部资产为货物资产，账面净值（计税成本）5000万元，现甲公司拟以全部资产作价对乙公司增资。乙公司注册资本2000万元。在评估的基础上各方同意甲公司的全部资产作价10,000万元（含增值税价格），乙公司企

业估值20,000万元,增资后甲公司持有乙公司33.33%的股权。如果不选择适用财税〔2009〕59号规定的资产出资企业所得税优惠政策,甲公司将发生3849.5576万元的投资收益。甲公司和乙公司的会计分录如下:

甲公司　借:长期股权投资(乙公司)　10,000万元;
　　　　贷:各类存货资产合计　5000万元;
　　　　　　应交税金(增值税销项税)　1150.4424万元;
　　　　　　营业外收益　3849.5576万元。

乙公司　借:各类存货资产合计　8849.5576万元;
　　　　　　应交税金(增值税进项税)　1150.4424万元;
　　　　贷:实收资本　1000万元;
　　　　　　资本公积　9000万元。

如果选择适用财税〔2009〕59号规定的资产出资企业所得税的优惠政策,投资方甲公司因资产作价出资获得乙公司1/3的股权不变,但资产出资的收益不需要进行会计确认,当然就不会发生纳税义务。甲公司和乙公司的会计分录如下:

甲公司　借:长期股权投资(乙公司)　5650万元;
　　　　贷:各类存货资产合计　5000万元;
　　　　　　应交税金(增值税销项税)　650万元。

乙公司　借:各类存货资产合计　5000万元;
　　　　　　应交税金(增值税进项税)　650万元;
　　　　贷:实收资本　1000万元;
　　　　　　资本公积　4650万元。

同样需要特别提请注意的是,在选择适用资产出资企业所得税优惠政策的情况下,虽然投资方是按照出资资产原有的计税基础对出资结果(取得的融资公司的股权)进行会计确认的,但是在实际交易过程中,交易双方仍要对出资资产和融资公司进行公允作价和公允估值。比如,在上例中即使选择适用所得税的优惠政策,甲公司取得的乙公司的股权仍占乙公司投后全部股权的1/3。税收优惠政策从来都尊重也不能改变等价交换的原则。

二、财税〔2009〕59号规定的资产出资优惠政策的适用

下面我们来讨论财税〔2009〕59号规定的资产出资企业所得税优惠政策的适用问题。根据财税〔2009〕59号的规定,企业以资产向其他公司出资必须具备如下条件才可以选择适用财税〔2009〕59号规定的所得税优惠政策,不具备条件的不可以适用,具备条件的可以选择适用,也可以不选择适用。选择适用所得税特殊性处理的条件如下:

1. 具有合理的商业目的,且不以减少、免除或者推迟缴纳税款为主要目的;

2. 用于出资的资产不低于投资企业全部资产的75%(后由财税〔2014〕109号变更为50%);

3. 企业重组后的连续12个月内不改变重组资产原来的实质性经营活动;

4. 投资方收回的资产出资差价(指因出资资产作价额大于投资公司的出资义务,由融资公司支付给投资公司的出资差价)不得大于资产作价额的15%;

5. 投资方在投资后连续12个月内,不得转让所取得的股权。

除上述必备条件外,就适用财税〔2009〕59号规定的资产出资企业所得税优惠政策问题,笔者在此作如下提示:

1. 财税〔2009〕59号规定的资产出资所得税优惠政策仅适用于投资公司和融资公司均为居民企业,非居民企业及自然人资产出资不适用;

2. 投资公司和融资公司必须同时选择适用资产出资所得税优惠政策,不可以一方选择另一方不选择;

3. 财税〔2009〕59号规定的资产出资企业所得税优惠政策,既适用于设立出资,也适用于增资出资;

4. 选择资产出资企业所得税优惠政策的必须具备条件,但是具备条件的也可不选择,是否选择应当由交易双方在合同中约定;

5. 财税〔2009〕59号规定的资产出资所得税优惠政策是给投资公司的优惠政策,可以使投资方递延自己的纳税义务;

6. 在投资方递延纳税义务的同时,融资公司对股东出资资产的初始成本的确认却被人为地降低了,这必然会加重融资公司未来的税收负担;

7. 如果投资公司存在有效亏损可以税前弥补,则不宜选择适用财税〔2009〕59号规定的资产出资所得税优惠政策;

8. 根据财税〔2009〕59号的规定,选择适用资产出资企业所得税的优惠政策,投资公司获得的出资差价款(指资产作价额大于投资公司出资义务额时,融资公司支付给投资公司的出资差价)不能大于资产作价额的15%,允许投资公司获得少量的非股权差价(非股权支付),对投资公司获得的出资差价不能适用所得税优惠政策,必须按照公允作价确认损益;

9.《企业重组业务企业所得税管理办法》和国税2015年48号公告对选择适用财税〔2009〕59号规定的资产出资税收优惠政策有详细规定,实务者应当详读之。

第三节　财税〔2014〕116号规定的非货币出资优惠政策

2014年12月31日,财政部、国家税务总局发布财税〔2014〕116号,该文是在财税〔2009〕59号之后为贯彻国务院《关于进一步优化企业兼并重组市场环境的意见》(国发〔2014〕14号),首次出台的非货币资产对外出资企业所得税优惠政策。在此之前由于财税〔2009〕59号将股权出资和资产出资企业所得税的优惠政策包含在股权并购和资产并购名下,一直没有明确的非货币资产对外出资企业所得税优惠政策。

一、解析财税〔2014〕116号规定的税收优惠政策

财税〔2014〕116号的主要内容如下:

1. 居民企业(以下简称企业)以非货币性资产对外投资确认的非货币性资产转让所得,可在不超过5年期限内,分期均匀计入相应年度的应纳税所得额,按规定计算缴纳企业所得税。

2. 企业以非货币性资产对外投资,应对非货币性资产进行评估并按评估后的公允价值扣除计税基础后的余额,计算确认非货币性资产转让所得。企业以非货币性资产对外投资,应于投资协议生效并办理股权登记手续时,确认非货币性资产转让收入的实现。

3. 企业以非货币性资产对外投资而取得被投资企业的股权,应以非货币性资产的原计税成本为计税基础,加上每年确认的非货币性资产转让所得,逐年进行调整。被投资企业取得非货币性资产的计税基础,应按非货币性资产的公允价值确定。

4. 企业在对外投资5年内转让上述股权或投资收回的,应停止执行递延纳税政策,并就递延期内尚未确认的非货币性资产转让所得,在转让股权或投资收回当年的企业所得税年度汇算清缴时,一次性计算缴纳企业所得税;企业在计算股权转让所得时,可按本通知第3条第1款规定将股权的计税基础一次调整到位。企业在对外投资5年内注销的,应停止执行递延纳税政策,并就递延期内尚未确认的非货币性资产转让所得,在注销当年的企业所得税年度汇算清缴时,一次性计算缴纳企业所得税。

5. 本通知所称非货币性资产,是指现金、银行存款、应收账款、应收票据以及准备持有至到期的债券投资等货币性资产以外的资产。本通知所称非货币性资产投资,限于以非货币性资产出资设立新的居民企业,或将非货币性资产注入现存的居民企业。

从财税〔2014〕116号的内容可见,该文所规定的非货币性资产出资包括本书第二章讨论过的房地产出资、货物类资产出资、股权出资、知识产权出资等出资方式。适用该文规定的非货币资产出资企业所得税优惠政策,仍需要对出资资产进行公允作价,并按照出资资产的公允价值减除计税成本和发生的合理税费计算损益,只是允许投资企业分5年确认非货币资产出资获得的收益,从而拉长投资企业

缴税的期间,减轻其现金压力。同时允许融资公司一次对获取的资产按照公允价值进行会计确认,从而按照公允价值计提折旧和摊销成本。由此可见,财税〔2014〕116号规定的非货币资产出资企业所得税优惠政策与财税〔2009〕59号规定的资产出资企业所得税优惠政策有很大的不同:第一,按照财税〔2009〕59号的规定投资公司按照出资资产的计税成本确认取得股权的初始成本,递延投资公司的全部纳税义务,而财税〔2014〕116号并没有完全递延投资公司的纳税义务,只是拉长了缴税期间,因此就优惠力度而言,财税〔2014〕116号远不及财税〔2009〕59号;第二,财税〔2009〕59号规定融资方也按照出资资产的计税成本对取得的资产进行会计确认,这会人为地甚至不合理地增加融资公司的税收负担,而财税〔2014〕116号允许融资公司直接按照出资资产的公允价值对获取的资产进行会计确认,消除了财税〔2009〕59号的遗症,这是财税〔2014〕116号的一大亮点;第三,两个文件规定税收优惠政策的适用条件不同,适用财税〔2014〕116号规定的优惠政策没有什么特别条件,只要是居民企业,只要是非货币出资即可,而适用财税〔2009〕59号的优惠政策,不仅要求是居民企业,还要求出资的资产不低于企业全部资产50%;第四,财税〔2009〕59号规定融资公司支付给投资公司的出资差价不能大于出资资产作价额的15%,而财税〔2014〕116号没有相关要求,只规定差价首先用来完税。综上,财税〔2014〕116号规定的优惠政策与财税〔2009〕59号规定的优惠政策相比,适用的范围更广,适用条件更宽,优惠力度稍弱。

现在我们模拟财税〔2014〕116号规定的税收优惠政策。假定甲公司资产构成即账面净值情况如下:

固定资产	原值15,000万元	净值10,000万元;
存货资产		8000万元;
长期股权投资		2000万元;
无形资产	原值5000万元	净值3000万元;
合计		23,000万元。

经评估甲公司的全部资产作价33,000万元(忽略增值税)对乙公司出资。乙公司注册资本10,000万元,企业估值50,000万元,投后甲公司持有乙公司37.5%股权。适用财税〔2014〕116号。双方的会计分录如下:

甲公司第1年　借:长期股权投资　25,000万元;

贷:各类资产合计　23,000万元;

营业外收益　2000万元;

第2年至第5年每年　借:长期股权投资　2000万元;

贷:营业外收益　2000万元。

如此,甲公司作为非货币资产的出资方分5年确认其因非货币资产出资获得的10,000万元的收益,拉长了缴纳相关企业所得税的期间。

乙公司　　借:各类资产合计　33,000 万元;

　　　　　　贷:实收资本　6000 万元;

　　　　　　　　资本公积　27,000 万元。

如此,融资方乙公司一次按照出资资产的公允价值对融资所得资产进行会计确认,从而能够按照资产的真实计税成本计提折旧或者进行成本摊销,不再受到投资公司享受所得税优惠政策的连累。

综上,财税〔2014〕116 号是一个简便易用、对投资方有利、对融资方无害的非货币出资企业所得税优惠政策,唯一的缺憾是优惠力度有限。

二、财税〔2014〕116 号税收优惠政策的适用

下面我们来讨论财税〔2014〕116 号规定的非货币性资产出资企业所得税优惠政策的适用问题。根据该文件的规定,企业以非货币性资产对外出资适用财税〔2014〕116 号规定的企业所得税优惠政策应当注意如下问题:

1. 适用优惠政策的投资公司和融资公司必须是中国的居民企业,不能是自然人或者非居民企业;

2. 非货币性资产是指现金、银行存款、应收账款、应收票据以及准备持有至到期的债券投资等货币性资产以外的资产;

3. 非货币性资产包括投资公司持有的对其他公司的股权;

4. 非货币性资产对外出资包括新设出资和增资出资;

5. 财税〔2014〕116 号对出资资产及股权比例等没有要求,可以广泛适用;

6. 财税〔2014〕116 号不会因为投资公司适用企业所得税优惠政策而增加融资公司的税收负担;

7. 适用财税〔2014〕116 号规定的税收优惠政策不需要报税务机关批准或者核准,企业可以直接适用;

8. 企业以非货币性资产对外投资,应对非货币性资产进行评估并按评估的公允价值扣除计税基础后的余额,计算确认非货币性资产出资的所得额;

9. 允许投资方从融资方获得差价,但差价必须首先用来缴纳税款,剩余的应缴税额仍可以分五年缴纳;

10. 分五年均匀确认非货币性资产出资的应税所得额,每年确认的所得额不得随意调整;

11. 企业以非货币性资产对外投资,应于投资协议生效并办理股权登记手续时,确认非货币性资产转让收入的实现;

12. 被投资企业通过融资取得的非货币性资产的计税基础,应按非货币性资产的评估作价额确定;

13. 企业在对外投资五年内转让上述股权或通过减资收回该投资的,应停止执

行递延纳税政策，并就尚未确认的非货币性资产出资所得，在转让股权或投资收回当年的企业所得税年度汇算清缴时，一次性计算缴纳企业所得税；

14. 投资企业和融资企业在五年内注销的，应停止执行递延纳税政策，并就尚未确认的非货币性资产出资所得，在注销当年的企业所得税年度汇算清缴时，一次性计算缴纳企业所得税。

■第四节　国税2015年40号公告规定的资产出资优惠政策

说到《关于资产（股权）划转企业所得税征管问题的公告》（以下简称国税2015年40号公告）。第1条将财税〔2009〕59号第6条第2项中有关“股权收购，收购企业购买的股权不低于被收购企业全部股权的75%”的规定，调整为“股权收购，收购企业购买的股权不低于被收购企业全部股权的50%”。第2条将财税〔2009〕59号第6条第3项中有关“资产收购，受让企业收购的资产不低于转让企业全部资产的75%”的规定，调整为“资产收购，受让企业收购的资产不低于转让企业全部资产的50%”。第3条的标题是“关于股权、资产划转”，内容为“对100%直接控制的居民企业之间，以及受同一或相同多家居民企业100%直接控制的居民企业之间按账面净值划转股权或资产，凡具有合理商业目的、不以减少、免除或者推迟缴纳税款为主要目的，股权或资产划转后连续12个月内不改变被划转股权或资产原来实质性经营活动，且划出方企业和划入方企业均未在会计上确认损益的，可以选择按以下规定进行特殊性税务处理：

1. 划出方企业和划入方企业均不确认所得。

2. 划入方企业取得被划转股权或资产的计税基础，以被划转股权或资产的原账面净值确定。

3. 划入方企业取得的被划转资产，应按其原账面净值计算折旧扣除”。

从该文第3条的内容看，并没有区别日常经营活动和资本项目，似乎只要是100%直接控制的居民企业之间，以及受同一或相同多家居民企业100%直接控制的居民企业之间，都可以按账面净值划转股权或资产。如此一来，似乎冲破了税务机关对关联交易的监管，只要是100%关联的企业之间什么资产都可以原值划转了，与企业所得税和会计核算单位的定义相悖。为了规范财税〔2014〕109号的适用范围，2015年5月27日国家税务总局下发的国税2015年40号开宗明义指出，“《国务院关于进一步优化企业兼并重组市场环境的意见》（国发〔2014〕14号）和《财政部国家税务总局关于促进企业重组有关企业所得税处理问题的通知》（财税

〔2014〕109 号,以下简称《通知》)下发后,各地陆续反映在企业重组所得税政策执行过程中有些征管问题亟须明确。经研究,现就股权或资产划转企业所得税征管问题公告如下:一、《通知》第三条所称'100% 直接控制的居民企业之间,以及受同一或相同多家居民企业 100% 直接控制的居民企业之间按账面净值划转股权或资产'",限定在四种资本项目之中。也就是说,只有国税 2015 年 40 号公告第 1 条规定的四种资本项目才能适用资产和股权原值划转的企业所得税优惠政策,其他非资本项目概不能适用。

一、解析国税 2015 年 40 号公告规定的税收优惠政策

根据国税 2015 年 40 号公告的规定,只有符合规定的资本项目才可以适用原值划转的企业所得税优惠政策。简单地说,国税 2015 年 40 号公告规定的可以享受原值划转股权或资产企业所得税优惠政策的资本项目共有四种,包括一种非货币性资产出资项目和三种非货币性资产支付减资对价项目。其中非货币性资产出资项目的税收优惠政策是我们本章要讨论的内容,其他三种减资项目的税收优惠政策留待本书第八章再讨论。

国税 2015 年 40 号公告对可以享受股权或资产原值划转企业所得税优惠政策的投融资项目规定,"100% 直接控制的母子公司之间,母公司向子公司按账面净值划转其持有的股权或资产,母公司获得子公司 100% 的股权支付。母公司按增加长期股权投资处理,子公司按接受投资(包括资本公积,下同)处理。母公司获得子公司股权的计税基础以划转股权或资产的原计税基础确定"。原值划转是公允作价的对称,意为资产在原企业的计税成本是多少,在接收企业的计税成本就是多少。原值划转是同一利益主体内部没有交易意义的资产流转的价值处理方法,因为在同一主体内部资产的流转没有交易的意义,高作价和低作价都没有实际的损益。公允作价是商品交易的通则,这一规则不问资产在流出方的计税成本是多少,要求参照市场供求关系定价,资产流出方要按照资产的原计税成本和流出价格确定因资产流出发生的损益。资产的流入方要按照资产的公允价格重新确定资产的初始计税成本,按照资产在本企业的初始计税成本计提折旧和摊销成本。为了帮助读者理解公允作价和原值划转的区别,我们模拟两个例子。

公允作价:

甲公司出资 2000 万元,持有乙公司 60% 的股权。乙公司股东会通过决议各股东按照原持股比例向公司增资,甲公司的增资出资义务为 2000 万元。甲公司拟以本公司的一处物业向乙公司履行出资义务,该物业在甲公司财务账面的净值为 1000 万元,经评估作价 1500 万元(含增值税价),甲公司另配 500 万元现金履行出资义务。甲公司的所得和会计分录如下:

甲公司　　借:长期股权投资(乙公司)　2000 万元;

贷:银行存款　500万元;
　固定资产　1000万元;
　应交税金(增值税销项税)　124万元;
　营业外收益　376万元。

甲公司需要确认资产出资获得的营业外收益376万元,并发生124万元的增值税纳税义务。

原值划转:

A公司出资2000万元,持有B公司100%的股权。因B公司生产需要A公司拟将自己的一处房产转给乙公司。经研究,如果采取转让方式,需要对房产公允作价,并且因是关联交易要接受税务机关的监管,如果采取增资出资方式,可以享受国税2015年40号公告规定的原值划转企业所得税优惠政策,故决定以增资出资方式解决B公司对该房产的需求。该房产在A公司财务账面的净值为1000万元,评估价1500万元。A公司的所得和会计分录如下:

A公司　　借:长期股权投资(B公司)　1090万元;
　　　　　贷:固定资产　1000万元;
　　　　　　应交税金(增值税销项税)　90万元;
　　　　　　营业外收益　0万元。

A公司没有发生所得,仅需要缴纳增值税90万元,就解决了B公司对房产的需求。

有一个问题需要讨论清楚,就是按照公司法的规定以非货币资产出资必须经评估作价,而按照国税2015年40号公告的规定,符合条件的非货币资产出资可以原值划转,如何处理两者之间的冲突。笔者认为不管是否符合国税2015年40号公告规定的条件,不管是否享受国税2015年40号公告规定的原值划转优惠政策,凡是非货币资产出资都必须遵循公司法的规定对出资的非货币资产进行评估的规定。如果评估价等于出资资产的账面净值,原值划转或者以评估价格出资(不需要享受国税2015年40号公告规定的税收优惠政策)没有问题。如果评估价格高于出资资产的原值,享受国税2015年40号公告的优惠政策不违背公司法的本意,因为公司法要求出资资产评估作价的本意是防止虚高作价损害公司债权人的利益,也不违反公平交易的规则,因为全资母子公司之间的投融资没有交易的意义,不公允作价也不会损害任何一方的利益。如果评估价格低于出资资产的原值,再原值划转就有问题了,这种情况下的原值划转虽不违反国税2015年40号公告的规定,也不违反公平交易的规则,但违反公司法关于公司资本充实的原则和出资作价额不能高于评估价格的原则。

总之,只有母公司对全资子公司的非货币资产出资才可以原值划转,无须像其他非货币资产出资那样确认损害,这会递延出资公司纳税义务,使母公司不再深陷

“赚的只是账面的钱,缴的却是真金白银”的囧境。

二、国税 2015 年 40 号公告规定的税收优惠政策的适用

国税 2015 年 40 号公告规定:

1.“二、《通知》第三条所称‘股权或资产划转后连续 12 个月内不改变被划转股权或资产原来实质性经营活动’,是指自股权或资产划转完成日起连续 12 个月内不改变被划转股权或资产原来实质性经营活动。股权或资产划转完成日,是指股权或资产划转合同(协议)或批复生效,且交易双方已进行会计处理的日期。”笔者认为,不改变划转资产原来的实质性经营活动,应当是指划转资产原来是干什么的,划转后还应当干什么,不能原来是制造业的资产划转后成为房地产开发的资产,这要求母公司和子公司的经营范围一致或者有重叠的地方。划转股权不改变原来的实质性经营活动,应当是要求划转股权指向的公司在股权划转后不改变经营范围。

2.“四、按照《通知》第三条规定进行特殊性税务处理的股权或资产划转,交易双方应在协商一致的基础上,采取一致处理原则统一进行特殊性税务处理”。这就是说,要公允作价,母子公司就都按照公允作价进行会计处理,母公司确认非货币资产出资的损益,子公司按照公允价格确认取得资产或者股权的初始计税成本。同样,如果享受国税 2015 年 40 号公告原值划转的待遇,母子公司就都按照出资资产的原值进行会计确认,不能子公司按照公允价格确认资产的初始成本,母公司又不确认损益。

3. 母子公司应在企业所得税年度汇算清缴时,分别向各自主管税务机关报送《居民企业资产(股权)划转特殊性税务处理申报表》和相关资料(一式两份)。相关资料包括:股权或资产划转总体情况说明,包括基本情况、划转方案等,并详细说明划转的商业目的;交易双方或多方签订的股权或资产划转合同(协议),需有权部门(包括内部和外部)批准的,应提供批准文件;被划转股权或资产账面净值和计税基础说明;交易双方按账面净值划转股权或资产的说明(需附会计处理资料);交易双方均未在会计上确认损益的说明(需附会计处理资料);12 个月内不改变被划转股权或资产原来实质性经营活动的承诺书。

4. 交易双方应在股权或资产划转完成后的下一年度的企业所得税年度申报时,各自向主管税务机关提交书面情况说明,以证明被划转股权或资产自划转完成日后连续 12 个月内,没有改变原来的实质性经营活动。

5. 交易一方在股权或资产划转完成日后连续 12 个月内发生生产经营业务、公司性质、资产或股权结构等情况变化,致使股权或资产划转不再符合特殊性税务处理条件的,发生变化的交易一方应在情况发生变化的 30 日内报告其主管税务机关,同时书面通知另一方。另一方应在接到通知后 30 日内将有关变化报告其主管

税务机关。

6. 上述5所述情况发生变化后60日内，原交易双方应按以下规定进行税务处理：属于母公司向全资子公司划转股东或资产情形的，母公司应按原划转完成时股权或资产的公允价值视同销售处理，并按公允价值确认取得长期股权投资的计税基础；子公司按公允价值确认划入股权或资产的计税基础。

7. 交易双方应调整划转完成纳税年度的应纳税所得额及相应股权或资产的计税基础，向各自主管税务机关申请调整划转完成纳税年度的企业所得税年度申报表，依法计算缴纳企业所得税。

8. 提交居民企业资产（股权）划转特殊性税务处理申报表和有关资料。

居民企业资产（股权）划转特殊性税务处理申报表

企业名称（章）：　　纳税人识别号：　　金额单位：元（列至角分）

<table>
<tr><td rowspan="12">基本情况</td><td>划出方企业名称</td><td colspan="5"></td></tr>
<tr><td>划出方纳税人识别号</td><td></td><td colspan="2">主管税务机关名称</td><td colspan="2"></td></tr>
<tr><td>划入方企业名称</td><td colspan="5"></td></tr>
<tr><td>划入方纳税人识别号</td><td></td><td colspan="2">主管税务机关名称</td><td colspan="2"></td></tr>
<tr><td rowspan="7">划转双方关系</td><td colspan="5">○关系1：100%直接控制的母子公司
母公司是：○划出方　○划入方
100%控股起始时间：　年　月　日</td></tr>
<tr><td colspan="5">○关系2：受同一或相同多家居民企业100%直接控制</td></tr>
<tr><td rowspan="2">股东名称（划转双方为关系2时填报）</td><td colspan="2">划出方</td><td colspan="2">划入方</td></tr>
<tr><td>持股比例</td><td>持股起始时间（年月日）</td><td>持股比例</td><td>持股起始时间（年月日）</td></tr>
<tr><td></td><td></td><td></td><td></td><td></td></tr>
<tr><td></td><td></td><td></td><td></td><td></td></tr>
<tr><td>合计</td><td>100%</td><td></td><td>100%</td><td></td></tr>
<tr><td colspan="2">划转完成日　（年　月　日）</td><td colspan="4"></td></tr>
<tr><td></td><td>被划转资产（股权）账面净值</td><td></td><td colspan="2">被划转资产（股权）计税基础</td><td colspan="2"></td></tr>
</table>

续表

<table>
<tr><td rowspan="15">会计处理</td><td colspan="2"></td><td>会计科目</td><td>金额</td><td>资产(股权)计税基础</td></tr>
<tr><td rowspan="6">划出方</td><td rowspan="3">借</td><td></td><td></td><td></td></tr>
<tr><td></td><td></td><td></td></tr>
<tr><td></td><td></td><td></td></tr>
<tr><td rowspan="3">贷</td><td></td><td></td><td></td></tr>
<tr><td></td><td></td><td></td></tr>
<tr><td></td><td></td><td></td></tr>
<tr><td rowspan="6">划入方</td><td rowspan="3">借</td><td></td><td></td><td></td></tr>
<tr><td></td><td></td><td></td></tr>
<tr><td></td><td></td><td></td></tr>
<tr><td rowspan="3">贷</td><td></td><td></td><td></td></tr>
<tr><td></td><td></td><td></td></tr>
<tr><td></td><td></td><td></td></tr>
<tr><td colspan="5"></td></tr>
<tr><td colspan="5"></td></tr>
<tr><td colspan="6">申报企业其他需说明的情况：</td></tr>
<tr><td colspan="6">谨声明：本人知悉并保证本表填报内容及所附证明材料真实、完整，并承担因资料虚假而产生的法律和行政责任。
法定代表人签章：　　　　年　月　日</td></tr>
</table>

填表人：　　　　　　　　　　　　填表日期：

9. 需提交的资料包括：

(1)股权或资产划转总体情况说明，包括基本情况、划转方案等，并详细说明划转的商业目的；

(2)交易双方或多方签订的股权或资产划转合同(协议)，需有权部门(包括内部和外部)批准的，应提供批准文件；

(3)被划转股权或资产账面净值和计税基础说明；

(4)交易双方按账面净值划转股权或资产的说明(需附会计处理资料)；

(5)交易双方均未在会计上确认损益的说明(需附会计处理资料)；

(6)12 个月内不改变被划转股权或资产原来实质性经营活动的承诺书。

10. 除上述内容外就适用国税 2015 年 40 号公告问题笔者在此提示如下：

(1)若要适用国税 2015 年 40 号公告规定的非货币出资企业所得税优惠政策，

投资公司和融资公司必须全部是中国居民企业，非中国居民企业或者自然人不可以；

（2）若要适用国税2015年40号公告规定的非货币出资企业所得税优惠政策，母子公司必须是全资母子公司关系，并且1年内不可以发生变动；

（3）若要适用国税2015年40号公告规定的非货币出资企业所得税优惠政策，出资后1年内资产所处的行业不能变，股权指向公司经营范围不能变；

（4）适用国税2015年40号公告规定的非货币出资企业所得税优惠政策，虽然母公司不会因此发生纳税义务，但是其纳税义务全部转移到子公司，在以非股权资产出资的情况下，纳税义务递延的时间有限；

（5）如果母公司存在有效亏损，不宜适用国税2015年40号公告规定的原值划转税收优惠政策；

（6）国税2015年40号公告规定的原值划转是一种企业所得税优惠政策，具备条件的可以选择适用，也可能不选择适用，不具备条件的不能选择适用；

（7）只有母公司对全资子公司的资产、股权出资项目才可以选择适用国税2015年40号公告，其他资本项目或者非资本项目不能适用；

（8）国税2015年40号公告规定的非货币资产出资企业所得税优惠政策，既适用于向母公司已有的全资子公司出资，也适用于设立自己的全资子公司；

（9）国税2015年40号公告和财税〔2009〕59号的优惠政策都叫所得税特殊性处理，并且优惠政策的内容基本一致，即不确认股权和资产出资的所得，只不过财税〔2009〕59号叫作按照出资资产或股权的原值进行会计确认，国税2015年40号公告叫作原值划转，两者的效果是一样的，只是称呼不同；

（10）适用国税2015年40号公告和财税〔2009〕59号的条件不同，国税2015年40号公告发要求出资发生在全资母子公司之间，而对出资资产或股权的比例没有要求，而财税〔2009〕59号投融资双方的股权比例没有要求，而对出资资产或股权的占比有要求；

（11）财税〔2009〕59号允许投资公司从融资公司收回不超过股权或者资产作价额15%的出资差价，而国税2015年40号公告不允许收回任何差价；

（12）国税2015年48号公告不仅适用于财税〔2009〕59号也适用于国税2015年40号公告，请参考本章一、财税〔2009〕59号规定的股权出资企业所得税优惠政策的有关部分。

■第五节 财税〔2016〕101号规定的税收优惠政策

2016年9月20日，财政部、国家税务总局发布《关于完善股权激励和技术入股有关所得税政策的通知》（以下简称财税〔2016〕101号），该文第1条和第2条是关于上市公司和有限责任公司对员工进行股权（股票）激励的税收政策，第3条是关于技术成果投资入股的税收优惠政策。现在我们讨论财税〔2016〕101号第3条关于技术成果出资的税收优惠政策。

一、解析财税〔2016〕101号文规定的税收优惠政策

财税〔2016〕101号文第3条关于技术成果出资所得税优惠政策的规定如下：

1. 企业或个人以技术成果投资入股到境内居民企业，被投资企业支付的对价全部为股票（权）的，企业或个人可选择继续按现行有关税收政策执行，也可选择适用递延纳税优惠政策。选择技术成果投资入股递延纳税政策的，经向主管税务机关备案，投资入股当期可暂不纳税，允许递延至转让股权时，按股权转让收入减去技术成果原值和合理税费后的差额计算缴纳所得税。

2. 企业或个人选择适用上述任一项政策，均允许被投资企业按技术成果投资入股时的评估值入账并在企业所得税前摊销扣除。

3. 技术成果是指专利技术（含国防专利）、计算机软件著作权、集成电路布图设计专有权、植物新品种权、生物医药新品种，以及科技部、财政部、国家税务总局确定的其他技术成果。

财税〔2016〕101号规定的技术成果出资是迄今为止最先进的非货币出资所得税的优惠政策。它的先进之处在于出资方可以享受原值划转一样的待遇，不需要确认因技术成果出资产生的收益，而融资方可以按照出资技术成果的公允价值对技术成果进行会计确认，并按此进行成本摊销，从而突破了交易双方之间会计处理的勾稽关系，消除了财税〔2009〕59号和国税2015年40号公告固有的出资方的纳税义务转移给融资方的弊端。在财税〔2016〕101号规定的税收优惠政策下，出资方不会发生纳税义务，融资方也不会人为的降低融资资产的初始计税成本，双方都乐而为之。比如，甲公司有一专利技术拟对乙公司出资，该专利技术财务账面净值为500万元，经评估作价10,000万元，乙公司注册资本1000万元，企业估值10,000万元，出资后甲公司持有乙公司50%的股权，选择适用财税〔2016〕101号规定的技术成果出资企业所得税优惠政策。出资完成后双方的会计分录如下：

甲公司　　借:长期股权投资(乙公司)　530 万元;

贷:无形资产　500 万元;

应交税金(增值税销项税)　30 万元;

乙公司　　借:无形资产　10,000 万元;

应交税金(增值税进项税)　30 万元;

贷:实收资本　1000 万元;

资本公积　9030 万元。

由于适用财税〔2016〕101 号规定的税收优惠政策,甲公司递延因专利出资获得的 9470 万元的出资所得,而乙公司却按照专利的公允作价额 10,000 万元对专利进行初始计税成本的确认,以后按照这个初始计税成本进行摊销。那么,甲公司的收益递延到什么时候呢?如果不出现其他情况一直递延到未来转让因专利出资获得的股权之时。比如五年之后,甲公司将其持有的乙公司的股权以 20,000 万元的价格转让,这时甲公司需要将专利出资时递延的所得和本次转让股权的所得一并确认。甲公司的所得和会计分录如下:

甲公司　　借:银行存款　20,000 万元;

贷:长期股权投资(乙公司)　530 万元;

营业外收益　19,470 万元。

如此,甲公司专利出资获得的 19,470 万元收益递延至五年之后转让股权时。

二、财税〔2016〕101 号规定的税收优惠政策的适用

根据财税〔2016〕101 号的规定,适用该文规定的技术成果出资企业所得税优惠政策应当注意如下事项:

1. 财税〔2016〕101 号规定的专利技术出资不仅适用于企业,也适用于个人;

2. 若要适用财税〔2016〕101 号规定的技术成果出资所得税优惠政策,出资方不得从融资方收取出资差价,全部出资只能取得股权;

3. 享受财税〔2016〕101 号规定的所得税优惠政策,既可以用专利技术设立出资,也可以用专利技术增资出资;

4. 享受财税〔2016〕101 号规定的所得税优惠政策的投资方用于出资的技术成果,是指专利技术(含国防专利)、计算机软件著作权、集成电路布图设计专有权、植物新品种权、生物医药新品种,以及科技部、财政部、国家税务总局确定的其他技术成果。不符合要求的技术成果或者其他非货币资产不能适用财税〔2016〕101 号规定的企业所得税优惠政策;

5. 用专利技术出资的企业可以在财税〔2014〕116 号、国税 2015 年 40 号公告和财税〔2016〕101 号中选择适用非货币出资的税收优惠政策,以条件是否具备、优惠力度大小、是否适合为要;

6. 投资者持有递延纳税的股权期间，因该股权产生的利润转增股本收入，以及以该递延纳税的股权再进行非货币性资产投资的，应在当期缴纳税款；

7. 对技术成果投资入股选择适用财税〔2016〕101 号规定的递延纳税政策的，企业应在规定期限内到主管税务机关办理备案手续。未办理备案手续的，不得享受本通知规定的递延纳税优惠政策；

8. 技术成果出资属于非货币出资，应当评估作价，并按照评估作价额进行交易，优惠政策的规定只是一种允许的会计处理方法。

以上我们共计讨论了五项非货币资产出资企业所得税优惠政策，这些优惠政策要求的条件不同，优惠的力度不同，会计处理方法不同，企业可以根据投资项目的条件和本企业的实际情况，从中选择既具备条件，又对本企业最有利的优惠政策。

■第六节　个人投资所得税优惠政策

前面五节我们讨论的是居民企业非货币资产权益性投资的税收优惠政策，现在我们讨论个人非货币资产权益性投资的个税优惠政策。这里说的个人包括居民个人和非居民个人以及适用个人所得税法的非法人企业，他们统一适用个人所得税法。

个人非货币资产出资与企业非货币资产出资一样，出资方也会涉及增值税、附加税、土地增值税、印花税和所得税，融资方也会涉及契税和印花税。本书第二章讨论的财税〔2018〕57 号规定的房地产出资土地增值税优惠政策，财税〔2018〕17 号规定的房地产出资融资方免征契税的优惠政策同样也适用于个人房地产出资。区别只在于所得税，企业非货币资产出资涉及的是企业所得税，个人非货币资产出资涉及的是个人所得税。在非货币资产出资的所得税优惠政策上，个人和企业有着很大的区别。现在我们来讨论非货币资产出资个人所得税的优惠政策。

在讨论个人非货币资产出资所得税优惠政策之前，我们先重温一下个人所得税和个人非货币出资所得税征管方面的知识。根据个人所得税法的规定，个人以非货币资产出资确认的所得为单项所得，执行 20% 的税率，以出资作价额减资产的原值和合理税费为所得额。根据国家税务总局《关于个人非货币性资产投资有关个人所得税征管问题的公告》（国家税务总局公告 2015 年第 20 号）的有关规定，第一，非货币性资产投资个人所得税以发生非货币性资产投资行为并取得被投资企业股权的个人为纳税人。第二，非货币性资产投资个人所得税由纳税人向主管税务机关自行申报缴纳。第三，纳税人以不动产投资的，以不动产所在地地税机关为主管税务机关；纳税人以其持有的企业股权对外投资的，以该企业所在地税机关为主管税务机关；纳税人以其他非货币资产投资的，以被投资企业所在地税机关为主管税务机关。第四，纳税人非货币性资产投资应纳税所得额为非货币性资产转让收入减除该资产原值及合理税费后的余额。第五，非货币性资产原值为纳税人取得该项资产时实际发生的支出。纳税人无法提供完整、准确的非货币性资产原值凭证，不能正确计算非货币性资产原值的，主管税务机关可依法核定其非货币性资产原值。第六，合理税费是指纳税人在非货币性资产投资过程中发生的与资产转移相关的税金及合理费用。

下面我们讨论个人非货币资产出资的个税优惠政策。

一、个人适用财税〔2016〕101 号的税收优惠政策

2016 年 9 月 20 日，财税〔2016〕101 号发布，该文规定企业或个人以技术成果投资入股到境内居民企业，被投资企业支付的对价全部为股票（权）的，企业或个人可选择继续按现行有关税收政策执行，也可选择适用递延纳税优惠政策。选择技术成果投资入股递延纳税政策的，经向主管税务机关备案，投资入股当期可暂不纳税，允许递延至转让股权时，按股权转让收入减去技术成果原值和合理税费后的差额计算缴纳所得税。财税〔2016〕101 号是一个企业和个人通用的非货币资产出资所得税优惠政策，不仅优惠力度大，而且不会加重融资公司的税收负担。

但是个人适用财税〔2016〕101 号规定的技术成果出资所得税优惠政策，应当注意如下问题：

1. 个人享受财税〔2016〕101 号规定的所得税优惠政策转让股权时，视同享受递延纳税优惠政策的股权优先转让。递延纳税的股权成本按照加权平均法计算，不与其他方式取得的股权成本合并计算；

2. 个人以技术成果投资入股，以取得技术成果的企业为个人所得税扣缴义务人。递延纳税期间，扣缴义务人应在每个纳税年度终了后向主管税务机关报告递延纳税有关情况；

3. 技术成果出资的个人包括非中国居民个人，接受技术成果出资的企业必须是中国居民企业；

4. 请参考本章第五节的有关内容。

二、财税〔2015〕41 号规定的个人投资所得税优惠政策

个人非货币资产出资所得税优惠政策，除前边说的财税〔2016〕101 号以外，还有适用更为广泛的财政部、国家税务总局《关于个人非货币性资产投资有关个人所得税政策的通知》（以下简称财税〔2015〕41 号）。下面我们讨论财税〔2015〕41 号

规定的个人非货币财产出资所得税优惠政策。

1. 解析财税〔2015〕41 号的个人所得税优惠政策

2015 年 3 月 30 日，财税〔2015〕41 号下发，该文的主要内容如下：

（1）个人以非货币性资产投资，属于个人转让非货币性资产和投资同时发生。对个人转让非货币性资产的所得，应按照“财产转让所得”项目，依法计算缴纳个人所得税。

（2）个人以非货币性资产投资，应按评估后的公允价值确认非货币性资产转让收入。非货币性资产转让收入减除该资产原值及合理税费后的余额为应纳税所得额。

（3）个人以非货币性资产投资，应于非货币性资产转让、取得被投资企业股权时，确认非货币性资产转让收入的实现。

（4）个人应在发生上述应税行为的次月 15 日内向主管税务机关申报纳税。纳税人一次性缴税有困难的，可合理确定分期缴纳计划并报主管税务机关备案后，自发生上述应税行为之日起不超过 5 个公历年度内（含）分期缴纳个人所得税。

（5）个人以非货币性资产投资交易过程中取得现金补价的，现金部分应优先用于缴税；现金不足以缴纳的部分，可分期缴纳。

（6）个人在分期缴税期间转让其持有的上述全部或部分股权，并取得现金收入的，该现金收入应优先用于缴纳尚未缴清的税款。

（7）本通知所称非货币性资产，是指现金、银行存款等货币性资产以外的资产，包括股权、不动产、技术发明成果以及其他形式的非货币性资产。

（8）本通知所称非货币性资产投资，包括以非货币性资产出资设立新的企业，以及以非货币性资产出资参与企业增资扩股、定向增发股票、股权置换、重组改制等投资行为。

财税〔2015〕41 号是关于个人非货币资产出资所得税的优惠政策，根据这项优惠政策，个人以非货币资产出资，要视同转让确认所得缴纳个人所得税，如果个人一次缴纳全部税款有困难，可以向主管税务机关报备分期缴纳计划，分五年缴纳全部税款。这一税收优惠政策与财税〔2014〕116 号规定的企业非货币资产对外投资所得税优惠政策很相似，但是实务者一定要切记企业非货币资产出资的应税所得额为出资作价额减除资产的净值和合理的税费，而个人非货币资产出资的应税所得额为出资作价额减除资产的原值和合理的税费。个人适用财税〔2015〕41 号规定非货币资产对外投资税收优惠政策只需要制订分期缴税计划并向主管税务机关备案即可。

2. 财税〔2015〕41 号个人所得税优惠政策的适用

（1）财税〔2015〕41 号规定的非货币资产出资个人所得税优惠政策既适用于居民个人，也适用于非居民个人。

（2）财税〔2015〕41号规定的优惠政策适用于所有非货币资产出资，包括房地产出资、货物类资产出资、股权出资、知识产权出资等。

（3）财税〔2015〕41号规定的个人非货币资产出资所得税优惠政策既适用于新设出资，也适用于向已有公司增资，既适用于向没有控制关系的公司增资，也适用于向子公司增资。

（4）个人非货币资产出资需要视同转让确认应税所得，只是可以分五年纳税。如果有出资差价，纳税人应当首先以出资差价缴税，剩余的税款仍可以分五年缴纳。

（5）计算个人非货币资产出资应税所得额的非货币性资产原值为纳税人取得该项资产时实际发生的支出。纳税人无法提供完整、准确的非货币性资产原值凭证，不能正确计算非货币性资产原值的，主管税务机关可依法核定其非货币性资产原值。合理税费是指纳税人在非货币性资产投资过程中发生的与资产转移相关的税金及合理费用。

（6）个人非货币资产出资的纳税义务人是实施出资行为的自然人，由自然人自行申报纳税，纳税人应在取得融资公司股权的次月15日内向主管税务机关申报纳税。纳税人需要分期缴纳个人所得税的，应于取得被投资企业股权之日的次月15日内，自行制订缴税计划并向主管税务机关报送《非货币性资产投资分期缴纳个人所得税备案表》、纳税人身份证明、投资协议、非货币性资产评估价格证明材料、能够证明非货币性资产原值及合理税费的相关资料。

（7）纳税人以不动产出资的，以不动产所在地税务机关为主管税务机关；纳税人以其持有的企业股权对外出资的，以该企业所在地税务机关为主管税务机关；纳税人以其他非货币资产出资的，以融资企业所在地税务机关为主管税务机关。

（8）个人在分期缴税期间转让其持有的全部或部分股权，并取得现金收入的，该现金收入应优先用于缴纳尚未缴清的税款。

以上是个人非货币出资所得税的两项优惠政策，再加上房地产出资出资方的土地增值税优惠政策和融资方的契税优惠政策，个人非货币出资共计有这四项优惠政策。

三、财税〔2018〕55号规定的个人天使投资税收优惠政策

现在我们顺便简单讨论一下个人作为天使投资者投资初创科技型企业的所得税优惠政策。2018年5月14日，财政部、国家税务总局下发《关于创业投资企业和天使投资个人有关税收政策的通知》（财税〔2018〕55号）。该通知第1条第3项规定，天使投资个人采取股权投资方式直接投资于初创科技型企业满两年的，可以按照投资额的70%抵扣转让该初创科技型企业股权取得的应纳税所得额；当期不足抵扣的，可以在以后取得转让该初创科技型企业股权的应纳税所得额时结转抵

扣。天使投资个人投资多个初创科技型企业的，对其中办理注销清算的初创科技型企业，天使投资个人对其投资额的70%尚未抵扣完的，可自注销清算之日起36个月内抵扣天使投资个人转让其他初创科技型企业股权取得的应纳税所得额。

该通知明确，本通知所称初创科技型企业，应同时符合以下条件：(1)在中国境内(不包括我国港、澳、台地区)注册成立、实行查账征收的居民企业；(2)接受投资时，从业人数不超过200人，其中具有大学本科以上学历的从业人数不低于30%；资产总额和年销售收入均不超过3000万元；(3)接受投资时设立时间不超过五年(60个月)；(4)接受投资时以及接受投资后两年内未在境内外证券交易所上市；(5)接受投资当年及下一纳税年度，研发费用总额占成本费用支出的比例不低于20%等。

该通知同时明确，享受本通知规定的税收政策的天使投资个人，应同时符合以下条件：(1)不属于被投资初创科技型企业的发起人、雇员或其亲属(包括配偶、父母、子女、祖父母、外祖父母、孙子女、外孙子女、兄弟姐妹，下同)，且与被投资初创科技型企业不存在劳务派遣等关系；(2)投资后两年内，本人及其亲属持有被投资初创科技型企业股权比例合计应低于50%。

天使投资是指专事对有发展前景、处于初创阶段的创业企业进行风险投资的机构或者个人。个人采取股权投资方式直接投资于初创科技型企业满两年的，可以按照投资额的70%抵扣转让该初创科技型企业股权取得的应纳税所得额。这是指个人天使投资人在缴纳个人所得税时，可以对应税所得额再扣除投资成本的70%，扣除后再有余额的再缴纳个人所得税。当期不足抵扣的，可以在以后取得转让该初创科技型企业股权的应纳税所得额时结转抵扣。这是指如果天使投资人分次转让初创科技型企业的股权，第一次转让股权的所得额不足抵扣的，可以留待以后再转让该企业股权时再行抵扣。天使投资个人投资多个初创科技型企业的，对其中办理注销清算的初创科技型企业，天使投资个人对其投资额的70%尚未抵扣完的，可自注销清算之日起36个月内抵扣天使投资个人转让其他初创科技型企业股权取得的应纳税所得额。这是指天使投资人投资多个初创科技型企业的，如果有企业已经清算，但投资额尚未抵扣可以在36个月内结转抵扣因转让其他企业股权产生的应税所得额。

■第七节　境外投资者利润再投资税收优惠政策

根据企业所得税法和有关政策规定，境外投资者从其投资的中国境内企业取得的股息红利需要缴纳预提所得税。预提所得税是收入来源地政府对投资企业收取的一种所得税。境外投资者指注册在境外，向中国境内投资持有境内外商独资企业股权或者境内中外合资企业股权的企业。外商独资企业和外商投资企业是居民企业，它们首先要适用中国的企业所得税法缴纳企业所得税，当这些企业的税后利润向股东分配时，这些作为非居民企业的股东需要就分得的利润缴纳预提所得税。由于这种所得税不问外国企业的盈亏，只要从境内获得收入就要缴纳，故名为在所得税之前加预提两字。

关于境外投资者预提所得税的税率，《企业所得税法实施条例》第91条规定，“非居民企业取得企业所得税法第二十七条第（五）项规定的所得，减按10%的税率征收企业所得税”。2008年1月29日，国家税务总局发布国税函〔2008〕112号，该文明确根据企业所得税法及其实施条例的规定，2008年1月1日起，非居民企业从我国居民企业获得的股息将按照10%的税率征收预提所得税，但是，我国政府同外国政府订立的关于对所得避免双重征税和防止偷漏税的协定以及内地与香港、澳门间的税收安排（以下统称协定），与国内税法有不同规定的，依照协定的规定办理。为方便协定的执行，现将《协定股息税率情况一览表》印发并就有关问题通知如下：（1）表中协定税率高于我国法律法规规定税率的，可以按国内法律法规规定的税率执行；（2）纳税人申请执行协定税率时必须提交享受协定待遇申请表；（3）各地税务机关应严格审批协定待遇申请，防范协定适用不当。

表3-1　协定股息税率情况一览表

税　率	与下列国家（地区）协定
0	格鲁吉亚（直接拥有支付股息公司至少50%股份并在该公司投资达到200万欧元情况下）
5%	科威特、蒙古、毛里求斯、斯洛文尼亚、牙买加、南斯拉夫、苏丹、老挝、南非、克罗地亚、马其顿、塞舌尔、巴巴多斯、阿曼、巴林、沙特、文莱、墨西哥
5%（直接拥有支付股息公司至少10%股份情况下）	委内瑞拉、格鲁吉亚（并在该公司投资达到10万欧元）（与上述国家协定规定直接拥有支付股息公司股份低于10%情况下税率为10%）
5%（直接拥有支付股息公司至少25%股份情况下）	卢森堡、韩国、乌克兰、亚美尼亚、冰岛、立陶宛、拉脱维亚、爱沙尼亚、爱尔兰、摩尔多瓦、古巴、特多、香港、新加坡［与上述国家（地区）协定规定直接拥有支付股息公司股份低于25%情况下税率为10%］
7%	阿联酋
7%（直接拥有支付股息公司至少25%股份情况下）	奥地利（直接拥有支付股息公司股份低于25%情况下税率为10%）

续表

税　率	与下列国家(地区)协定
8%	埃及、突尼斯、墨西哥
10%	日本、美国、法国、英国、比利时、德国、马来西亚、丹麦、芬兰、瑞典、意大利、荷兰、捷克、波兰、保加利亚、巴基斯坦、瑞士、塞浦路斯、西班牙、罗马尼亚、奥地利、匈牙利、马耳他、俄罗斯、印度、白俄罗斯、以色列、越南、土耳其、乌兹别克斯坦、葡萄牙、孟加拉、哈萨克斯坦、印度尼西亚、伊朗、吉尔吉斯斯坦、斯里兰卡、阿尔巴尼亚、阿塞拜疆、摩洛哥、澳门
10%(直接拥有支付股息公司至少10%股份情况下)	加拿大、菲律宾(与上述国家协定规定直接拥有支付股息公司股份低于10%情况下税率为15%)
15%	挪威、新西兰、巴西、巴布亚新几内亚
15%(直接拥有支付股息公司至少25%股份情况下)格鲁吉亚(直接拥有支付股息公司至少50%股份并在该公司投资达到200万欧元情况下)	

由表3－1可见,我国境外投资企业股息红利所得预提所得税税率按照10%和我国与外国投资者所在国签订的税收协定规定的税率的低者执行。为了鼓励境外投资企业扩大在中国境内的投资,国家出台了境外投资企业从中国居民企业分得的利润直接投资中国境内的暂不征收预提所得税的税收优惠政策。这一优惠政策自2017年就开始,几经调整至2018年9月最终定型。

2018年9月29日,财政部、税务总局、国家发展改革委、商务部联合下发《关于扩大境外投资者以分配利润直接投资暂不征收预提所得税政策适用范围的通知》(财税〔2018〕102号)。为了帮助读者理解、适用这一税收优惠政策,我们援引该文的主要条件如下:

1. 对境外投资者从中国境内居民企业分配的利润,用于境内直接投资暂不征收预提所得税政策的适用范围,由外商投资鼓励类项目扩大至所有非禁止外商投资的项目和领域。

2. 境外投资者暂不征收预提所得税须同时满足以下条件:

(1)境外投资者以分得利润进行的直接投资,包括境外投资者以分得利润进行的增资、新建、股权收购等权益性投资行为,但不包括新增、转增、收购上市公司股份(符合条件的战略投资除外)。

(2)境外投资者分得的利润属于中国境内居民企业向投资者实际分配已经实现的留存收益而形成的股息、红利等权益性投资收益。

(3)境外投资者用于直接投资的利润以现金形式支付的,相关款项从利润分配企业的账户直接转入被投资企业或股权转让方账户,在直接投资前不得在境内外其他账户周转;境外投资者用于直接投资的利润以实物、有价证券等非现金形式支付的,相关资产所有权直接从利润分配企业转入被投资企业或股权转让方,在直接投资前不得由其他企业、个人代为持有或临时持有。

3. 境外投资者符合本通知第2条规定条件的,应按照税收管理要求进行申报并如实向利润分配企业提供其符合政策条件的资料。利润分配企业经适当审核后认为境外投资者符合本通知规定的,可暂不按照企业所得税法第37条规定扣缴预提所得税,并向其主管税务机关履行备案手续。

4. 税务部门依法加强后续管理。境外投资者已享受本通知规定的暂不征收预提所得税政策,经税务部门后续管理核实不符合规定条件的,除属于利润分配企业责任外,视为境外投资者未按照规定申报缴纳企业所得税,依法追究延迟纳税责任,税款延迟缴纳期限自相关利润支付之日起计算。

5. 境外投资者按照本通知规定可以享受暂不征收预提所得税政策但未实际享受的,可在实际缴纳相关税款之日起3年内申请追补享受该政策,退还已缴纳的税款。

6. 境外投资者通过股权转让、回购、清算等方式实际收回享受暂不征收预提所得税政策待遇的直接投资,在实际收取相应款项后7日内,按规定程序向税务部门申报补缴递延的税款。

为了配合上述四部委关于境外投资者利润再投资的税收优惠政策,2018年10月29日,国家税务总局发出《关于扩大境外投资者以分配利润直接投资暂不征收预提所得税政策适用范围有关问题的公告》(以下简称国税2018年53号公告),该文的主要内容如下:

1. 境外投资者以分得的利润用于补缴其在境内居民企业已经认缴的注册资本,增加实收资本或资本公积的,属于符合"新增或转增中国境内居民企业实收资本或者资本公积"情形。

2. 境外投资者按照金融主管部门的规定,通过人民币再投资专用存款账户划转再投资资金,并在相关款项从利润分配企业账户转入境外投资者人民币再投资专用存款账户的当日,再由境外投资者人民币再投资专用存款账户转入被投资企业或股权转让方账户的,视为符合"境外投资者用于直接投资的利润以现金形式支付的,相关款项从利润分配企业的账户直接转入被投资企业或股权转让方账户,在直接投资前不得在境内外其他账户周转"的规定。

3. 按照财税〔2018〕102号第4条或者第6条规定补缴税款的,境外投资者可按照有关规定享受税收协定待遇,但是仅可适用相关利润支付时有效的税收协定。后续税收协定另有规定的,按后续税收协定执行。

4. 境外投资者按照财税〔2018〕102号第3条规定享受暂不征税政策时,应当填写《非居民企业递延缴纳预提所得税信息报告表》(附件),并提交给利润分配企业。

注意:境外投资者利润再投资暂不征收预提所得税优惠政策,是指境外投资者在利润再投资期间不征收预提所得税,如果投资结束,比如,境外投资者通过股权转让、回购、清算等方式实际收回享受暂不征收预提所得税政策待遇的直接投资,应当在实际收取投资款项后的7日内,按规定程序向税务部门申报补缴递延的税款。

案例3.1 设计出资方案节税案例

某家族企业同时在县城取得两块宾馆建设用地,出让金各为1000万元,建成一座宾馆后,无钱建设另一座,寻找一资方合资建设,双方协商土地使用权作价5000万元,资方出资5000万元,成立合资公司建设经营宾馆。原方案:家族企业土地使用权作价出资5000万元,资方货币出资5000万元,设立合资公司。

经测算企方需缴纳:(1)营业税(“营改增”之前)——优惠政策;(2)土地增值税——优惠政策;(3)家族企业企业所得税——4000万元×25%=1000万元;(4)合资公司契税——5000万元×4%=200万元。合计纳税义务1200万元。

设计出资节税方案:家族企业先以土地使用权出资设独资公司,然后资方以货币增资进入,结果与原方案一致(合资公司拥有一块土地使用权加5000万元现金),但1200万元的缴税义务没有了。

家族企业企业所得税:根据财税〔2014〕109号和国税2015年40号公告的规定,家族企业以非货币资产出资设立自己的全资子公司,可以享受“原值划转”的企业所得税收优惠政策,4000万元的营业外收益不用确认,1000万元的纳税义务不再发生。子公司的契税:根据财政部、国家税务总局《关于进一步支持企业事业单位改制重组有关契税政策的通知》(以下简称财税〔2015〕37号)的规定,母公司以土地使用权向全资子公司出资,可以暂免征收契税,故子公司无须再缴纳200万元的契税。唯一受到影响的就是投资方1年之内不能显名。

这个案例告诉我们,纳税人在资本项目中必须把税收成本纳入自己的视野,在行动之前应当知道自己的税收成本,应当知道是否有其他方案可以依法减轻自己的税收负担。通过调整交易方案可以照样实现交易目标,但是税收成本却可以降低。

第四章

股权并购的税负和优惠政策

前两章我们讨论了投融资项目中交易双方的税收成本和国家的有关税收优惠政策，本章我们讨论企业股权并购的税收成本和有关税收优惠政策。投融资过程是资本诞生的过程，是资本生命的起点，并购过程则是资本的衍生过程，是资本繁育资本的过程。讨论资本项目的税收问题就不能不讨论并购的税收负担问题。

■第一节 企业并购方式

企业并购表现为企业控制权的变更。企业并购分为股权并购和资产并购，而股权并购又分为受让股权并购和增资并购（见图4－1）。

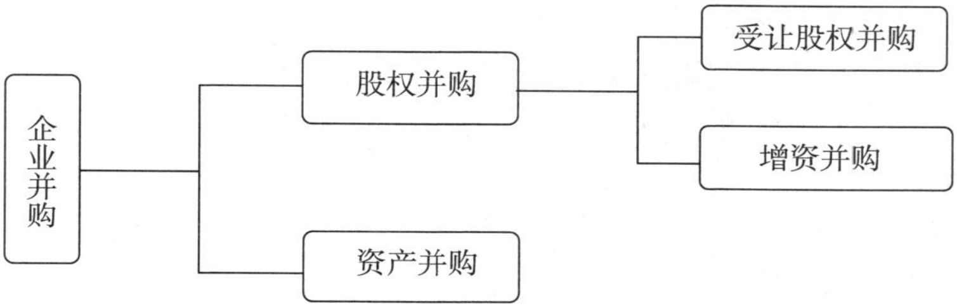

图4－1 企业并购方式

股权并购是指投资公司通过与目标公司股东进行股权交易的方法，实现控制目标公司的并购方式。股权并购是企业并购中最常见、最基本的并购方式。受让股权并购的交易主体是投资公司与目标公司的股东，目标公司只是交易的承受者，所以受让股权并购交易的纳税主体是股权的出让方和受让方。

本书第二章的内容已经包括了投资公司通过增资的方法并购目标公司的财税问题和税收优惠政策。增资可以是非并购意义上的增资，比如母公司向自己控制的子公司增资，也可以是公司并购意义上的增资，比如投资公司向目标公司增资，增资后投资公司成为目标公司的控股股东，两者的区别仅在于是否变更目标公司的控制权。但两者在会计处理上、税收负担和税收优惠政策上并无区别。

本章我们讨论投资公司通过受让股权的方法并购目标公司的税收成本和税收优惠政策。

■第二节 货币支付股价交易双方的财税

在受让股权的情况下，受让方可以采取各种不同的方式支付股权转让价款，支付方式不同，交易双方的税收成本就不同。比如受让方用货币支付股权转让价款，受让方就只发生印花税，不涉及其他税收负担，股权出让方就只涉及所得税和印花税，不涉及其他税收负担。如果受让方用不动产作价支付股权转让价款，受让方就会涉及增值税、附加税、土地增值税、印花税和所得税，股权出让方就会涉及印花税、契税和所得税。可见，讨论股权并购交易双方的税收成本，要结合股权转让价款的支付方式进行。

以货币支付股价是指并购方用现金向股权出让方支付股权转让价款。在这种情况下，并购方以股权转让价格和合理税费确定取得长期股权投资的计税成本，不会直接发生所得税的纳税义务，除印花税外也不会涉及其他税负。对出让股权一方来说，以股权转让价格减除股权的计税成本和合理的费用确认股权转让的损益，可能会发生所得税的纳税义务，但除印花税外也不会再涉及其他税负。所得税分为企业所得税和个人所得税，因此视股权出让方的身份不同，适用的所得税税法和税率也不同。

本节我们讨论在并购方为企业的情况下，货币支付股权转让价款时并购方和股权出让方的财税问题。

一、货币支付股价并购方的财税

从公司并购的实践看，以货币支付股价的情况最常见，而且对并购方来说也是税收成本最低的一种支付方式。根据《企业会计准则第2号——长期股权投资》的规定，企业以现金方式购买股权的，以支付的现金和相关税费作为长期股权投资的计税成本。《企业所得税法实施条例》第56条第1、2款规定，企业的各项资产，包括固定资产、生物资产、无形资产、长期待摊费用、投资资产、存货等，以历史成本为计税基础。前款所称历史成本，是指企业取得该项资产时实际发生的支出。据此，并购方不会因以货币支付股权转让价款而发生所得，当然也就不会直接发生所得税的纳税义务。但并购方需要对购进的长期股权投资资产进行会计确认，处理方法为借长期股权投资，贷银行存款。并购方对购进的长期股权投资的财务确认，即登记的长期股权投资的计税成本涉及并购方未来转让该股权时的扣除额，从而会影响并购方的纳税义务。比如甲公司五年前从乙自然人处以1000万元的价格购进丙公司60%的股权，现在以2000万元的价格出让，甲公司两次交易的会计分录如下：

购进股权时甲公司　　借：长期股权投资（乙公司）　1000万元；
　　　　　　　　　　贷：银行存款　1000万元；
出让股权时甲公司　　借：银行存款　2000万元；
　　　　　　　　　　贷：长期股权投资（乙公司）　1000万元；
　　　　　　　　　　　　投资收益　1000万元。

在实务中有些股权受让方为了帮助股权出让方避税，签订黑白合同，这会降低购进股权的计税成本。这种做法对并购方是无益的,因为这会人为的降低未来并购方出让该股权时的计税成本,增加并购方的所得税纳税额。比如并购方用5000万元购入某公司的股权,为了帮助出让方避税,签订黑白合同,股权的计税成本登记为3000万元。两年以后并购方又以7000万元的价格将该股权出让,本来应当发生应税所得2000万元,缴纳所得税500万元的交易,结果并购方发生了4000万元的应税所得,缴纳了1000万元的所得税。由此可见,前单帮助他人避的税,现在自己得为他人补缴上。

二、货币支付股价出让方的财税

股权出让方无论是企业,还是个人,都会有收入,收入减除股权的计税成本为正数的为转让股权所得,收入减股权计税成本为负数的为转让股权损失。根据《企业所得税法》第6条的规定,企业以货币形式和非货币形式从各种来源取得的收入,为收入总额。其中包括转让财产获得的收入。《企业所得税法实施条例》第71条第1、2款明确规定,“企业所得税法第十四条所称投资资产,是指企业对外进行权益性投资和债权性投资形成的资产。企业在转让或者处置投资资产时,投资资产的成本,准予扣除”。

根据《企业所得税法》的有关规定,企业转让长期投资取得的收入应当列为企业的当期收入,同时准许扣除企业取得该项长期投资的历史成本,其余额计入企业的当期损益。这就是说,企业转让长期股权投资资产的价格如果大于企业取得长期股权投资资产的成本,就会增加企业的当期收入,从而增加企业的所得税纳税义务;如果企业转让长期股权投资资产的价格小于企业取得该长期股权投资资产的成本,企业就会有损失,就会减少企业的当期所得税纳税额。比如A企业两年前以2000万元的价格受让取得B公司30%的股权,现以1500万元的价格出让,A企业的会计分录如下:

购入时　借:长期股权投资(B公司)　2000万元;

　　　　　贷:银行存款　2000万元;

出让时　借:银行存款　1500万元;

　　　　　贷:长期股权投资(B公司)　2000万元;

　　　　　　投资损益　500万元。

该会计分录表明,A企业因出让其持有的B公司的股权损失500万元,这500万元会增加B公司当期的亏损或者减少当期盈利,从而减少公司的应税所得。如果出让价格不是1500万元,而是2500万元,A企业则应当制作如下会计分录:

借:银行存款　2500万元;

　贷:长期股权投资(B公司)　2000万元;

　　投资收益　500万元。

这个会计分录表明,A 企业因出让其持有的 B 公司的股权时获得了 500 万元的收益。

由上可见,股权的计税成本直接影响股权出让方的损益,进而也会影响股权出让方的纳税义务。从实务中看,企业和个人取得长期股权投资资产的路径和成本大致可分为:第一,以出资方式取得的股权,无论是设立出资还是增资出资,凡是以出资方取得的股权,均以出资额为计税成本(详见本书第二章);第二,以受让方式取得的股权以受让价格加合理费用为计税成本;第三,通过非货币财产出资取得的股权以出资资产作价额加税费为计税成本(详见本书第二章);第四,以未分配利润和盈余公积转增实收资本取得的股权以转增额为计税成本;第五,以资本公积转增实收资本取得的股权不增加股权的计税成本;第六,近亲属无偿转让或者低价转让取得的股权以转让人取得股权的成本为计税成本;第七,继承取得的股权以被继承人取得股权的成本为计税成本。

影响出让方纳税义务的除股权的计税成本之外,还有股权的转让价格,在股权计税成本相同的情况下,股权转让价格越高,出让方的纳税义务越大。当然任何股权出让方都不会为了节约 25% 的所得税同意降低股权的转让价格,但是税务机关对转股价格仍享有监管的权利。从有关文件规定及税务机关的把控尺度看,税务机关对股权转让价格的监管标准大致为:第一,一般情况下股权转让价格不能低于股权对应的目标公司的净资产份额;第二,如果目标公司拥有土地使用权、房屋、房地产企业未销售房产、知识产权、探矿权、采矿权、股权等资产的,股权转让价格应当等于股权对应的目标净资产公允价值的份额;第三,股权转让价格低于初始投资成本或低于取得该股权所支付的价款及相关税费的会重点监管;第四,股权转让价格不能低于相同或类似条件下同一企业、同一股东或其他股东股权转让股权的价格;第五,不具合理性不能无偿让渡股权或股份。

如果税务机关认为股权转让价格严重偏离股权的市场价值,有避税之嫌,可以进行纳税调整,要求股权出让方补缴税款。当然如果股权出让方补缴了税款,股权受让方就可以按照纳税调整后的价格确认取得股权的计税成本。

■第三节　股权支付股价的税收优惠政策

股权是股东的资产,股东可以转让股权,也可以用来作为支付手段购买其他资产,股权支付股价就是股东用股权作价支付受让股权的价款。在股权并购方以股权支付其受让目标公司股权的对价时,税法上将其分解为两个平行的股权转让行为:一个是并购方向目标公司股东出让股权同时又购买目标公司股权的行为;另一个是目标公司的股东向并购方出让股权同时又购买股权的行为。因此,双方就其出让股权而言都可能直接发生应税所得,就其购入股权而言都会涉及长期股权投资资产的会计确认问题。

财税〔2009〕59 号第 2 条将用于支付并购股权价款的股权规定为,“以本企业或其控股企业的股权、股份作为支付的形式”,但是正如我们在本书第二章讨论的那样,并购方用本企业的股权支付收购股权的对价,不是企业并购,是企业投融资,只有并购方用其持有的其他公司的股权支付收购股权的对价,才是企业并购。因此,在以股权支付股价的情况下,并购方不能用自己企业的股权作价支付,只能用自己持有的其他公司的股权作价支付。

本节我们只讨论在企业为并购方的情况下,并购方用其持有的其他公司的股权支付股权转让价款的财税问题。

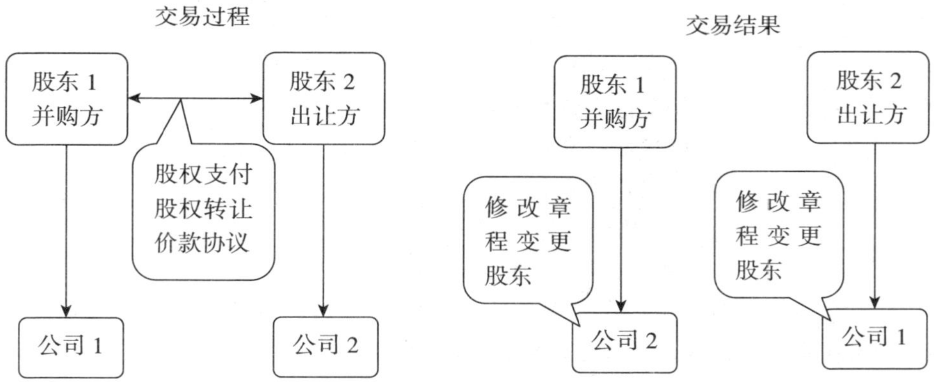

图 4-2 股权支付股权转让价款交易结构

根据企业所得税法和财税〔2009〕59 号的规定,居民企业以股权支付受让股权的价款,企业所得税的处理有两种:一种是一般性处理,另一种是特殊性处理。一般性处理是基准、是规则,特殊性处理是企业股权并购的所得税优惠政策。只有居民企业、只有符合条件的企业股权并购才能选择适用特殊性处理,个人或者不具备条件的企业股权并购不能适用特殊性税务处理。

本节我们讨论在投资公司以股权作为支付手段受让目标公司股权的情况下,股权并购方和股权出让方的财税问题。

一、股权支付股价所得税一般处理

根据财税〔2009〕59 号的规定,“企业重组的税务处理区分不同条件分别适用一般性税务处理规定和特殊性税务处理规定”。股权支付股价凡不符合财税〔2009〕59 号规定的适用特殊性税务处理条件的一律适用一般性税务处理的规定。

适用一般性税务处理的"被收购方应确认股权的所得或损失;收购方取得股权或资产的计税基础应以公允价值为基础确定;被收购企业的相关所得税事项原则上保持不变"。一般性处理是基准、是规则,换句话说,如果股权并购不能适用税收优惠政策,就只能按照一般性处理的规定进行会计处理。我们首先来讨论股权支付股价的一般性所得税处理问题。

股权收购方用自己持有的其他公司的股权支付受让股权的对价,不仅需要对收购的股权进行长期股权投资资产的会计确认,同时还需要对用作支付手段的股权进行损益确认,因为他在这一个交易中扮演了两个角色,股权的收购方和股权的出让方。比如,甲持有乙公司30%的股权,该30%股权为甲公司以5000万元的价格受让取得。A公司出资3000万元持有B公司100%的股权。现甲公司拟股权并购B公司,经与A公司协商达成协议,甲公司以其持有的乙公司的30%股权作价向A公司支付收购B公司股权的价款。在尽职调查和评估的基础上,双方同意甲公司对乙公司30%股权作价7000万元,A公司对B公司100%的股权作价6500万元,A公司在股权之外支付给甲公司现金500万元。在企业所得税一般性处理的情况下,双方的所得和会计分录如下:

甲公司　　借:银行存款　500万元;

　　　　　　　长期股权投资　6500万元;

　　　　　　贷:长期股权投资(乙公司)　5000万元;

　　　　　　　　投资收益　2000万元。

这个会计分录表明甲公司在此次交易中因出让自己对乙公司的股权,获得了2000万元的收益(对转让财产损益的确认),并以6500万元价格购买了A公司对B公司的100%股权(对取得财产成本的确认)。

A公司　　借:长期股权投资(乙公司)　7000万元;

　　　　　　贷:长期股权投资(B公司)　3000万元;

　　　　　　　　银行存款　500万元;

　　　　　　　　投资收益　3500万元。

这个会计分录表明,A公司在此次交易中因出让自己对B公司的股权,获得了3500万元的收益(对转让财产损益的确认),并以7000万元的价格购买甲公司对乙公司的30%股权(对取得财产成本的确认)。

由上可见,在并购方以其持有的其他公司的股权作为受让股权的支付手段时,在适用一般性所得税处理的情况下,不仅股权出让方需要对出让股权进行损益确认,会影响其纳税义务,而且并购方作为支付手段的股权将被视为转让,也需要进行损益确认,也会影响其纳税义务。

股权支付股权并购价款在税收上是以物易物,在税收征管上要分解为双向交易,双方都是买方又都是卖方。对这种交易如果不能选择适用所得税优惠政策,可以考虑尽量趋低作价，在双方等比趋低作价的情况下，不会改变交易双方的利益平衡关系，但是会有节税的效果。当然，股权交易的价格受到税务机关的监管，趋低只能在适当的范围之内，或者说不要趋高作价，否则会人为增加企业的纳税负担。比如在上例中，在尽职调查和评估的基础上，双方等比将股权作价额降低20%，甲公司对乙公司30%股权作价由7000万元降为5600万元，A公司对B公司100%的股权作价由6500万元降为5200万元，甲公司在股权之外支付给A公司的现金由500万元降为400万元。在交易内容和利益关系没有改变的情况下，在企业所得税一般性处理的情况下，双方的所得和会计分录将是如下：

甲公司　　借：银行存款　400万元；

　　　　　　长期股权投资　5200万元；

　　　　　贷：长期股权投资（乙公司）　5000万元；

　　　　　　投资收益　600万元。

如此，甲公司在同一交易中取得的企业会计账面收益将从2000万元降为600万元，甲公司获得的财产并没有减少，但纳税义务却减少了。

A公司　　借：长期股权投资（乙公司）　5600万元；

　　　　　贷：长期股权投资（B公司）　3000万元；

　　　　　　银行存款　400万元；

　　　　　　投资收益　2200万元。

如此，A公司在同一交易中取得的企业会计账面收益将从3500万元降为2200万元，A公司获得的财产并没有减少，但纳税义务却减少了。

综上，在股权支付股权转让价款的企业股权并购中，如果适用企业所得税的一般性处理，交易双方都会被确认为股权的卖方，都需要确认股权转让的收益，都可能因此发生纳税义务。但是如果双方对对换的股权等比趋低作价，不仅不会改变交易双方的利益关系，而且会降低纳税义务。

二、股权支付股价所得税特殊处理

股权支付股价是一种纯粹意义上的企业重组、资源再分配，可以实现在资源耗费相同的情况下获得更多产出的社会管理目标，因此，各国大多给予税收优惠。根据财税〔2009〕59号的规定，“企业重组的税务处理区分不同条件分别适用一般性税务处理规定和特殊性税务处理规定”。股权支付股权转让价款企业所得税特殊性处理是国家给予企业股权并购的一项所得税优惠政策，而且是迄今为止企业股权并购的唯一一项所得税优惠政策。

根据财税〔2009〕59号的规定，企业以股权支付股权转让价款方式进行股权并购的，选择企业所得税特殊性处理的，按照如下规定进行会计确认和所得税事项的处理：（1）被收购企业的股东取得收购企业股权的计税基础，以被收购股权的原有计税基础确定;(2)收购企业取得被收购企业股权的计税基础,以被收购股权的原有计税基础确定;(3)收购企业、被收购企业的原有各项资产和负债的计税基础和其他相关所得税事项保持不变。这就是说,在股权支付股权转让价款的并购中,如果选择企业所得税的特殊性处理,交易双方从对方取得的股权都按照被收购股权原有的计税基础进行会计确认,这会使交易双方特别是股权出让方实现递延纳税的效果。比如,甲公司出资1000万元持有乙公司100%有股权,A公司出资500万元持有B公司100%的股权。甲公司与A公司达成乙公司股权与B公司股权对换的一致意见。在互相尽职调查和评估的基础上双方同意甲公司对乙公司的股权和A公司对B公司的股权都作价2000万元。如果选择企业所得税的一般处理,双方均需要确认所得,双方的会计分录如下:

甲公司　　借:长期股权投资(B公司)　2000万元;

　　　　　　贷:长期股权投资(乙公司)　1000万元;

　　　　　　　投资收益　1000万元。

A公司　　借:长期股权投资(乙公司)　2000万元;

　　　　　　贷:长期股权投资(B公司)　500万元;

　　　　　　　投资收益　1500万元。

从会计分录中可以看出,在该交易中,甲公司需要确认1000万元的转股所得,A公司需要确认1500万元的转股所得。同是该交易,如果双方同意选择所得税的特殊性处理,并且以乙公司为被并购企业,双方的所得和会计分录如下:

甲公司　　借:长期股权投资(B公司)　1000万元;

　　　　　　贷:长期股权投资(乙公司)　1000万元。

A公司　　借:长期股权投资(乙公司)　1000万元;

　　　　　　贷:长期股权投资(B公司)　500万元;

　　　　　　　投资收益　500万元。

由上述会计分录可见,如果选择所得税的特殊性处理,如果以乙公司为被并购企业,甲公司的1000万元所得全部递延,A公司递延所得500万元,仍需要确认收益500万元。如果在同一交易中,仍选择所得税的特殊性处理,但以B公司为被并购企业,双方的所得和会计分录如下:

甲公司　　借:长期股权投资(B公司)　500万元;

　　　　　　贷:长期股权投资(乙公司)　1000万元;

　　　　　　　投资收益　-500万元。

A公司　　借:长期股权投资(乙公司)　500万元;

　　　　　　贷:长期股权投资(B公司)　500万元。

由上述会计分录可见,相同的交易,同是选择所得税特殊性处理,在以乙公司为被并购企业时(股权计税成本1000万元),甲公司的1000万元收益全部递延,A

公司仍需要确认500万元的收益。而在以B公司为被并购企业时(股权计税成本500万元),不仅A公司的1500万元收益全部递延,而且甲公司还能取得500万元的递延所得税资产。从中可见,在股权支付股权转让价款选择适用企业所得税特殊性处理的情况下,如果选择计税成本较低的股权作为被并购股权申报,可能取得更好的节税效果。

三、股权并购所得税特殊处理的条件

股权并购企业所得税的特殊处理是一项税收优惠政策,适用这项税收优惠政策必须具备一定条件,不具备条件不能适用这项税收优惠政策。根据财税〔2009〕59号及其他相关文件的规定,选择适用股权并购企业所得税特殊处理的,必须同时具备如下条件:

1. 具有合理的商业目的,且不以减少、免除或者推迟缴纳税款为主要目的。

根据国税2015年48号公告第5条的规定,企业申报股权并购适用特殊性税务处理时,应从以下方面逐条说明企业重组具有合理的商业目的:(1)重组交易的方式;(2)重组交易的实质结果;(3)重组各方涉及的税务状况变化;(4)重组各方涉及的财务状况变化;(5)非居民企业参与重组活动的情况。

2. 被收购的股权不低于被收购企业全部股权的50%。财税〔2009〕59号刚出台时此项规定是被收购股权不低于被收购企业全部股权的75%,财税〔2014〕109号才将其调整为不低于50%。

3. 企业股权并购后连续12个月内不改变被并购企业原来的实质性经营活动。根据《企业重组业务企业所得税管理办法》第29条的规定,企业股权并购的当事各方应在完成股权并购业务后的下一年度的企业所得税年度申报时,向主管税务机关提交书面情况说明,以证明企业在重组后的连续12个月内,有关符合特殊性税务处理的条件未发生改变。第30条规定,当事方的其中一方在规定时间内发生生产经营业务、公司性质、资产或股权结构等情况变化,致使重组业务不再符合特殊性税务处理条件的,发生变化的当事方应在情况发生变化的30天内书面通知其他所有当事方。主导方在接到通知后30日内将有关变化通知其主管税务机关。在该等情况发生变化后60日内,应按照企业股权并购一般性税务处理的规定调整股权并购业务的税务处理。原交易各方应各自按原交易完成时股权的公允价值计算股权转让业务的收益或损失,调整交易完成纳税年度的应纳税所得额及相应的股权的计税基础,并向各自主管税务机关申请调整交易完成纳税年度的企业所得税年度申报表。逾期不调整申报的,按照《税收征收管理法》及其实施细则的相关规定处理。根据国税2015年48号公告第6条的规定,企业股权并购业务适用特殊性税务处理的,申报时,当事各方还应向主管税务机关提交并购前连续12个月内有无与该并购相关的其他股权、资产交易情况的说明,并说明这些交易与该并购是否构成分步交易，是否作为一项企业重组业务进行处理。

4. 用股权支付的收购股权的对价不低于收购股权总价的85%。也就是说，收购方用于向出让方支付股权转让价款的资产中，股权不能少于85%。允许收购方用其他资产比如货币、不动产等支付收购股权的对价，但股权以外资产支付的对价不能超过收购股权总价的15%。这里有一个问题顺便说一下，在股权换股权的企业股权并购中，双方都是股权的出让方，又都是股权的买入方，因此，在相关协议和法律文件中，谁是并购方，谁是被并购方并没有实质意义；而并购方用于支付收购股权对价的股权占相关公司股权的比例并没有要求；所以实务者可以根据本项条件和前述第2项条件选择被并购方，以便适用所得税的特殊性处理。

5. 企业股权并购中取得股权支付的原主要股东，在重组后连续12个月内，不得转让所取得的股权。根据《企业重组业务企业所得税管理办法》第20条的规定，原主要股东是指原持有转让企业或被收购企业20%以上股权的股东，即在企业股权并购中原持有被收购企业20%以上股权的股东，在出让股权取得股权支付后的连续12个月之内不得出让所取得的股权。收购方收购的股权、持有被收购企业股权比例不20%的股东取得的股权不受此限制。

6. 股权收购方、股权出让方、被并购企业和用于支付对价的股权所在公司必须全部是居民企业，不能是自然人，不能是适用个税的企业，也不能是非居民企业。

7. 股权收购方和股权出让方必须采取一致的处理方法，不能一方适用所得税的一般性处理，另一方适用所得税的特殊性处理。故此，采取哪种所得税处理方法应当协商一致，并在有关合同或者协议中约定。

8. 在股权并购适用企业所得税特殊性处理的情况下，如果有非股权支付的对价，包括货币支付和其他资产支付股权对价的部分，对这部分不能适用特殊性处理的规定，必须按照一般性处理的规定确认相关股权或者资产转让的所得。

9. 如果股权受让方和股权出让方都有有效的亏损，即使具备特殊性税务处理的条件，也可以考虑不选择适用企业所得税的特殊性处理，通过公允作价并适用所得税的一般性处理，双方均确认股权转让的所得，并弥补前述亏损。

10.《企业重组业务企业所得税管理办法》和国税〔2015〕48号，对股权支付股权并购对价选择企业所得税特殊性处理有详细的规定，实务者可结合上述内容详细阅读之。

企业股权并购所得税特殊性处理是国家给予企业股权并购交易各方的税收优惠政策，适用这一优惠政策必须具备一定的条件，否则只能适用一般性所得税处理照章纳税。但是具备条件的企业股权并购也可以不选择适用这一税收优惠政策，是否选择由企业根据交易双方的纳税情况协商确定。

四、对非股权支付部分应当确认损益

根据财税〔2009〕59号第6条第2项的规定，企业股权并购选择适用所得税特殊性处理的条件之一,收购企业在该股权收购发生时的股权支付金额不低于其交易支付总额的85%,这就是说在企业股权并购交易中即使选择所得税的特殊性处理,也允许有少量的非股权支付。而根据该条第6项的规定,企业股权并购即使选择所得税特殊性处理,交易各方对非股权支付部分仍应在交易当期确认相应的资产转让所得或损失,并调整相应资产的计税基础。这就是说企业股权并购即使选择适用所得税的特殊性处理,选用特殊性处理规则的也只能是股权支付部分,如果有非股权支付部分,对非股权支付部分仍应当按照企业所得税法和会计准则确认损益。

比如,甲公司出资200万元持有乙公司20%的股权,A公司出资500万元持有B公司100%股权。甲公司拟对A公司持有的B公司100%的股权进行并购,双方协商同意甲公司用其有的乙公司20%的股权作价向A公司支付股权收购价款。在尽职调查和评估的基础上,双方同意甲公司对乙公司的20%股权作价900万元,A公司对B公司100%的股权作价1000万元,甲公司在乙公司20%股权之外另行支付给A公司100万元现金。双方在股权并购协议中约定选择所得税的特殊性处理,并确定以B公司为被并购公司进行申报。双方的所得和会计分录如下:

1. 股权支付部分按照特殊性规则进行处理:

A公司　　借:长期股权投资(甲公司)　450万元;

　　　　　　贷:长期股权投资(B公司)　450万元。

A公司对B公司100%股权作价1000万元,其中有900万元接受甲公司以其持有的乙公司的20%股权进行支付,占被并购全部股权的90%,故被并购股权原有的计税基础为450万元(500万元×90%)。按照收购企业取得被收购企业的股权以被收购股权原有的计税基础确定的规则,A公司接受股权支付部分的会计分录如上。

甲公司　　借:长期投资(B公司)　450万元;

　　　　　　贷:长期股权投资(乙公司)　200万元;

　　　　　　　　营业外收入　250万元。

按照特殊性处理的规则,收购企业取得被收购企业股权的计税基础,以被收购股权原有的计税基础确定。甲公司以股权支付方式收购的A公司持有的B公司股权占全部股权的90%,计税基础为450万元。故此,甲公司以450万元对其取得的占B公司全部股权的90%的股权进行会计确认。而甲公司用来取得B公司90%股权的股权为其持有的乙公司的20%的股权,而该20%股权的计税基础为200万元,故此收购企业甲公司需要确认250万元的所得。

2. 非股权支付部分按照一般性规则进行处理:

A公司　　借:银行存款　100万元;

　　　　　　贷:长期股权投资(B公司)　50万元;

营业外收益　50万元。

按照一般性规则处理，A公司将自己对B公司的100%股权中的10%作价100万元转让给了甲公司，并取得100万元的银行存款，而该部分股权的计税成本为50万元（500万元×10%）。对此部分交易A公司必须按照会计准则进行处理，确认50万元的收益。

甲公司　　借：长期股权投资（B公司）　100万元；

　　　　　　贷：银行存款　100万元。

对甲公司来说这部分股权纯粹是花钱购买的，没有任何重组的意义，故此甲公司只能按照公允价值对其买入的占B公司10%的股权进行会计确认。

3. 会计分录上述1加2：

A公司　　借：长期股权投资（甲公司）　450万元；

　　　　　　银行存款　100万元；

　　　　　　贷：长期股权投资（B公司）　500万元；

　　　　　　　营业外收益　50万元。

甲公司　　借：长期投资（B公司）　550万元；

　　　　　　贷：长期股权投资　200万元；

　　　　　　　银行存款　100万元；

　　　　　　　营业外收益　250万元。

4. 验证：

根据财税〔2009〕59号给出的验证公式，“非股权支付对应的资产转让所得或损失=（被转让资产的公允价值－被转让资产的计税基础）×（非股权支付金额÷被转让资产的公允价值）”，代入上例，50万元=（1000万元－500万元）×（100万元÷1000万元）。

综上，在企业股权并购交易中，即使选择所得税的特殊性处理，如果有非股权支付部分，对非股权支付部分要按照企业会计准则进行会计处理，确认相应的所得或者损失。

■第四节　以其他资产支付股价的财税问题

以上我们分析了企业用货币支付股权转让价款和用股权支付股权转让价款的财税问题及税收优惠政策，现在我们讨论企业以其他资产支付股权转让价款的财税问题。从实务中看，以货币或者股权以外的资产支付收购股权对价的非常鲜见，而且这种支付方式的股权收购有可能会转变为以股权支付收购资产的对价资产收购项目,可能享受有关企业所得税优惠政策。故此,不应当在此浪费本书的篇幅,我们将简单一说而过。

在货币和股权之外能够用来支付股权转让价款的财产有房地产、货物类资产、无形资产等。当股权收购方用这些资产支付收购股权的对价时,会被税务机关认定为转让这些资产,进而发生流转税并影响所得税。

一、用房地产支付股价的财税问题

如果股权收购方以房地产支付股权转让价款,交易双方都应当对取得的财产按照公允价值进行会计确认,并按照公允价值对出让财产进行损益确认。除此之外,股权收购方会被认定为发生两次涉税行为:一次是出让房地产,另一次是购买股权。股权出让方也会被认定为发生两次涉税行为:一次是出让股权,另一次是购买房地产。股权并购方出让房地产的行为会发生增值税、附加税、土地增值税、印花税,并涉及企业所得税;并购方购买股权的行为会发生印花税。股权出让方出让股权的行为会发生印花税并涉及企业所得税;出让方购买房地产的行为会发生契税和印花税。

二、用货物或无形资产支付股价的财税问题

如果股权收购方用货物类资产或者无形资产支付股权转让价款,交易双方要按照取得财产的公允价值进行会计确认,同时对出让资产进行损益确认。他们同样会被认定为发生了两次交易。股权收购方因购买股权会发生印花税,因出让货物资产或者无形资产会发生增值税、附加税、印花税,并涉及企业所得税。股权出让方因出让股权会发生印花税并涉及企业所得税,因购买货物资产或者无形资产会发生印花税。

需要提请注意的是,上面讨论的用房地产、货物资产和无形资产支付股权转让价款,与我们下一章将要讨论的资产收购,特别是股权支付收购资产价款的并购方式很相似。似乎不会存在这种支付方式的企业并购,或者说应当把这种支付方式的企业并购变更为资产并购或者股权支付资产转让价款的并购。实则不然。上边讨论的资产支付收购股权转让价款的并购和我们将要讨论的股权支付资产转让价款的并购是有很大区别的。区别在于资产支付股权转让价款并购方式中作为支付方式的资产是洁净的,不会附带负债和员工,也不会涉及股权并购方的业务和市场地位。而我们将讨论的以股权支付资产转让价款的并购方式,并购的资产要附带目标公司的负债和员工,也会涉及目标公司的业务和市场地位。

■第五节　债权支付股价的财税问题

债权也是企业的资产,可以估价,可以转让,只要双方协商一致,债权也可以用来向股权出让方支付股权转让价款。在股权并购方以债权向股权出让方支付股权转让价款的情况下,实际就是股权并购方将自己的债权资产作价转让给股权出让方,并且以转让价格履行自己支付股权转让价款的义务。这里需要特别指出的是,公司的出资行为受到监管,至今在国内尚不能确定可以用债权出资(债权转股权除外),但是支付行为无监管问题,只要交易双方达成一致即可。因此,在企业集团内部重组过程中,用债权支付股价的支付方式可以被广为采用。

在股权并购方以债权对外履行支付义务时,从法律关系上说,是股权并购方将自己的债权资产转让给股权出让方,因此应当履行合同法规定的债权转让手续。债权转让的法律效果是债权出让方退出债权关系,不再是债权人,接受支付的一方代位成为新的债权人。债权支付股价的法律效果是股权并购方用转让债权的价款履行了自己支付股权转让价款的义务,从而退出债权关系,取得了股权出让方出让的股权,取代股权出让方成为目标公司的股东。

这里有一个问题提请注意,在股权并购方用债权履行支付股权转让价款的情况下,用于支付的债权不仅包括股权并购方对第三人的债权,也包括股权并购方对股权出让方的债权。在股权并购方用其对股权出让方的债权履行支付股权转让价款义务的情况下,实际就是合同法规定的抵消。不过双方应当将作价和抵消相区分,作价是作价,抵消是抵消,抵消只是支付方式的一种,否则可能会发生偷漏税的情况。比如股东甲欠某公司5000万元,某公司与股东甲协商一致以8000万元的价格购买股东甲持有的乙公司的股权。在这种情况下,股东甲出让股权的价格为8000万元,不是3000万元,应当确认股权转让所得3000万元,某公司债权的转让价格为5000万元,另加3000万元现金对股东甲进行支付,没有所得。

根据现行税法的规定,公司以债权支付股权转让价款的仅发生印花税并涉及企业所得税,不涉及增资税、土地增值税和契税等税负。本节我们讨论股权并购方以债权支付股权转让价款的财税问题。

一、债权支付股价并购方的财税问题

在股权并购方以自己对第三人的债权支付股权转让价款的情况下,由于债权资产表现为一种请求权,不仅存在不能受偿的风险,而且存在主张权利的费用,因

此，债权资产的转让价格一般都会低于债权本身的价值额。故此，在股权并购方以债权资产对外支付股价时，绝大多数不仅不会产生所得，反而会产生损失。

比如甲公司对乙公司有3000万元的债权，A公司持有B公司50%的股权，出资额为2000万元。现在甲公司与A公司协商一致，以4000万元的价格受让A公司持有的B公司的股权，以3000万元债权作价2000万元支付一半，另一半以现金支付。如此甲公司的财务处理和损益事项如下：

借：长期股权投资（B公司）　4000万元；

　　贷：应收款　3000万元；

　　　　银行存款　2000万元；

　　　　债权清理损失　1000万元。

股权并购方转让债权损失1000万元，应当并入当期经营结果计算缴纳企业所得税。

二、债权支付股价出让方的财税问题

在债权支付股价交易中股权出让方的所得税问题可分为两种情况：第一种是股权并购方用对第三人的债权向股权出让方支付；第二种是股权出让方欠股权并购方的债务，股权并购方以放弃债权的方法进行支付。现在我们只讨论第一种，第二种我们归入债务重组在本书后面的章节讨论。

在股权并购方用对第三方的债权向股权出让方支付股权转让价款的情况下，接受债权支付的股权出让方的所得税问题分为两个层面：第一，受让的债权因协商折价的部分；第二，出让股权的损益确认问题。这是两个不同性质的问题，在企业所得税的处理上也应当不同。

首先，关于转让债权折价的部分。股权并购方用债权向股权出让方履行付款义务，对股权出让方来说，等于用股权换欠条。因此绝大多数用于支付的债权都要折让作价。在这种情况下，接受债权的股权出让方应当按照债权的协商作价额登记债权资产的计税成本。

但是在实务中，接受债权支付的股权出让方仍会按照债权的全额向债务人主张债权，而不会按照债权的作价额要求债务人偿还债务，债务人也无理由要求接受债权支付的股权出让方按照折价额请求债权。如果接受债权支付的股权出让方按照债权的全额获得了受偿，用于支付的债权的折价部分应当计入股权出让方的当期收益，依法缴纳所得税；如果因某种原因支付债权的折价额在日后未能清回，则接受债权支付的股权出让方不发生收益，不影响其所得税纳税义务；如果接受债权支付的股权出让方连债权的作价额部分也未能清回来，则接受债权支付的股权出让方发生损失，会减少其所得税纳税义务。

其次，关于股权出让转让股权的损益问题。这个问题在本章的前边几节中已经反复讨论过。在目标公司的股东以高于股权计税成本的价格转让股权的情况下，股权出让方会因出让股权产生收益，会增加所得税的纳税义务；如果股权出让方折价转让股权，就会发生转让股权的损失，就会减少当期的所得税额。

比如在上例中，甲公司对乙公司有3000万元的债权，A公司持有B公司50%的股权，出资额为2000万元。现在甲公司与A公司协商一致，以4000万元的价格受让A公司持有的B公司的股权，以3000万元债权作价2000万元支付一半，另一半以现金支付。股权出让方在交易之初的财务处理和所得税事项如下：

借：应收款　2000万元；

　　银行存款　2000万元；

　　贷：长期股权投资　2000万元；

　　　　营业外收益　2000万元。

这个会计分录表明，股权出让方取得股权转让收益2000万元，需要并入公司当期经营损益计算缴纳企业所得税，在转让股权的同时以2000万元的价格购买了一笔债权。

如果股权转让方未来清回了全部债权3000万元，则应当在清回当期借记银行存款1000万元，贷记债权清理收益1000万元；如果未来只清回1500万元，则需作不良资产核销，借债权清理损失500万元，贷债权500万元。

第六节　以承债方式支付股价的财税问题

股权并购方不仅可以采取转让债权的方式向股权出让方支付股权转让价款，也可以采取承担股权出让方债务的方法支付股权转让价款。不过，以承担债务的方法支付股价，不仅需要投资公司与股权出让方双方协商一致，而且需要征得债权人的同意。不过需要提请注意的是，第一，以承债方式支付股权转让价款，股权并购方承担的负债是股权出让方的负债，而非是目标公司的负债，目标公司负债在股权转让作价中解决，是转让的标的，不是支付方式，只能目标公司股东（股权出让方）的负债才能作为支付方式处理；第二，股权出让方的负债可能有两种：一种是对股权并购方的负债，另一种是对第三人的负债。如果股权受让方承担的负债是股权出让方对股权并购方的负债，构成债务重组，有企业所得税优惠政策，我们放在本书后面章节集中讨论。我们现在要讨论的股权并购方以承接债务的方法支付股权转让价款，其债务是股权出让方对第三人的负债。

根据现行税法的规定，股权并购方以承担股权出让方债务的方法支付股权转让价款，只会发生印花税，并涉及所得税，不会涉及其他税负。本节我们讨论股权并购方以承债方式支付股权转让价款的情况下，交易双方的财税问题。

一、以承债方式支付股价并购方的财税问题

在股权并购方以承担股权出让方债务的方式支付股权转让价款的情况下，股权并购方作为股权和债务的受让方一般不会直接发生应税所得，因而不会直接涉及所得税问题。作为股权和负债的购买方需要同时对股权资产和负债按照交易价格进行会计确认。在这种交易中，股权的并购方也是负债的受让方，除印花税外不会直接涉及其他税负。比如A公司对B公司出资100万元，持有B公司40%的股权，同时A公司对乙公司有200万元的负债。甲公司是乙公司的全资母公司。甲公司与A公司协商一致，以300万元的价格受让A公司持有的B公司的股权，以承接A公司对乙公司负债的方式支付200万元，另外以现金方式支付100万元。股权交易完成股权并购方的会计分录如下：

甲公司　　借：长期股权投资　300万元；

贷：应付款　200万元；

银行存款　100万元。

这个会计分录表明，甲公司以受让方式取得了A公司对B公司的股权，受让价格为300万元，甲公司以受让A公司对自己的全资子公司乙公司负债200万元和银行存款100万元的方式支付股权转让价款。

二、以承债方式支付股价出让方的财税问题

在股权出让方以转让债务的方式收取股权转让价款的情况下，股权出让方涉及两个方面的损益事项：(1)转让股权的损益事项；(2)转让债务的损益事项。

首先，关于转让股权，与上边讨论的一样，要看转让价格与股权计税成本的对比关系。如果转让价格高于股权的计税成本，就会发生转让财产的所得；如果转让价格低于股权的计税成本，就会发生转让财产的损失。

其次，关于转让债务，如果负债的出让方以高于债务额的价格转让负债(如100万元的负债作价110万元转让)，就会发生转让负债的损失，就会减少当期的所得额；如果负债的出让方以低于负债额的价格转让负债(如100万元的负债以90万元的价格转让)，就会发生转让负债的所得，就会增加当期所得。在上例的交易中，A公司既出让了对B公司的股权，也出让了对乙公司的负债，出让股权要确认200万元的收益，出让债权借贷相抵，没有盈亏。交易完成后A公司的会计分录如下：

A公司　　借：银行存款　100万元；

应付款　200万元；

贷:长期股权投资(B 公司)　100 万元;

营业外收益　200 万元。

以承债方式支付资产转让价款重组的成分更加明显,在企业集团内部使用的可能性更大。

■第七节　个人转让股权的所得税政策

以上我们讨论的是企业转让股权或股票的财税问题及税收优惠政策,本节我们讨论个人转让股权或股票的所得税问题及税收优惠政策。

一、个人转让股权的所得税问题

个人转让股权也会发生印花税并涉及个人所得税。根据《股权转让所得个人所得税管理办法(试行)》的规定,个人转让股权包括:(1)个人出售股权;(2)公司回购个人持有的股权;(3)股份有限公司首次公开发行新股时,原股东以公开发行方式一并向投资者发售的股份;(4)股权被司法或行政机关强制过户;(5)以股权对外投资或进行其他非货币性交易;(6)以股权抵偿债务;(7)其他股权转移行为。个人转让股权,以股权转让收入减除股权原值和合理费用后的余额为应纳税所得额,按“财产转让所得”适用 20% 的税率缴纳个人所得税。合理费用是指股权转让时按照规定支付的有关税费。个人股权转让所得个人所得税以股权转让方为纳税人,以受让方为扣缴义务人。股权转让收入是指转让方因股权转让而获得的现金、实物、有价证券和其他形式的经济利益,包括违约金、补偿金以及其他名目的款项、资产、权益等。根据股权转让合同约定,在满足约定条件后取得的后续收入,也应当作为股权转让收入。

根据《股权转让所得个人所得税管理办法(试行)》的规定,对有下述情形之一的,主管税务机关可以核定股权转让收入,要求纳税义务人按照税务机关核定的股权转让收入缴纳个人所得税。这些情形包括:(1)申报的股权转让收入明显偏低且无正当理由的;(2)未按照规定期限办理纳税申报,经税务机关责令限期申报,逾期仍不申报的;(3)转让方无法提供或拒不提供股权转让收入的有关资料;(4)其他应核定股权转让收入的情形。符合下列情形之一的,可能被认定为股权转让收入明显偏低:(1)申报的股权转让收入低于股权对应的公司净资产份额的,特别是被投资企业拥有土地使用权、房屋、房地产企业未销售房产、知识产权、探矿权、采矿权、股权等资产的,申报的股权转让收入低于股权对应的净资产公允价值份额的;

(2)申报的股权转让收入低于初始投资成本或低于取得该股权所支付的价款及相关税费的;(3)申报的股权转让收入低于相同或类似条件下同一企业同一股东或其他股东股权转让收入的;(4)申报的股权转让收入低于相同或类似条件下同类行业的企业股权转让收入的;(5)不具合理性的无偿让渡股权或股份;(6)主管税务机关认定的其他情形。

根据《股权转让所得个人所得税管理办法(试行)》的规定,个人转让股权收入明显偏低,但具备下述条件之一的视为有正当理由,不作纳税调整:(1)能出具有效文件,证明被投资企业因国家政策调整,生产经营受到重大影响,导致低价转让股权;(2)继承或将股权转让给其能提供具有法律效力身份关系证明的配偶、父母、子女、祖父母、外祖父母、孙子女、外孙子女、兄弟姐妹以及对转让人承担直接抚养或者赡养义务的抚养人或者赡养人;(3)相关法律、政府文件或企业章程规定,并有相关资料充分证明转让价格合理且真实的本企业员工持有的不能对外转让股权的内部转让;(4)股权转让双方能够提供有效证据证明其合理性的其他合理情形。

个人转让股权以股权转让价格扣除股权原值和合理费用为应税所得。个人转让股权的原值依照下述方法确定:(1)以现金出资方式取得的股权,按照实际支付的价款与取得股权直接相关的合理税费之和确认股权原值;(2)以非货币性资产出资方式取得的股权,按照税务机关认可或核定的投资入股时非货币性资产价格与取得股权直接相关的合理税费之和确认股权原值;(3)以继承或将股权转让给其能提供具有法律效力身份关系证明的配偶、父母、子女、祖父母、外祖父母、孙子女、外孙子女、兄弟姐妹以及对转让人承担直接抚养或者赡养义务的抚养人或者赡养人取得的股权,按照取得股权发生的合理税费及原持有人的股权原值之和确认股权原值;(4)被投资企业以资本公积、盈余公积、未分配利润转增股本,个人股东已依法缴纳个人所得税的,以转增额和相关税费之和确认其新转增股本的股权原值;(5)除以上情形外,由主管税务机关按照避免重复征收个人所得税的原则合理确认股权原值。

股权转让人已被主管税务机关核定股权转让收入并依法征收个人所得税的,该股权受让人的股权原值以取得股权时发生的合理税费与股权转让人被主管税务机关核定的股权转让收入之和确认。个人转让股权未提供完整、准确的股权原值凭证,不能正确计算股权原值的,由主管税务机关核定其股权原值。个人股权转让所得个人所得税以被投资企业所在地税务机关为主管税务机关。纳税人、扣缴义务人向主管税务机关办理股权转让纳税(扣缴)申报时,还应当报送:(1)股权转让合同(协议);(2)股权转让双方身份证明;(3)按规定需要进行资产评估的,需提供具有法定资质的中介机构出具的净资产或土地房产等资产价值评估报告;(4)计税依据明显偏低但有正当理由的证明材料;(5)主管税务机关要求报送的其他材料。个人转让股权以股权转让收入减除股权的原值及合理费用为应税所得,按照财产转让收入核征,适用20%的税率,由股权受让方代扣代缴。

个人也可能进行股权与股权、股权与资产的置换。但是财税〔2009〕59号规定的所得税特殊性处理仅适用于法人企业,不适用于自然人、个体工商户、个体私营企业和个人合伙企业等不适用企业所得税法的主体。因此,在自然人或有关企业作为股权支付股权转让价款的交易主体时,不能适用财税〔2009〕59号规定的特殊性税务处理。在自然人或相关企业作为目标公司的股东向并购方出让股权,并购方以股权支付收购股权的对价的情况下,或者目标公司的股东向自然人或者相关企业出让股权,并购方以股权支付收购股权对价的情况下,无论并购的股权比例多少,也不论股权支付的比例多少,交易双方都必须按照各自出让股权的交易价格(公允价值)扣除该股权的原值确认转让财产的收益。股权与股权、资产与股权的置换应当分解成两次交易,交易双方都要核定转让财产的所得,按照转让财产缴纳个人所得税。

二、个人转让上市股票的所得税问题

根据财政部、国家税务总局1994年6月下发的《关于股票转让所得暂不征收个人所得税的通知》、1996年12月下发的《关于股票转让所得1996年暂不征收个人所得税的通知》和1998年3月下发的《关于个人转让股票所得继续暂免征收个人所得税的通知》,为配合我国企业改制和鼓励证券市场的健康发展,对股票转让所得暂免征收个人所得税。2005年修订的个人所得税法实施条例则规定,对年所得12万元以上的个人要自行向税务机关办理纳税申报,年所得中包括个人的股票转让所得。但国家税务总局继续规定,对年所得12万元以上的纳税人而言,虽其取得股票转让所得也要自行申报,但仍不征收个人所得税。故此,个人从发行市场或者股票交易所购买的股票出让获取的所得至今仍不征收个人所得税。

但是,根据财政部、国家税务总局、证监会《关于个人转让上市公司限售股所得征收个人所得税有关问题的通知》(以下简称财税〔2009〕167号)的规定,自2010年1月1日起,对个人转让限售股取得的所得,按照"财产转让所得",适用20%的比例税率征收个人所得税。限售股包括:(1)上市公司股权分置改革完成后股票复牌日之前股东所持原非流通股股份,以及股票复牌日至解禁日期间由上述股份孳生的送、转股;(2)2006年股权分置改革新老划断后,首次公开发行股票并上市的公司形成的限售股,以及上市首日至解禁日期间由上述股份孳生的送、转股;(3)财政部、税务总局、法制办和证监会共同确定的其他限售股。主要是由有限责任公司改制而形成的股权及权益转变而来的股票转让所得应当照章纳税。

根据财政部、国家税务总局、证监会《关于个人转让全国中小企业股份转让系统挂牌公司股票有关个人所得税政策的通知》(以下简称财税〔2018〕137号)的规定,自2018年11月1日(含)起,对个人转让新三板挂牌公司非原始股取得的所得，暂免征收个人所得税。本通知所称非原始股是指个人在新三板挂牌公司挂牌后取得的股票，以及由上述股票孳生的送、转股。对个人转让新三板挂牌公司原始股取得的所得，按照“财产转让所得”，适用20%的比例税率征收个人所得税。本通知所称原始股是指个人在新三板挂牌公司挂牌前取得的股票，以及在该公司挂牌前和挂牌后由上述股票孳生的送、转股。

据上，个人转让上市公司非限售股股票和新三板挂牌公司非原始股股票目前不征收个人所得税。

案例4.1　利用个人所得税率和企业所得税率的差异节税案例

甲公司对一综合性企业集团（乙公司）持有的5家乳制品企业的股权进行并购。该综合性企业集团由10名自然人股东组成，除持有5家乳制品公司各60%的股权外，还持有化工、制药、建筑等企业的股权。该企业集团资产负债表的基本信息为：货币资金500万元；固定资产3500万元；长期投资4亿元（其中5家乳制品公司2亿元）；应收账款1亿元；实收资本2亿元；资本公积2.5亿元；未分配利润9000万元。

最初双方商定，由甲公司与乙公司订立股权转让协议，购买乙公司持有的5家乳制品公司各60%的股权，股权转让价格为26亿元。

交易方案初步确定后，乙公司进行税务策划，提出乙公司先分立后交易的节税方案，并对两个方案的税收负担进行了比较。

第一方案：乙公司转让股权总收入26亿元，扣除计税成本2亿元，应税所得额为24亿元，需要缴纳企业所得税6亿元（24亿元×25%），不计应当提取的盈余公积金，股东可分配利润18亿元（24亿元－6亿元）；股东分配18亿元利润需缴纳3.6亿元的个人所得税（18亿元×20%），股东实得14.4亿元（18亿元－3.6亿元）。

第二方案：首先将乙公司分立为丙公司和丁公司，两家公司的股东和所持的股份比例与乙公司相同。丙公司注册资本1亿元，资本公积1亿元，分得长期投资资产2亿元（对5家乳制品公司的股权）。丁公司注册资本1亿元，资本公积1.5亿元，未分配利润9000万元，分得货币资金500万元，固定资产3500万元，长期投资2亿元（对乳制品以外公司的股权），应收账款1亿元。

然后由甲公司与丙公司的10名自然人股东订立股权转让协议，购买其持有的丙公司的全部股权，股权转让价格仍为26亿元，甲公司仍然可以取得对5家乳制品公司的控制权。但交易的税收成本却大大降低，股权出让方的实际收入也大大提高，具体情况如下：甲公司向丙公司的10名自然人股东支付股权转让价款26亿元，扣除股东出资额1亿元，股东转让股权所得合计为25亿元，缴纳个人所得税5亿元（25亿元×20%），股东实得21亿元（26亿元－5亿元）。

第二方案与第一方案相比,交易标的相同,甲公司并购成本相同,但乙公司的股东少缴所得税4.6亿元(9.6亿元-5亿元),股东多得6.6亿元(21亿元-14.4亿元)-2亿元(1亿注册资本+1亿资本公积)=4.6亿元。

鉴于第二方案可以为乙公司股东节约大量税收,且分立的成本很小(同一控制人下的企业不需要支付对价的分立,无须确认分立的所得和损失),乙公司主张变原来的第一方案为第二方案。甲公司经过分析第二方案,认为第二方案虽对自己无重大不利,但存在两个问题:(1)股权并购后需要将丙公司持有的5家乳制品公司的股权转至自己的名下,然后对丙公司进行清算,会发生一定的费用;(2)根据分立后的公司对分立前公司的债务承担连带责任的法律规定,会增加自己的风险。后经双方协商,乙公司股东同意在股权转让价格上给予甲公司一定的优惠,以弥补第二方案对甲公司的不利。随后双方按照第二方案签署了附条件生效的股权转让协议,协议签订后乙公司进行分立操作。乙公司分立完成后,股权转让协议生效,双方顺利实施了第二个股权并购方案。

在股权并购的模式下,除所得税外并无其他主要税收负担。但是根据现行税法,不仅个人所得税率低于企业所得税率,而且由企业对外转股,然后将其所得再分配给股东,不仅需要缴纳25%企业所得税,而且需要缴纳20%的个人所得税,实际税率是个人直接转让股权所得税率的2倍(40%)。因此,在特定情况下,通过公司重组,变企业转让股权为企业股东(自然人)直接转让股权,可以达到合法节税的效果。

案例4.2　先分利后转股节税案例

股权转让价格的多少直接关系到股权出让方税收成本,转让价格越高税收成本越高,转让价格越低,税收成本越低。但是作为股权出让方来说谁都愿意价格越高越好,因为只有价格高扣除缴纳的各种税后自己剩得才多。但是有一种情况,结果却与此不同。

比如A公司出资4000万元持有B公司80%的股权,B公司实收资本5000万元,未分配利润6000万元(含本年利润1000万元),盈余公积1000万元,资本公积1000万元,股东权益130,000万元。现甲公司与A公司协商一致以14,000万元受让A公司持有的B公司80%的股权,全部以货币支付股权转让价款。如此A公司将发生2500万元的企业所得税(14,000万元-4000万元=10,000万元×25%=2500万元)。

后有人提出目标公司B先将以前年度未分配的5000万元利润分掉,然后再转股可以帮助A公司节税。如此,B公司通过股东会决议将5000万元利润分配,A公司分得股息4000万元。由于A公司是企业法人,根据现行所得税法居民企业之间分配股息,投资者无须缴纳企业所得税,故A公司分取的这4000万元股息不发生纳税义务。由于A公司已经从B公司分得股息4000万元，故同意将股权转让价格从14,000万元降到10,000万元。如此一来，A公司发生所得税纳税义务仅为1500万元（10,000万元－4000万元＝6000万元×25%＝1500万元），A公司少缴企业所得税1000万元，甲公司获得的目标公司股东权益少了4000万元，但股权转让价格也少了4000万元，没有任何损失。

之所以出现上面的情况，是因为国税函〔2010〕79号规定，“企业转让股权收入，应于转让协议生效且完成股权变更手续时，确认收入的实现。转让股权收入扣除为取得该股权所发生的成本后，为股权转让所得。企业在计算股权转让所得时，不得扣除被投资企业未分配利润等股东留存收益中按该项股权所可能分配的金额”。

这个案例告诉我们，在目标公司有数额较大的以前年度的未分配利润存在的情况下，如果在确定股权转让价格之前，将这些利润分配给股东，会使股权出让方总收入不减少的情况下，纳税义务减少。股权出让方以股息方式分得的股权转让价格部分无须缴纳企业所得税。这样虽然股权转让价格降低了，但股权出让方取得的总收入不但没有减少，反而因为缴税额减少而增加了。

案例4.3　非货币资产支付股价时趋低作价双方节税案例

甲公司是A公司的控股股东。A公司注册资本额为人民币5000万元，其中甲公司出资3500万元，占A公司全部注册资本的70%。

乙公司拟采受让甲公司持有的股权的方式对A公司进行并购。甲、乙两公司协商一致，乙公司用一处已经开发完毕但闲置的厂房（包括场地）向甲公司支付股权转让价款。

起初双方一致同意甲公司持有的A公司的股权作价10,000万元，乙公司的厂房作价9500万元，乙公司在厂房外另行支付甲公司500万元。经双方财税人员测算，若按此方案进行交易，甲公司获得乙公司的厂房和500万元现金，除付出持有的A公司股权外，还需缴纳契税475万元（9500万元×5%）、企业所得税1506万元（10,000万元－3500万元－475万元＝6025万元×25%）；乙公司获得甲公司持有的A公司股权，除付出厂房资产和500万元现金外，同时还需要缴纳营业税475万元（附加税忽略）、土地增值税约1100万元（扣除项目合计6000万元）、企业所得税约481万元（9500万元－6000万元－475万元－1100万元＝1925万元×25%＝481万元）。

后经双方财税人员策划，一致同意将甲公司出让的股权作价8000万元，乙公司的厂房作价7500万元。结果：甲公司只需缴纳契税375万元、企业所得税1031万元；乙公司只需缴纳营业税375万元、土地增值税307万元、所得税329万元。

本案例说明，在以非货币资产支付股权价格的交易中，如果双方不能一改货物

和货币交易的习惯，仍然一味地要高价，使交易价格虚高，不仅不能增加各自的收入，反而只会增加各自的税收负担。如果双方均衡地把交易的非货币资产和股权的价格作实一些，不仅不会减少各自的收入，反而会减少各自的税收支出。尽管交易价格受到税务机关的监督，但是作实价格甚至在一定的幅度内趋低作价是完全可行的。

案例4.4　选择适用特殊性税务处理节税案例

甲公司是一家综合性企业集团，几年前在收购一家大型制药公司时打包带进来一家啤酒分公司，后经分立啤酒分公司变更为乙公司，甲公司持有乙公司100%的股权，乙公司注册资本4000万元，股东权益6000万元。A公司是一家啤酒集团，因历史原因持有一家制药厂B公司20%的股权，是几年前以5000万元的价格受让取得的。B公司的注册资本10,000万元，股东权益80,000万元。

经双方多次协商就甲公司向A公司出让乙公司的股权，A公司向甲公司出让B公司的股权达成一致。双方一致同意甲公司持有的乙公司的全部股权转让价格为人民币22,000万元，A公司持有的B公司股权作价20,000万元，双方股权换股权后A公司支付甲公司2000万元现金。

双方一致同意选择适用特殊性税务处理的规定，之后乙公司向主管税务机关提出申请并提交了评估报告、股权转让协议等文件。经省税务局批准后双方完成了交易并进行了相应的税务处理。甲公司作为被并购企业的股东会计处理如下：

借：长期股权投资（B公司）　3640万元；
　　银行存款　2000万元；
　　贷：长期股权投资（乙公司）　4000万元；
　　　　营业外收益　1640万元。

A公司作为并购方财务处理如下：

借：长期股权投资（乙公司）　4000万元；
　　贷：长期股权投资（B公司）　5000万元；
　　　　银行存款　2000万元；
　　　　营业外损益　3000万元。

在上述交易中甲公司取得了2000万元的货币支付，等于将自己9.1%（2000万元÷22,000万元）的股权以现金为对价转让了，因此需要确认1640万元的所得（22,000万元－4000万元）×（2000万元÷22,000万元）。正是由于甲公司将自己的一部分股权卖掉了，因此它用自己的股权换得的B公司的股权的原计税基础只有3640万元。但总体来说甲公司递延了4090万元的企业所得税（22,000万元－4000万元＝18,000万元－1640万元＝16,360万元×25%）。而A公司不但递延了3750万元的企业所得税（20,000万元－5000万元＝15,000万元×25%），而且还获得了3000万元的递延所得税资产。

这个案例告诉我们，在交易双方以股权对换股权的情况下，如果双方的股权都存在溢价的基础，选择适用特殊性所得税处理，对双方都有递延所得税的意义，而且股权溢价得越多利益越大。

案例4.5　变房地产支付为股权支付节税案例

甲公司有意购买乙公司持有的丙公司70%的股权，乙公司相中了甲公司拥有的一处闲置的房地产。双方商定乙公司持有的丙公司的70%的股权作价2.5亿元，甲公司持有的房地产作价2亿元。双方签署了甲公司以房地产和0.5亿元现金兑换股权的协议。在协议履行之前，甲公司法务和财务人员发现，交易完成后本公司需要支付营业税1000万元(2亿元×5%)，土地增值税3500万元(扣除总值1亿元，5000万元×30%+5000万元×40%)，附加和费用500万元，所得税1250万元。

为了降低税收成本，经甲公司法务和财务人员向领导建议，决定公司以闲置房地产和5000万元现金注册成立一家有限责任公司，然后由公司与乙公司进行股权转换。很快甲公司拥有100%股权的注册资本为2亿元的丁公司成立(为了节税出资房地产被评估作价1.5亿元)。然后甲公司与乙公司签署了以丁公司全部股权置换丙公司70%股权的协议，并完成了工商变更登记。

由于股权置换只涉及所得税，不仅甲公司节约了大量税收成本，乙公司也降低了纳税义务。甲公司以计税成本为1亿元的房地产和5000万元现金注册成立的公司在交易中股权被作价2亿元，股权转让所得为5000万元，所得税负担为1250万元，再加上房地产向丁出资时缴纳的契税600万元(1.5亿元×4%)，合计税收成本约1900万元，比原来安排的房地产支付股权价款节税约4000多万元。同时也为乙公司节约契税800万元。

这个案例告诉我们，节税策划好比处理旅行和路费的关系，相同的目的地，不同的路线，不同的交通工具，路费当然不同。只要我们知道为达到目的地有几种路线可供选择，每种路线的具体路径如何，有几种交通工具可供选择，每种交通工具的费用高低，我们就能筛选出最节税、又最适合于我们的方案。问题的关键在于企业的决策者是否知道有节税策划这档事、是否尊重有关专业人士的建议。

第五章

资产并购的税负和优惠政策

上一章我们讨论了股权并购交易双方的税收成本和国家的有关税收优惠政策。本章我们讨论资产并购交易双方的税收成本和国家的有关税收优惠政策。资产并购和股权并购一样都是资本繁育资本的过程。

■第一节 资产并购方式

资产并购是企业两种基本并购方式之一。资产并购是指并购方通过购买目标公司的资产,从而取得目标公司的业务,取代目标公司的市场地位。资产并购的交易主体是并购方和目标公司,交易标的是目标公司拥有的资产和业务。由于资产并购的并购方不再使用目标公司的企业平台,而是自行设立新的企业平台运营并购资产和业务,因此资产并购具有防范目标公司或然负债风险的功能,所以在实务中对管理不规范或不作全面披露的目标公司被广泛采用。由于资产并购交易的标的是资产,因此与股权并购相比,资产并购的缺点是涉及的税收负担重。另外,在资产并购的情况下,目标公司转让资产后,大多需要经过一个清算程序,之后才能向股东分配剩余财产。因此,与股权并购相比,对被并购方来说资产并购不仅税收负担重,而且程序长、费用高。另外,需要提请注意的是,资产并购不是购买目标公司的产品,也不是单纯地购买目标公司的固定资产,资产并购在购买目标公司的各项资产的同时,要受让目标公司的负债,还要接收安置目标公司的劳动力,否则就不是资产并购。

资产并购的纳税主体是并购方和资产的出让方即目标公司。并购的资产构成不同,交易双方涉及的税种和税收负担不同;并购方支付资产转让价款的方式不同,可以享受国家的税收优惠政策不同,交易双方的税收成本也不同。因此,本章我们将从并购资产的构成和支付方式两个方面去讨论资产并购中交易双方的税收成本问题。

■第二节 货币支付资产价款的财税和优惠政策

由于货币是一般等价物,所以在资产并购中,并购方以货币支付资产转让价款的情况最多。根据现行税法的有关规定,在并购方以货币支付并购资产价款的情况下,交易双方涉及的税种有增值税、附加税、土地增值税、契税、印花税和所得税。本节我们讨论并购方以货币支付资产转让价款时交易双方的会计处理和税收成本。

一、资产并购项目的增值税和优惠政策

在资产并购项目中,目标公司作为资产的出让方会涉及增值税、附加税、印花税和所得税,如果转让的资产中包含有土地使用权和房屋建筑物还会涉及土地增值税,下面我们逐一进行讨论。

根据增值税暂行条例及营业税改增值税的有关规定,增值税是对销售或者进口货物以及提供加工、修理修配劳务、销售不动产、提供运输服务、出售知识产权及现代服务的单位和个人征收的一种流转税。这里说的不动产包括目标公司出让的土地使用权和房屋建筑物;这里说的货物包括目标公司出让的机器设备、运输工具和存货等有形可移动的资产;这里说的知识产权包括目标公司出让的专利、商标、著作权、非专利技术和商业秘密等。对于目标公司在资产并购中转让的前述各类资产,原本是需要按照增值税条例及有关规定适用不同的税率征缴增值税的。

为了鼓励企业并购,为了降低企业并购的税收负担,2011 年 2 月 18 日国家税务总局发布了《关于纳税人资产重组有关增值税问题的公告》(以下简称国税 2011 年 13 号公告),该公告明确,“纳税人在资产重组过程中,通过合并、分立、出售、置换等方式,将全部或者部分实物资产以及与其相关联的债权、负债和劳动力一并转让给其他单位和个人,不属于增值税的征税范围,其中涉及的货物转让,不征收增值税”。“营改增”之后取消了营业税,对转让房地产和知识产权等资产改为征收增值税。为了统一企业资产并购项目中的增值税政策,财税〔2016〕36 号附件2《营业税改征增值税试点有关事项的规定》第 1 条第 2 项明确规定,“5. 在资产重组过程中,通过合并、分立、出售、置换等方式,将全部或者部分实物资产以及与其相关联的债权、负债和劳动力一并转让给其他单位和个人,其中涉及的不动产、土地使用权转让行为”不征收增值税。只是目前关于企业资产并购中的知识产权和自然资源使用权未见优惠政策 。

据上,在企业资产并购项目中对目标公司出让的各种货物类资产、土地使用权和房屋建筑物可以享受上述增值税优惠政策,不缴纳增值税。如此,双方在议定资产转让价格时应当明确相关价格是含增值税价格还是不含增值税价格。如果有关价格是含增值税的价格,需要换算成不含增值税的价格,并以该价格签订合同进行结算。在享受增值免税政策的情况下,并购方也需要进行购买资产的会计确认,也需要取得合法有效的会计确认凭证,故需要出让方按照出让资产的类别为受让方开具零税率的增值税发票。

二、资产并购项目的附加税

附加税是附随增值税和消费税缴纳的一种带有附加征收意义的税种,包括城市建设税附加和教育费附加两种。如果在资产并购项目中目标公司作为资产的出

让方缴纳了增值税和消费税,就需要在缴纳这两项主税的同时缴纳附加税,如果目标公司作为资产的并购方享受了增值税优惠政策,也就不会发生附加税的纳税义务。

三、资产并购项目的土地增值税和优惠政策

土地增值税是对单位或者个人转让国有土地使用权、地上建筑物及附着物所获得的增值额征收的一种增值税。根据财税〔2016〕36 号附件 1《营业税改征增值税试点实施办法》的规定,销售不动产,是指转让不动产所有权的业务活动。不动产,是指不能移动或者移动后会引起性质、形状改变的财产,包括建筑物、构筑物等。建筑物,包括住宅、商业营业用房、办公楼等可供居住、工作或者进行其他活动的建造物。构筑物,包括道路、桥梁、隧道、水坝等建造物。转让建筑物有限产权或者永久使用权的,转让在建的建筑物或者构筑物所有权的,以及在转让建筑物或者构筑物时一并转让其所占土地的使用权的,按照销售不动产缴纳增值税。在并购方对目标公司进行资产并购的情况下,并购资产一般都会包括目标公司拥有的国有土地使用权和房屋建筑物,因此都会涉及土地增值税问题。

为了从税收政策上鼓励企业兼并重组,早在财税〔1995〕48 号第 3 条关于企业兼并转让房地产的征免税问题明确规定:“在企业兼并中,对被兼并企业将房地产转让到兼并企业中的,暂免征收土地增值税。”资产并购肯定属于企业兼并,应当享受免征土地增值税的待遇。

2015 年财政部、国家税务总局下发了《关于企业改制重组有关土地增值税政策的通知》(以下简称财税〔2015〕5 号),该通知虽然废止了财税〔1995〕48 号,只明确了企业改制、投资、合并、分立等的土地增值税优惠政策,没有提及企业兼并的土地增值税优惠政策,但是在该通知下发后,财政部有关部门和国家税务总局有关部门在相关问题的解答中,明确了前述财税〔1995〕48 号的“精神还活着”,表示此次出台的企业改制重组土地增值税政策,主要是对原有企业改制重组土地增值税优惠政策的规范与整合。具体而言,一是延续了企业以房地产作价投资、企业兼并相关土地增值税优惠政策;二是规范了企业兼并相关土地增值税政策表述,将兼并纳入合并(注意此处的合并包括企业兼并);三是增加了享受土地增值税优惠的企业改制重组形式,将企业公司制改造、企业分立两种形式纳入优惠范围。此外,为便于征管操作,减少争议,财税〔2015〕5 号还进一步明确了企业改制重组后再转让房地产时,如何计算土地增值税扣除项目等相关事项。记者问:为什么规定房地产开发企业不适用企业改制重组土地增值税政策?答:房地产开发企业不适用企业改制重组土地增值税政策不是一项新的规定。2006 年,为减少税收政策漏洞,避免部分房地产开发企业以“改制”之名,行“转让房地产”之实,规避土地增值税,财政部、国家税务总局印发了《关于土地增值税若干问题的通知》(财税〔2006〕21 号),

规定房地产开发企业不得享受改制重组土地增值税优惠政策。考虑到在实际征管中,上述现象仍然存在,此次出台企业改制重组土地增值税优惠政策延续了这一规定。据上,虽然财税〔2015〕5 号没有明确规定企业资产并购可以享受土地增值税优惠政策,但是根据发文机关的有效解释,企业资产并购可以享受该文规定的土地增值税优惠政策。

财税〔2015〕5 号的有效期到 2017 年 12 月 31 日。故此,财政部、国家税务总局在 2018 年 4 月发出的财税〔2018〕57 号规定:

1. 按照公司法的规定,非公司制企业整体改制为有限责任公司或者股份有限公司,有限责任公司(股份有限公司)整体改制为股份有限公司(有限责任公司),对改制前的企业将国有土地使用权、地上的建筑物及其附着物(以下称房地产)转移、变更到改制后的企业,暂不征土地增值税。

本通知所称整体改制是指不改变原企业的投资主体,并承继原企业权利、义务的行为。

2. 按照法律规定或者合同约定,两个或两个以上企业合并为一个企业,且原企业投资主体存续的,对原企业将房地产转移、变更到合并后的企业,暂不征土地增值税。

3. 按照法律规定或者合同约定,企业分设为两个或两个以上与原企业投资主体相同的企业,对原企业将房地产转移、变更到分立后的企业,暂不征土地增值税。

4. 单位、个人在改制重组时以房地产作价入股进行投资,对其将房地产转移、变更到被投资的企业,暂不征土地增值税。

5. 上述改制重组有关土地增值税政策不适用于房地产转移任意一方为房地产开发企业的情形。

6. 企业改制重组后再转让国有土地使用权并申报缴纳土地增值税时,应以改制前取得该宗国有土地使用权所支付的地价款和按国家统一规定缴纳的有关费用,作为该企业“取得土地使用权所支付的金额”扣除。企业在改制重组过程中经省级以上(含省级)国土管理部门批准,国家以国有土地使用权作价出资入股的,再转让该宗国有土地使用权并申报缴纳土地增值税时,应以该宗土地作价入股时省级以上(含省级)国土管理部门批准的评估价格,作为该企业“取得土地使用权所支付的金额”扣除。办理纳税申报时,企业应提供该宗土地作价入股时省级以上(含省级)国土管理部门的批准文件和批准的评估价格,不能提供批准文件和批准的评估价格的,不得扣除。

7. 企业在申请享受上述土地增值税优惠政策时,应向主管税务机关提交房地产转移双方营业执照、改制重组协议或等效文件,相关房地产权属和价值证明、转让方改制重组前取得土地使用权所支付地价款的凭据(复印件)等书面材料。

8. 本通知所称不改变原企业投资主体、投资主体相同,是指企业改制重组前后出资人不发生变动，出资人的出资比例可以发生变动；投资主体存续，是指原企业出资人必须存在于改制重组后的企业，出资人的出资比例可以发生变动。

9. 本通知执行期限为2018年1月1日至2020年12月31日。

财税〔2018〕57号虽然仍没有明确企业资产并购土地增值税的优惠政策，但是笔者认为，前面提及的解释仍然有效，财税〔2018〕57号第2条规定的企业合并仍包括企业兼并。企业资产并购项目中涉及的土地使用权和房屋建筑物仍然可以享受暂不征收土地增值税的待遇，并且笔者预测2021年还会出台相同的优惠政策。

四、资产并购项目的消费税

《消费税暂行条例》第1条规定，“在中华人民共和国境内生产、委托加工和进口本条例规定的消费品的单位和个人，以及国务院确定的销售本条例规定的消费品的其他单位和个人，为消费税的纳税人，应当依照本条例缴纳消费税”。第4条规定，“纳税人生产的应税消费品，于纳税人销售时纳税。纳税人自产自用的应税消费品，用于连续生产应税消费品的，不纳税；用于其他方面的，于移送使用时纳税”。

《消费税暂行条例实施细则》第5条规定，“条例第四条第一款所称销售，是指有偿转让应税消费品的所有权。前款所称有偿，是指从购买方取得货币、货物或者其他经济利益”。

在并购方对目标公司进行资产并购的情况下，如果并购资产中的产品有应税消费品，目标公司就应当依法缴纳消费税。不过这对目标公司来说，并不会因此增加其税收负担，所以对此项税收负担可以忽略不计。

五、资产并购项目的契税和优惠政策

根据《契税暂行条例》第1条的规定，在中华人民共和国境内转移土地、房屋权属，承受的单位和个人为契税的纳税人，应当依照本条例的规定交纳契税。契税是对不动产的受让方征收的一种税。在并购方对目标公司进行资产并购的情况下，如果并购资产中包括有土地使用权以及房屋建筑物和地上附着物等不动产，并购方将成为契税的纳税义务人。契税的基础税率为3%～5%，具体适用税率由省、自治区、直辖市人民政府在基础税率幅度内根据本地区的实际情况确定。契税的计税依据是转让价格，税额=转让价格×税率。

现行有效的契税优惠政策是财税〔2018〕17号。该文第5条规定，企业依照有关法律法规规定实施破产，债权人（包括破产企业职工）承受破产企业抵偿债务的土地、房屋权属，免征契税；对非债权人承受破产企业土地、房屋权属，凡按照《劳动法》等国家有关法律法规政策妥善安置原企业全部职工规定，与原企业全部职工签订服务年限不少于三年的劳动用工合同的，对其承受所购企业土地、房屋权属，免征契税；与原企业超过30%的职工签订服务年限不少于三年的劳动用工合同的，减半征收契税。据此，只有居民企业收购破产企业的不动产，具备条件的才可以享受契税的减免政策，其他情形的资产并购只要并购资产中有土地使用权和房屋建筑物就会发生缴纳契税的义务。

除上述分析的契税外，在并购方用货币支付资产转让价款的交易中还会因书立合同、开立账册发生印花税，除此之外资产并购的并购方不会涉及其他税收负担。

六、资产并购项目目标公司的所得税

在并购方对目标公司进行资产并购的情况下，出让资产的是目标公司，所以目标公司应当根据现行企业会计准则和所得税法的有关规定，确认转让资产的收益或者损失。如果目标公司转让资产的价格高于出让资产在本公司财务账簿上登记的净值，目标公司就会发生转让财产所得；如果目标公司转让资产的价格低于转让资产在本公司财务账簿上登记的净值，目标公司就会发生转让资产的损失。当然在计算目标公司的应税所得时，前述讨论的除增值税外的各种税收成本也应当列为扣除项目。在并购方用货币支付并购资产价款的情况下，目标公司作为资产的出让方对出让资产转让损益的确认规则，与前边讲过的出让股权或者出让资产损益确认的规则并无二致。所以此处我们不再多费笔墨。

七、资产并购项目并购方的会计处理

在并购方用货币支付资产转让价款的资产并购中，并购方作为购买资产的一方，需要对购入资产进行会计确认，以便确定购入资产的计税成本，这涉及并购方对相关资产的折旧和摊销，从而影响并购方的所得税负担。并购方应当按照有关资产的购入价格和合理税费确认购入资产的计税成本（但增值税除外）。会计分录为：

借：资产类（按照资产的构成和价格）；

　　贷：银行存款（或者应付账款）。

■第三节　股权支付资产价款的财税和优惠政策

并购方可以用货币向目标公司支付资产转让价款，也可以用股权向目标公司支付资产转让价款。根据财税〔2009〕59号第2条的规定，并购方用来支付资产转

让价款的股权(股份)可以分为两种:一种是并购方向目标公司增发的本公司的股权(股份),即用增发本公司的股权(股份)来支付资产转让价款;另一种是并购方持有的对其他公司的股权(股份),即并购方将自己对其他公司的股权(股份)“转让”给目标公司,用转让股权的对价来冲抵资产转让价款。不过正如我们在本书第二章中分析的那样,前一种交易不是资产并购,是目标公司用资产出资,交易双方是投融资关系;后一种交易才是资产并购,是投资方用自己拥有的股权资产支付收购资产的对价,交易结果是并购方持有了目标公司的资产和业务,目标公司取得股权支付后成为并购方原子公司的母公司。

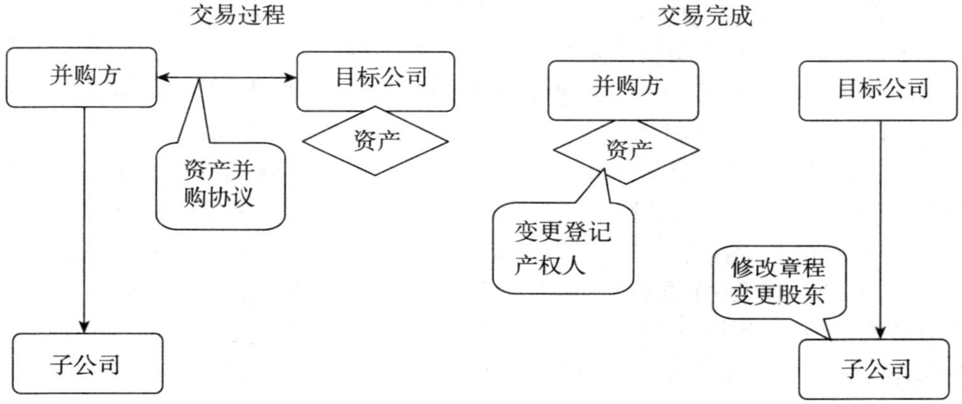

图 5－1　股权支付并购资产价款交易结构

股权支付资产并购价款,交易完成后并购方取得目标公司的资产和业务,目标公司取得并购方用于支付的股权。这种交易与前一章我们讨论的股权支付股权转让价款很相似,从实质上说都是资产与资产的置换,在法律关系、会计处理和纳税义务上都有相同之处。

根据现行税法和有关税收政策,在企业资产并购项目中,并购方用股权支付资产转让价款与用货币支付资产转让价款,除企业所得税之外,其他税负与本章第一节讨论的货币支付资产转让价款并无区别,故此,本节我们不再讨论企业资产并购的其他税负和税收优惠政策,只讨论股权支付资产并购价款交易双方的所得税和优惠政策。

一、股权支付资产价款所得税一般处理

在并购方以股权支付资产转让价款的情况下,根据财税〔2009〕59 号的规定,所得税分为一般性处理和特殊性处理,凡是不符合条件的或者不选择所得税特殊性处理的,必须适用一般处理规则进行会计处理,只有具备条件并且选择所得税特殊处理的,才可以适用特殊性处理规则进行会计处理。正如前边我们说的,一般性

处理是规则，是基准，特殊性处理是优惠政策。如果选择适用特殊性所得税处理必须具备一定的条件，并且交易各方必须一致适用所得税特殊性处理规则。我们首先来讨论股权支付资产并购价款企业所得税的一般性处理。

根据财税〔2009〕59号第4条第3项的规定，并购方以股权支付资产转让价款，所得税一般性处理的规则为：（1）被收购方应确认资产转让所得或损失；（2）收购方取得资产的计税基础应以公允价值为基础确定；（3）被收购企业的相关所得税事项原则上保持不变。这就是说，在股权支付资产转让价款适用企业所得税一般性处理的情况，并购方要按照购买资产的公允价值对资产进行会计确认，同时按照转让规则对用于支付的股权确认所得或者损失。也就是说，在并购方用股权向目标公司支付资产转让价款的情况下，如果适用所得税一般性处理，不仅目标公司应当确认转让资产的损益，涉及企业所得税事项，而且并购方也要确认转让股权的损益，也会涉及企业所得税事项。

比如，甲公司出资1000万元持有乙公司50%的股权，A公司的全部资产账面净值8000万元，负债总额5000万元。双方商定甲公司购买A公司的全部资产和负债，甲公司用其持有的乙公司的50%股权支付并购价款。在尽职调查和评估的基础上，双方同意甲公司对乙公司的股权作价5000万元，A公司的资产作价10,000万元，负债作价5000万元。双方签订置换协议并约定适用企业所得税的一般性处理。交易完成后A公司和甲公司的所得和会计分录如下：

A公司　　借：长期股权投资（乙公司）　5000万元；
　　　　　　各种应付款合计　5000万元；
　　　　　贷：各类资产合计　8000万元；
　　　　　　　营业外收益　2000万元。

这个会计分录表明，在上述并购项目中A公司作了两项交易：一是以5000万元的价格购买了甲公司持有的乙公司40%的股权；二是以10,000万元的价格将自己的全部资产出让，同时以5000万元的价格将自己的全部负债转让。在出让资产的交易中A公司获得了2000万元的收益。

甲公司　　借：各类资产合计　10,000万元；
　　　　　贷：各类应付款合计　5000万元；
　　　　　　　长期股权投资（乙公司）　1000万元；
　　　　　　　营业外收益　4000万元。

这个会计分录表示，在上述并购项目中甲公司作了两项交易：一是以10,000万元的价格购买了A公司的资产，同时以5000万元的价格购买了A公司的负债；二是以5000万元的价格出让了自己对乙公司的股权。在出让股权的交易中甲公司取得了4000万元的收益。

由上可见，在股权支付资产转让价款的并购项目中，如果适用所得税的一般性处理，被并购方会因为出让资产需要确认损益，而并购方也会被认定为股权的出让方，也需要对出让股权的行为确认损益。注意一般性处理只是财税〔2009〕59 号的称呼，其实就是按照企业所得税法和会计准则进行处理，只有特殊性处理才是税收优惠政策。因此，我们从上例中可以看出股权支付资产转让价款适用企业所得税一般处理的，与货币支付资产转让价款的会计处理规则是基本相同的，都是要按照资产的转让价格和资产的净值确认损益，所不同的只是，货币支付资产转让价款只需要目标公司一方确认转让资产的损益，而股权支付资产转让价款适用所得税一般性处理的，不仅目标公司需要确认转让资产的损益，而且并购方也需要确认转让股权的损益。

二、股权支付资产价款所得税特殊处理

根据财税〔2009〕59 号的规定，在股权支付资产转让价款的并购项目中，如果具备条件的交易双方可以选择适用企业所得税的特殊性处理。资产并购项目选择适用企业所得税特殊性处理的，交易双方按照如下规则对交易进行会计处理：(1)转让资产的目标公司取得受让方用于支付的股权的计税基础，以被转让资产的原有计税基础确定；(2)并购方取得目标公司的资产的计税基础，以被转让资产的原有计税基础确定。如此，出让资产的目标公司无须按照公允价值确认其从并购方取得的用于支付的股权的计税成本，而是按照转让资产在本公司会计账册上原有的计税基础进行会计确认。这样，无论目标公司转让资产的实际价格比该等资产的净值高出多少，目标公司都是按照换出资产的价值对取得的股权进行会计确认，这等于暂时免除了目标公司在该项资本活动中的所得税纳税义务。而并购方不问换出股权的公允价值是多少(不问出让股权的损益是多少)，只是按照换入资产的原有价值对资产进行会计确认。如此，在出让资产的目标公司获得递延纳税义务的同时，作为股权出让方的资产并购方也会获得递延纳税的机会。

我们还拿前面的例子来说。比如，甲公司出资 1000 万元持有乙公司 50% 的股权，A 公司的全部资产账面净值 8000 万元，负债总额 5000 万元。双方商定甲公司购买 A 公司的全部资产和负债，甲公司用其持有的乙公司的 50% 股权支付并购价款。在尽职调查和评估的基础上，双方同意甲公司对乙公司的股权作价 5000 万元，A 公司的全部资产作价 10，000 万元，全部负债作价 5000 万元。双方签订置换协议并约定适用企业所得税的特殊性处理。交易完成后 A 公司和甲公司的所得税事项及会计分录如下：

A 公司　　借：长期股权投资(乙公司)　3000 万元；

各种应付款合计　5000 万元；

贷：各类资产合计　8000 万元。

这个会计分录表明，在上述并购项目中交易双方如果选择适用企业所得税的

特殊性处理,在一般性处理时A公司需要确认的因转让资产获得的2000万元收益全部得以递延。

甲公司　　借:各类资产合计　8000万元;

贷:各类应付款合计　5000万元;

长期股权投资(乙公司)　1000万元;

营业外收益　2000万元。

这个会计分录表明,在上述并购项目中交易双方如果选择适用企业所得税特殊性处理,在一般性处理时甲公司需要确认的因转让股权获得的4000万元收益得以递延了2000万元,在交易完成时只需要确认收益2000万元即可。

由上可见,在股权换资产的企业并购交易中选择适用企业所得税的特殊性处理与所得税一般性处理相对比对,交易双方在企业所得税的纳税义务上有很大的不同。比如在上例中交易的各项内容完全相同,在选择适用一般性所得税处理的情况下,被并购方A公司需要确认2000万元的资产转让收益,并购方甲公司需要确认4000万元的股权转让收益,而在选择适用特殊性所得税处理的情况下,被并购方A公司2000万元的收益全部得以递延,并购方甲公司出让股权的4000万元收益只需要确认2000万元,递延了2000万元。

由上可见,企业并购所得税的特殊性处理是给予被并购方的税收优惠政策(无论是资产并购,还是股权并购都是如此),而多数情况下并购方也可以得到相应的税收优惠。另外这里还有一点需要提示给读者,就是在股权支付资产并购价款的并购项目中,即使选择适用企业所得税的特殊性处理,交易双方仍存在利益冲突,仍需要公允作价进行公平交易。比如在上例中,之所以A公司的资产作价10,000万元,负债作价5000万元,甲公司对乙公司的股权作价5000万元,是经过交易双方讨价还价、针锋相对的谈判最终确定的。特殊性处理只是企业所得税上的一项优惠政策,只是允许的会计处理的方法,不能代替作价规则,税收优惠政策永远不能突破等价交换的规则。

三、股权支付资产价款特殊性税务处理的条件

前面已经说过,股权支付资产转让价款并购项目中选择适用所得税特殊性处理,是国家为鼓励企业兼并重组,给予企业的一项所得税优惠政策。与股权支付股权并购价款选择适用所得税特殊性处理一样,需要具备一定的条件,只有并购项目满足条件的,才可以选择企业所得税的特殊性处理,不具备条件的不可以选择适用。根据财税〔2009〕59号的规定,凡是符合下列条件的股权支付资产转让价款资产并购项目,可以选择适用企业所得税的特殊性处理。

1. 具有合理的商业目的,且不以减少、免除或者推迟缴纳税款为主要目的。根据国税2015年48号公告第5条的规定,企业申报资产并购适用特殊性税务处理

时，应从以下方面逐条说明企业并购具有合理的商业目的：(1)并购交易的方式；(2)并购交易的实质结果；(3)并购各方涉及的税务状况变化；(4)并购各方涉及的财务状况变化；(5)非居民企业参与并购活动的情况。

2. 被收购的资产不低于被收购企业全部资产的50%。财税〔2009〕59号刚出台时此项规定是被收购资产不低于被收购企业全部资产的75%，2014年年底的财税〔2014〕109号将其调整为不低于50%。这里说的全部资产应当指收购发生时目标公司资产账面净值，而非净资产值。

3. 企业资产并购后连续12个月内不改变被并购企业原来的实质性经营活动。根据《企业重组业务企业所得税管理办法》第29条的规定，企业资产并购的当事各方应在完成资产并购业务后的下一年度的企业所得税年度申报时，向主管税务机关提交书面情况说明，以证明企业在并购后的连续12个月内，有关符合特殊性税务处理的条件未发生改变。根据该文第30条的规定，当事方的其中一方在规定时间内发生生产经营业务、公司性质、资产或股权结构等情况变化，致使重组业务不再符合特殊性税务处理条件的，发生变化的当事方应在情况发生变化的30天内书面通知其他所有当事方。主导方在接到通知后30日内将有关变化通知其主管税务机关。在该等情况发生变化后60日内，应按照企业资产并购一般性税务处理的规定调整资产并购业务的税务处理。原交易各方应各自按原交易完成时资产的公允价值计算资产转让业务的收益或损失，调整交易完成纳税年度的应纳税所得额及相应的资产的计税基础，并向各自主管税务机关申请调整交易完成纳税年度的企业所得税年度申报表。逾期不调整申报的，按照《税收征收管理法》的相关规定处理。

根据国税2015年48号公告第6条的规定，企业资产并购业务适用特殊性税务处理的，申报时，当事各方还应向主管税务机关提交并购前连续12个月内有无与该并购相关的其他股权、资产交易情况的说明，并说明这些交易与该并购是否构成分步交易，是否作为一项企业重组业务进行处理。

4. 用股权支付的收购资产的对价不低于收购资产总价的85%。也就是说，收购方用于向资产出让方支付资产转让价款的方式中，股权支付的部分不能少于转让资产总价的85%。允许收购方用其他资产如货币、不动产等支付收购资产的对价，但股权以外资产支付的对价不能超过收购资产总价的15%。

5. 企业资产并购项目中取得股权支付的原主要股东，在并购后连续12个月内，不得转让所取得的股权。根据《企业重组业务企业所得税管理办法》第20条的规定，是指原持有转让资产的目标公司20%以上股权的股东，即在企业资产并购项目中原持有被收购企业20%以上股权的股东，在出让资产取得股权支付后的连续12个月之内不得出让所取得的股权。

6. 资产收购方、资产出让方和用于支付对价的股权所在公司必须全部是居民企业，不能是自然人，不能是适用个税的企业，也不能是非居民企业。

7. 资产收购方和资产出让方必须采取一致的所得税处理方法，不能一方适用所得税的一般性处理，另一方适用所得税的特殊性处理。故此，采取哪种所得税处理方法应当协商一致，并在有关合同或者协议中约定。

8. 在资产并购适用企业所得税特殊性处理的情况下，如果有非股权支付的对价，包括货币支付和其他资产支付资产对价，对这部分不能适用所得税特殊性处理的规则，必须按照一般性处理的规则确认相关资产转让的所得或损失。

9. 如果资产的出让方和股权的出让方都有有效的亏损，即使并购项目具备条件，也可以考虑不选择适用企业所得税的特殊性处理，通过公允作价并适用所得税的一般性处理，使双方分别确认资产和股权转让的所得，并弥补前述亏损。

10.《企业重组业务企业所得税管理办法》和国税 2015 年 48 号公告，对股权支付资产并购价款选择企业所得税特殊性处理有详细的规定，实务者可结合上述内容详细阅读之。

四、对非股权支付部分应当确认损益

根据上述股权支付资产并购价款选择适用企业所得税特殊性的条件，允许并购方在股权支付对价之外以货币或者其他资产支付少部分对价，非股权支付的对价最多不能超过资产总价格的 15%。在股权支付资产并购价款选择适用所得税特殊性处理的情况下，如果有非股权支付部分，对非股权支付部分交易双方均需要按照会计准则和企业所得税规则确认资产转让的损益。这就是说，在股权支付资产并购价款选择适用企业所得税特殊性处理的情况下，如果有非股权支付部分，对同一交易的会计处理要适用两种规则，对股权支付部分适用特殊性处理规则，对非股权支付部分适用一般性处理规则。为了节约篇幅对此问题我们仅说到此而已，不再举例阐述，读者可以参考本书第四章的有关内容。

■第四节　资产置换资产的财税

除前面讨论的货币支付资产并购价款和股权支付资产并购价款外，其他资产也可能用来支付资产并购价款，构成纯粹的资产与资产对换。资产交换资产是指并购方用土地使用权、房屋建筑物、机器设备、知识产权、存货等资产中的一种或几种与被并购方的交换。这种交换虽少见，但也有个别发生的情况。在这种交易中并购方既是资产的购买者，又是资产的出让者，同样被并购方既是资产的出让者，又是资产的购买者。因此,无论是并购方还是被并购方,作为资产的购买者它需要对购买的资产进行会计确认,作为资产的出让者它也需要对出资资产进行损益确认。下面我们简单地说说资产换资产的财税问题。

在资产换资产的情况下,双方肯定都会涉及增值税,只是资产的构成不同,适用的增值税税率不同。在资产换资产的情况下,双方都将被视为销售资产,都需要给对方开具增值税发票,都会增加销项税。但是如果有一方符合国税 2011 年 13 号公告和财税〔2016〕36 号附件 2《营业税改征增值税试点有关事项的规定》中关于不征收增值税项目的规定,可以选择该方为被并购方,使该方享受不征增值税的待遇。不过从企业并购的实践看,一个资产并购项目中被并购方只能有一个,必须有一个并购方,所以享受增值税优惠政策的也只能有一方。

如果有一方享受了免征增值税的优惠政策,该方就不会发生附加税的纳税义务。

在资产换资产的情况下,如果有一方或者双方的资产中包括有土地使用权和房屋建筑物,就会涉及土地增值税。换出土地使用权和房屋建筑物的一方或者双方会被认定为转让土地使用权和房屋建筑物,被征缴土地增值税。但是根据现行有效的财税〔2018〕57 号的规定,被并购方出让的土地使用权和房屋建筑物暂不征收土地增值税,所以交易双方中如果有一方符合被并购的条件,可以享受土地增值税的优惠政策。但是在一个企业资产并购项目中,即使双方换出的资产中都包括有土地使用权和房屋建筑物,即使双方都符合前述被并购方的条件,也只能选择一方作为被并购方享受土地增值税的优惠政策。

在资产换资产的情况下,如果有一方或者两方换入的资产中包含有土地使用权和房屋建筑物,该一方或者两方就会发生契税的纳税义务。

在资产换资产的情况下,交易双方会因书立合同、办理证照发生印花税的纳税义务。

在资产换资产的情况下,交易双方都会被认定为资产的购买者和资产的出让者,都需要按照公允价值对购入资产进行初始成本的会计确认同时对出让资产作损益的会计确认,而且没有所得税优惠政策。也许有人会说,资产换资产我们不作价,就是五套机器交换一套房产,就不会发生所得税纳税义务了。但这样做不行,也是不被允许的:第一,企业的会计核算是以价值进行核算的,无论是卖出资产还是买入资产不作价,不符合企业会计准则的要求;第二,当事人不作价税务机关可以认定价格,按照认定价格课税。所以,以物易物交易不但会涉及企业的所得税,而且交易双方都会涉及所得税。

不过有一点提请实务者注意,在一般的买卖交易中,卖方都会争取自己的资产卖一个好价钱,而在以物易物的交易中,如果双方对换之物已经确定,最好趋低作价,至少不要高作价,这样做不仅双方获得的利益没有减少,双方的纳税义务还会降低。

■第五节　债权支付资产价款的财税

债权有价值，并且依法可以转让，故此，债权也可以用来支付资产并购价款。用来支付资产并购价款的债权有两种：一种是并购方对第三方的债权；另一种是并购方对被并购方的债权。前一种是我们本节要讨论的，后一种可以构成债务重组，有税收优惠政策，我们放到本书后面集中讨论。用对第三方享有的债权作价向出让资产的目标公司支付资产转让价款，交易的结果是并购方放弃了对第三方的债权，取得了目标公司的资产，而目标公司放弃了资产，取得了并购方对第三方的债权，成为新的债权人。

债权支付资产转让价款与货币支付资产转让价款，交易双方在企业所得税以外的税收负担和税收优惠政策上并无任何区别，故此，本节我们只讨论债权支付资产转让价款交易双方的所得税问题，不再讨论双方的其他税收问题。

从法律关系上说，并购方用对第三人的债权向目标公司支付资产转让价款，适用的是合同法关于转让权利的法律规定。首先，在并购方以对第三人的债权支付并购资产的对价的情况下，如果并购方的债权在转让价格上打了折，那么，转让债权的价格与转让债权计税成本之间的差额，将构成并购方转让债权资产的损失。比如，甲公司对乙公司有债权5000万元，甲公司对A公司进行资产并购，甲公司将对乙公司的5000万元债权作价4000万元转让给了A公司，作为向A公司支付资产并购价款的一部分，这样并购方甲公司就发生了1000万元的债权资产转让损失。

其次，目标公司应当按照转让资产的规则确认转让资产的损益，如果目标公司转让资产的价格高于转让资产的净值，目标公司就需要确认转让资产的收益，如果目标公司转让资产的价格低于转让资产的净值，目标公司就需要确认转让资产的损失。比如，甲公司对乙公司有5000万元债权，A公司资产账面净值8000万元，负债总额3000万元，甲公司对A公司进行资产并购。在尽职调查和评估的基础上双方同意甲公司用其对乙公司的债权作价支付部分资产并购价款，甲公司对乙公司的债权作价4000万元，A公司的全部资产作价10,000万元（忽略增值税），负债作价3000万元，甲公司另外向A公司支付现金3000万元。双方的损益及会计分录如下：

甲公司　　借：各类资产　10,000万元；

　　　　　　贷：应付账款　3000万元；

银行存款 3000 万元；

应收账款 5000 万元；

营业外损失 1000 万元。

这个会计分录表明，在该资产并购项目中甲公司以 10,000 万元的价格购买了 A 公司的资产，以 3000 万元的价格购买了 A 公司的负债，同时将自己对乙公司的债权 5000 万元以 4000 万元的价格转让给了 A 公司。转让债权发生了 1000 万元的损失。

A 公司　　借：银行存款 3000 万元；

应付账款 3000 万元；

应收账款 4000 万元；

贷：各类资产 8000 万元；

营业外收益 2000 万元。

这个会计分录表明，在该资产并购项目中 A 公司以 10,000 万元的价格出让了自己的全部资产，以 3000 万元的价格出让了自己的全部负债，取得了 3000 万元的银行存款和对乙公司的价值 4000 万元的（债权额为 5000 万元）债权。出让资产获得了 2000 万元的收益。

需要提请注意的是，甲公司转让给 A 公司的债权的金额是 5000 万元，4000 万元是这 5000 万元债权的转让价格，两者并非一回事。在上述并购项目中 A 公司购买甲公司对乙公司债权的金额是 5000 万元，转让价格是 4000 万元，也就是说 A 公司以 4000 万元的代价获得了对乙公司 5000 万元的债权。如果未来 A 公司清收回的债权额小于 4000 万元，则 A 公司发生债权清收损失；如果未来 A 公司清收回的债权额大于 4000 万元，A 公司应当确认债权清理收益。对此《企业所得税法实施条例》第 32 条第 3 款规定，“企业已经作为损失处理的资产，在以后纳税年度又全部收回或者部分收回时，应当计入当期收入”。在法律上甲公司是将对乙公司 5000 万元债权全部转让，4000 万元只是转让价格，A 公司取得的是对乙公司 5000 万元的债权的请求权，乙公司不能根据债权作价额对 A 公司进行抗辩。

第六节 承债方式支付资产价款的财税

承债支付资产转让价款，是指并购方以受让目标公司负债的方式向目标公司支付资产转让价款。股权并购可以由并购方以受让出让方负债的方式支付股权并购价款，在资产并购的实务中也有资产和负债分别作价，分别转让的。

以承债方式支付资产转让价款交易双方的会计处理和涉税问题与本章其他章节讨论的内容并无二致,读者可以参考本章其他章节的内容,故此,本章我们不再赘述。

不过有两点需要提请读者注意:第一,资产和负债的性质不同,在交易中的利益关系也不同。资产的转让由受让方向出让方支付对价,价格越高对出让方越有利,价格越低对受让方越有利;负债的转让由出让方向受让方支付对价,价格越高对受让方越有利,价格越低对出让方越有利。第二,资产并购项目中以受让负债方式支付并购价款与以债权作价支付资产转让价款的会计分录正好相反。比如,甲公司资产并购乙公司,乙公司资产账面净值 8000 万元,作价 8000 万元,账面负债 5000 万元作价 6000 万元,除承担负债外甲公司用现金支付资产并购价款。双方的所得和会计会录如下:

甲公司　　借:各类资产　8000 万元;

　　　　　　贷:应付账款　6000 万元;

　　　　　　　　银行存款　2000 万元;

这个会计分录表明,甲公司以 8000 万元的价格受让取得了乙公司的全部资产,以 6000 万元的价格受让了乙公司 5000 万元的对外负债,支付差价 2000 万元。

乙公司　　借:银行存款　2000 万元;

　　　　　　　应付账款　5000 万元;

　　　　　　贷:各类资产　8000 万元;

　　　　　　　　营业外损失　1000 万元。

这个会计分录表明,乙公司以 8000 万元的价格将全部资产转让,以 6000 万元的价格将 5000 万元的负债转让,取得 2000 万元的银行存款,同时因转让负债损失了 1000 万元。

同样需要提请注意的是,乙公司转让给甲公司的负债的金额是 5000 万元,6000 万元是这 5000 万元负债的转让价格,两者并非一回事。在上述并购项目中甲公司购买乙公司对外负债的金额是 5000 万元,购买价格是 6000 万元,也就是说乙公司以 6000 万元的代价将 5000 万元的负债转让给了甲公司。如果未来甲公司用于清偿负债的金额小于 6000 万元,则甲公司发生债务清偿收益;如果未来甲公司清偿债务的金额大于 6000 万元,甲公司发生债务清偿损失。在法律上甲公司只对从乙公司受让的 5000 万元负债负责,各债权人不能以负债转让价格对甲公司主张权利。

■第七节　个人在资产并购项目中的税负

以上讨论的是企业在资产并购项目中的财税问题及可以享受的税收优惠政策,本节我们讨论个人在资产并购项目中的税收问题及可以享受的税收优惠政策。

首先,我们讨论个人在资产并购中可以担当的角色。在资产并购项目中,个人可能成为并购方,即个人可以将目标公司的资产和相应的负债买下来,然后以资产作价附带负债出资设立公司,安置被并购方的劳动力,运营从目标公司购买的资产,20世纪末国企改制多数采用此方法。适用个人所得税法的企业也可能出任并购方的角色。个人原则上不能成为资产并购的被并购方,因为我们讨论的是企业并购,个人原则上不能成为被并购的企业。合伙企业或者私营个体企业成为被并购企业的也很少见。

其次,我们讨论个人作为资产并购项目主体时,能否享受所得税以外的税收优惠政策问题。第一,关于增值税,个人作为并购方时,被并购的目标企业照样可以享受国税2011年13号公告和财税〔2016〕32号附件2规定的增值税优惠政策,包括个人受让资产后以该等资产出资设立公司。如果被并购方享受免征增值税的优惠政策,并购方支付的现金流就会减少,就不用再以抵扣方式收回了,这对个人并购方也有利。第二,关于土地增值税,现行有效的财税〔2018〕57号将个人和企业并列为土地增值税的纳税义务人和企业并购土地增值税优惠政策的享受者。所以个人作为资产并购项目的并购方,被并购的目标公司照样可以享受财税〔2018〕57号规定的土地增值税优惠政策。这对个人并购方也有好处,因被并购方的税收成本降低了,就为并购价格谈判创造了好的条件。第三,关于契税,现行有效的财税〔2018〕17号,规定企业或者个人并购破产企业的破产财产同时安置员工的,可以享受契税优惠政策。从上可见,在个人作为资产并购项目的并购方的情况下,被并购方的增值税、土地增值税优惠政策没有变化,照样可以享受;并购方的契税优惠政策也没有变化,符合条件的也可以享受。

下面我们简单地讨论一下个人作为资产并购项目的并购方的所得税问题。在个人作为资产并购项目并购方的情况下,被并购的目标公司的财务确认及所得税事项与本章以上讨论的完全一样,都要按照资产转让价格减除资产的计税成本和合理费用计算损益。不过有一点我们顺便说一下,如果是个人转让资产,则以资产转让价扣除资产的原值和合理费用计算损益,这里扣除的是资产的原值,不是资产的净值,因为个人没有折旧扣除问题。

案例5.1　资产并购向当地政府争取税收优惠政策案例

某外资企业对某国企改制后的民营企业进行资产并购,随着谈判的深入,节税工作提上了日程,投资企业找到目标公司所在地政府领导,将政府是否给予税收优惠作为是否投资的前提。经过谈判,投资企业与政府签署了一份投资协议,投资企业向政府承诺投资4.5亿元人民币对目标公司进行资产并购,并购完成后并购方再投资5000万元对目标公司进行设备改造。政府则向并购方承诺如下:

(1)并购方在资产并购过程中发生的契税实行先征后退,全部退还企业;

(2)并购方在资产并购过程中发生的测量费、办证费等各种费用全部免除;

(3)并购后目标公司上缴的所得税地方留成部分五年内全部返还企业;

(4)并购后目标公司上缴的增值税地方留成部分五年之内全部返还企业;

(5)目标公司为扩建以出让方式取得土地时应当缴纳的契税全部即征即返。

这个案例告诉我们,对于并购方来说,在签署并购合同前,以投资为前提条件向目标公司所在地政府要求税收优惠,是投资节税策划工作的一个重要组成部分,只要并购方有要求政府多多少少都给予一些优惠。从企业投资和政府招商引资的实践看,许多地方的政府正是靠这些优惠政策来吸引外地的资金和外国的资金。在有些地方,税收优惠甚至不用并购方去要,政府会主动送上门。

案例5.2　为节税变资产并购为股权并购案例

甲公司下设一家全资子公司(炼钢厂)。乙公司拟对炼钢厂进行资产并购。根据炼钢厂的资产负债表:公司实收资本10,000万元,资本公积1500万元;流动资产中存货部分总价值5100万元,现金和债权资产2200万元,负债5000万元;固定资产中机器设备部分净值4700万元;固定资产中房屋建筑物部分净值3000万元;无形资产中土地使用权部分原值2000万元,净值1500万元。

双方初步商定转让资产总价格为人民币25,000万元(债权和现金除外),其中炼钢厂的土地使用权、厂房建筑物等作价10,000万元;机器设备等作价10,000万元;存货资产作价5000万元。乙公司以货币向甲公司支付资产转让价款。

经双方财务人员初步测算,为完成上述交易,炼钢厂需要缴纳:(1)营业税500万元(10,000万元×5%);(2)土地增值税2000万元(10,000万元-2000万元-3000万元=5000万元,5000万元×40%);(3)印花税和附加税数额较小忽略不计;(4)企业所得税2050万元(25,000万元-5100万元-4700万元-3000万元-1500万元-500万元-2000万元=8200万元,8200万元×25%)。乙公司需要缴纳:(1)契税500万元(10,000万元×5%);(2)存货增值税850万元(5000万元×17%);(3)货物类固定资产增值税200万元(10,000万元×2%)。双方合计税收负担为4350万元,其中炼钢厂税收负担3650万元;乙公司700万元(乙公司的存货增值税850万元因可抵扣不计)。

为了节税，在甲公司的请求下双方同意变资产并购为股权并购，由甲公司向乙公司转让炼钢厂的全部股权。经双方协商炼钢厂的全部股权转让价格在原来资产转让价格的基础上进行调整，25,000万元减5000万元的负债，再加2200万元的现金和债权，再减1200万元因为甲公司节税变更交易方式和债权风险给乙公司的补偿。炼钢厂全部股权的转让价格为21,000万元。

变更交易方式后，甲公司发生转让股权资产应税所得11,000万元，缴纳企业所得税2750万元，节税900万元；乙公司节税700万元。

从企业并购的实践看，股权转让方式不仅可以为目标公司节约大量的税收成本，而且还可以为目标公司消除清算程序和费用，同时对并购方也有节税的功效。节税是股权并购与资产并购相比较最大的优点，上例已经充分地说明了这一点。但是股权并购也有它的缺点，最突出的缺点就是或然负债的风险大。或然负债是指由并购前原因引起的，在并购后由目标公司承担的但未列在目标公司负债明细表中的负债。这种负债的存在本应当减少目标公司的股东权益，从而降低股权的并购价格，可是由于股权出让方或者目标公司的原因未把这类负债列在负债明细表上，从而虚估了目标公司的股东权益。对于目标公司的债权人来说，不管债是否列于股权出让方披露的目标公司负债明细表，不管目标公司的股东是否发生变更，都会要求目标公司承担责任。因此，并购方在选择并购模式时，不仅要考虑股权并购节税的优点，还要考虑股权并购或然负债风险的缺点；不仅要考虑资产并购税收负担重的缺点，还要考虑通过节税策划可以节税。

案例5.3　为节税先分立后转股案例

股权转让只发生所得税和印花税，不发生其他纳税义务，其节税功能显而易见。但是在有些情况下，比如目标公司是综合性公司，有许多种类的资产和业务，而目标公司拟出让、并购方拟购买的只是其中一项资产和业务，就可能只有采取资产并购的交易方式。但是，如果通过对目标公司进行分立，然后再采取股权并购的交易方式，就可以克服综合性目标公司给股权并购带来的障碍，实现节税的目的。

甲公司为一家综合性公司，下设五家分公司，其中一家啤酒分公司。乙公司拟对甲公司的啤酒分公司进行并购。但是由于啤酒公司为一家分公司，不能对其进行股权并购，而如果对甲公司进行股权并购，则不仅甲公司的股东无意出让股权，而且甲公司的资产和业务大部分都是乙公司不能接受的。

为了实现并购目标，又能节约税收成本，经双方反复协商拟定甲公司先行分立，然后乙公司对分立后的啤酒公司进行股权并购。经节税策划后的交易模式确定，乙公司与甲公司的股东签署附条件生效的股权转让协议，约定甲公司向乙公司转让分立后的啤酒有限责任公司的全部股权，所附条件为现存的啤酒分公司分立设立为独立核算的有限责任公司。同时对分立后啤酒公司的资产规模、员工人数、负债数额以及股权转让价格和支付方式等作出了约定。

附条件的股权转让协议签署后，甲公司按照约定进行分立，将公司一分为二，分立后的公司的股东及股东持股比例与分立前一致，啤酒公司分立后设立为啤酒有限责任公司。由于分立后各公司的股东与分立前一致，且不需要支付对价，故未发生税收负担。公司分立完成后，双方履行了生效的股权转让协议，顺利地完成了股权并购，既克服了目标公司给股权并购带来的困难，又实现了节税的目的。

通过对目标公司的股权重组使其符合并购方股权并购的要求，从而达到节税的目的，不失为并购策划的一种好方法。从企业并购的实践看，许多目标企业并不符合并购方的要求，需要通过重组才能适合并购。目标公司的重组有两种：一种是股权重组，即主体和资产同时重组，不会发生税收负担；另一种是资产重组，即资产与主体分离，一般会发生税收负担。这个案例告诉我们，为使目标公司的资产和业务适合并购方股权并购的要求，需要对目标公司重组，而从节税的角度说，股权重组比资产重组优越得多。

案例5.4　资产换资产趋低作价节约所得税案例

甲公司是一家生产啤酒的集团企业，拥有一家生产白酒的分厂，资产原值8000万元，净值5000万元，有意以8000万元的价格出售。乙公司是一家生产白酒的企业，拥有一家生产啤酒的分公司，资产原值1.2亿元，净值7000万元，有意以9000万元的价格出售。

后经中间人介绍，两家企业达成资产互换的意向。在讨论资产作价时，出现两个方案：第一个方案主张坚持充足作价，甲公司白酒分厂的全部资产作价8000万元，乙公司啤酒分厂的全部资产作价9000万元，互换后啤酒集团另外支付白酒厂1000万元差价；第二个方案则主张趋低作价，啤酒公司白酒分厂的全部资产作价6000万元，白酒公司啤酒分厂的全部资产作价7000万元，互换后啤酒集团另外支付白酒厂1000万元差价。

经过测算，第二个方案与第一个方案相比，甲公司节约所得税500万元（8000万元－6000万元＝2000万元，2000万元×25%）；乙公司节约所得税500万元（9000万元－7000万元＝2000万元，2000万元×25%）。经过节税测算，大家的观点统一了，都同意趋低作价方案。双方按照第一个方案订立了协议，并顺利完成了交易。

这个案例告诉我们，在资产换资产交易的情况下，如果双方坚持高作价，不仅对双方都没有好处，而且会加重双方的所得税负担，同时还会增加出让方的营业税和土地增值税的负担，并且会增加受让方的契税和增值税负担。所以从节税角度说，在资产换资产的情况下，应当双方等比趋低作价。当然，趋低只能在一个合理的范围内，不能超过合理的范围，否则可能会遭到税务调整，弄巧成拙。

第六章

公司合并的税负和优惠政策

本章我们讨论公司合并过程中参加合并的各公司及股东的税收成本和优惠政策。公司合并既是公司重组的重要形式，也可能成为公司并购的操作模式。投融资过程是资本的诞生过程，并购过程是资本的繁育过程，合并过程则是资本的生长过程。

■第一节 公司合并方式

法律范畴的企业合并,是指两个或两个以上公司通过一定的法律程序合并为一个公司,表现为公司规模的扩大和公司数量的减少。企业并购理论上的合并则不苛求公司数量的减少,只以消除竞争为要。比如两个企业集团以其各自持有的子公司股权出资设立一家合资公司,民事主体未减少,不是公司法意义上的公司合并,但却符合并购理论上对合并的要求,往往也被称为合并。

传统公司法理论将公司合并分为存续合并(也称吸收合并)和新设合并。存续合并是指参加合并的诸公司中一家公司存续、其他公司解散,解散公司的资产和业务并入存续公司,债权、债务由存续公司继承的合并。新设合并是指参加合并的诸公司全部解散,由解散公司的股东共同设立一家公司,解散公司的资产和业务注入新设公司,债权、债务由新设公司继承。笔者总结公司重组的实践经验,根据实操规则将公司合并分为简单合并和复杂合并。简单合并是指参加合并的各公司股东及持股比例与合并后公司的股东及持股比例完全一致的合并。包括:(1)全资母子公司之间的合并以及全资母、子、孙公司之间的合并;(2)股东和股权结构相同的兄弟公司之间的合并,即财税〔2014〕109 号所说的"受同一或相同多家居民企业100%直接控制的居民企业"之间的合并。这类公司合并的特征和规则为:(1)不是交易,没有利益冲突在其中;(2)无须对参加合并的各公司进行估值;(3)无须协商作价,不受等价交换原则的规限;(4)甚至无须订立协议(各权力机构或共同权力机构作出决议即可);(5)没有违约责任问题;(6)没有合并差价问题;(7)没有或然负债及赔偿问题;(8)只需权力机构作出决议即可;(9)可以享受资产、负债原值划转的企业所得税优惠政策。除简单合并外的公司合并均为复杂合并。复杂合并的特征和规则为:(1)复杂合并是一项交易,有利益冲突在其中;(2)必须对参加合并的各个公司进行公允估值;(3)一般要事先商定参加合并的各公司股东在合并后公司的持股比例;(4)需要遵循公允作价和等价交换的原则;(5)可能存在合并差价问题;(6)必须订立合并协议;(7)有违约责任问题;(8)有或然负债及赔偿问题(9)参加合并的各公司及股东可能需要确认所得,发生纳税义务。

公司合并是公司发展和市场竞争的要求和结果,它不仅是公司重组的一种重要方式,也可能是公司股权并购的一种操作模式。合并并购是指投资公司自己或者安排自己控制的子公司与目标公司合并,使自己成为合并后公司的控股股东或者实际控制人。

合并并购的核心问题是参加合并的各公司（股东的全部股权、公司股东权益、公司净资产）的估值作价问题，这关系到参加合并的各公司股东的切身利益。合并并购的核心问题除合并作价外还有各方对合并后公司的持股比例问题，因为它关系到是谁并购谁的问题。在实务中绝大多数合并并购需要事先商定合并后公司的股权分配问题，当商定的股份比例与各方的投入不匹配时，可以用支付合并差价的方法调整。合并并购作为企业股权并购中的一种高级操作模式，特别适用于处于同一市场的具有竞争关系的企业之间的并购。在合并并购的情况下，投资公司或者投资公司控制的公司与目标公司合并，变两个或数个公司为一个公司。合并的结果不仅消灭了竞争，使销售费用大幅降低，也使销售价格提高，而且使投资公司在合并后的公司中享有多数投票权和决策权，从而实质控制了合并后的公司。

公司合并涉及增值税、附加税、土地增值税、契税、印花税和所得税。

■第二节　公司合并的增值税和优惠政策

根据增值税暂行条例及有关文件的规定，增值税是对在中国境内销售不动产、货物、无形资产或者加工、修理修配劳务、销售服务以及进口货物的单位和个人征收的一种流转税。公司在合并中涉及的增值税包括两个方面的内容：第一，被合并公司将土地使用权、房屋建筑物、机器设备、存货资产等转移到存续公司或者新设公司，是否视同销售征收增值税；第二，如果被合并公司有未抵扣完的增值税进项税额，在公司合并后存续公司或者新设公司能否延续抵扣。这两个问题涉及合并各方的经济利益，是公司策划合并过程中必须考虑的问题。下面我们分别对这两个问题进行讨论。

一、公司合并不征收增值税

关于在公司合并中对解散公司向存续或者新设公司移交资产是否应当征收增值税问题。笔者认为不应当征收，理由如下：第一，根据增值税暂行条例及有关文件的规定，对销售货物或者加工、修理修配劳务、销售服务、无形资产、不动产以及进口货物的行为征收增值税，而在公司合并过程中，解散公司将资产转移到存续公司或者新设公司的行为，并不是纯粹的销售资产的行为。在这里解散公司不是销售方，存续公司或者新设的公司也不是购买方，所以不能适用增值税暂行条例对被合并公司视同销售征收增值税。第二，在《增值税暂行条例》第4条规定的八种视同销售货物的行为中，不包括公司合并过程中解散公司向存续公司或者新设公司转移资产的行为，其他有关增值税的法规文件也未提到要对公司合并中解散公司将资产转移到存续公司或者新设公司的行为征收增值税，所以不能视解散公司向存续公司或者新设公司转移资产的行为为销售行为，不能向解散公司征收增值税。第三，如果向公司合并中的解散公司征收增值税，解散公司就得按照移交资产的类别适用规定的税率为存续或者新设公司开具增值税发票，存续公司或者新设公司就可以将其增值税作为进项税抵扣，结果并不存在任何实际意义。第四，即使不对解散公司征税，存续公司或者新设公司在销售这些货物类资产时仍应当开具增值税发票，依法缴纳增值税，增值税链条并不被破坏。

国税 2011 年 13 号公告明确规定："纳税人在资产重组过程中，通过合并、分立、出售、置换等方式，将全部或者部分实物资产以及与其相关联的债权、负债和劳动力一并转让给其他单位和个人，不属于增值税的征税范围，其中涉及的货物转让，不征收增值税。"2016 年"营改增"之后，财税〔2016〕36 号通知附件 2《营业税改征增值税试点有关事项的规定》明确规定"在资产重组过程中，通过合并、分立、出售、置换等方式，将全部或者部分实物资产以及与其相关联的债权、负债和劳动力一并转让给其他单位和个人，其中涉及的不动产、土地使用权转让行为"不征收增值税。

企业合并解散公司不仅要将全部资产移交给存续或者新设公司，而且要将债权债务移交给存续或者新设公司，劳动力也要由存续或者新设公司安置，完全符合上述不征收增值税的条件。据此，在企业合并中对解散公司将资产移交给存续或者新设公司的行为，不征收增值税。需要提请注意的是，在企业合并项目中虽然对解散公司向存续或者新设公司移交资产不征收增值税，但解散公司需要为存续或者新设公司开具零税率的增值税专用发票，以便存续或者新设公司对接受的资产进行会计确认。

顺便说一句，如果对解散公司将资产移交给存续或者新设公司不征收增值税，解散公司也就不会发生附加税的纳税义务，如果解散公司的增值税进项税余额允许结转给合并后的公司继续抵扣，合并后公司的附加税纳税义务也会减少。

二、解散公司未抵扣的进项税结转抵扣

在企业合并项目中可能遇到这样的情况，解散公司应交税金——增值税科目的余额为借方，即解散公司有尚未抵扣的增值税进项税。那么，对这些解散公司尚未抵扣的增值税进项能否结转给存续或者新设公司抵扣呢？笔者的答案是可以结转抵扣，理由如下：第一，对在企业合并项目中解散的公司来说，其尚未抵扣的进项税额是该公司的债权类资产，而根据公司合并的有关法规，解散公司的资产、债权、债务都要归结到存续公司或者新设公司。第二，从公司法和税法角度说，合并后的公司的经营活动是合并前各公司经营活动的延续，不仅民事权利和义务为法定承继，而且行政义务包括纳税责任也为法定承继。故此，解散公司尚未抵扣完的增值

税进项税额可以结转到合并后的公司中继续抵扣。第三,允许解散公司尚未抵扣完的进项税额在存续公司或者新设公司中延续抵扣,并不打破增值税的征税链条,反而正好维持了增值税的征税链条。因为合并后的公司要继续使用或者加工从解散公司接收的资产,并销售使用这些资产生产出的产品,发生销项税额,只有抵扣后才为合并后的存续公司或者新设公司应当缴纳的增值税额。这恰好维持了增值税的征税链条,保证了国家的税源。第四,如果不允许解散公司的进项税余额结转到存续或者新设公司抵扣,解散公司可以采取将资产销售给合并后存续公司或新设公司的方法,取得销项税额后对进项税额进行抵扣,而存续公司或者新设公司又可以凭购买该等资产的增值税专用发票进行进项税抵扣,从而不致使进项税余额资产浪费。

第三节　公司合并的土地增值税和优惠政策

在公司合并过程中,解散公司会将自己拥有土地使用权和房屋建筑物移交给存续公司或者新设公司,不仅涉及增值税,同时也涉及土地增值税。

根据《土地增值税暂行条例》第2条的规定,转让国有土地使用权、地上建筑物及其附着物并取得收入的单位和个人,为土地增值税的纳税义务人。《土地增值税暂行条例实施细则》对这一规定作出进一步解释,明确该条例第2条所称的转让国有土地使用权、地上建筑物及其附着物并取得收入,是指以出售或者其他方式有偿转让房地产的行为,不包括以继承、赠与方式无偿转让房地产的行为。在公司合并过程中,解散公司是否需要缴纳土地增值税,关键就看解散公司将房地产移交给存续公司或者新设公司的行为是否符合土地增值税暂行条例的规定。

虽然在企业所得税法的范畴内除同一控制下的公司合并外,解散公司将资产移交给存续公司或者新设公司应当视同转让资产,应当按照资产转让规则确认损益,但是并不能据此就认定解散公司向存续公司或新设公司转移资产的行为就是转让资产的行为;虽然在合并过程中,被合并公司的资产移交给存续公司或者新设公司后,其股东也据此获得了存续公司或者新设公司的相应股权,但是也不能就据此认定解散公司取得了转让资产的收入。因此,在公司合并过程中,解散公司的行为不符合土地增值税暂行条例关于土地增值税纳税义务人的规定,应当不负有缴纳土地增值税的义务。

财税字〔1995〕48号第3条明确规定,“在企业兼并中,对被兼并企业将房地产转让到兼并企业中的,暂免征收土地增值税”。虽然该通知没有对“兼并”一词给出明确的定义，但笔者认为应当包括企业合并在内。①

财税〔2015〕5 号第 2 条规定，“按照法律规定或者合同约定，两个或两个以上企业合并为一个企业，且原企业投资主体存续的，对原企业将国有土地、房屋权属转移、变更到合并后的企业，暂不征土地增值税”。该通知的有效期至 2017 年 12 月 31 日。

财税〔2018〕57 号第 2 条规定，“按照法律规定或者合同约定，两个或两个以上企业合并为一个企业，且原企业投资主体存续的，对原企业将房地产转移、变更到合并后的企业，暂不征土地增值税”。第 7 条规定，“企业在申请享受上述土地增值税优惠政策时，应向主管税务机关提交房地产转移双方营业执照、改制重组协议或等效文件，相关房地产权属和价值证明、转让方改制重组前取得土地使用权所支付地价款的凭据（复印件）等书面材料”。第 8 条规定，“本通知所称不改变原企业投资主体、投资主体相同，是指企业改制重组前后出资人不发生变动，出资人的出资比例可以发生变动；投资主体存续，是指原企业出资人必须存在于改制重组后的企业，出资人的出资比例可以发生变动”。第 9 条规定，“本通知执行期限为 2018 年 1 月 1 日至 2020 年 12 月 31 日”。

根据现行有效的财税〔2018〕57 号，只要参加合并的各公司的股东不在公司合并中退出公司，也就是说只要参加合并的各公司的股东都成为合并后存续或者新设公司的股东，公司合并就可以享受土地增值税的优惠政策，并且笔者预计在 2021 年上半年还会有相同内容的土地增值税优惠政策出台。

第四节　公司合并的契税和优惠政策

公司合并解散公司需要将资产和债权债务转移至存续公司或者新设公司的名下，转移资产如果包含有土地使用权和不动产就会涉及契税问题。根据契税暂行条例的规定，在中华人民共和国境内转移土地、房屋权属，承受的单位和个人为契税的纳税人，应当依法缴纳契税。请注意契税暂行条例使用的是“转移”而非同营业税暂行条例使用的“转让”和“销售”。单就字面而言转移的外延大于转让和销售的外延，不仅包括转让和销售一类的等价交换，还应当包括非等价交换的权属转移。但是，根据《契税暂行条例》第 2 条的规定，转移土地、房屋权属仅包括：（1）国有土地使用权出让；（2）土地使用权转让，包括出售、赠与和交换；（3）房屋买卖；

① 该条已废止。

(4)房屋赠与；(5)房屋交换。根据《契税暂行条例细则》第8条的规定，(1)以土地、房屋权属作价投资、入股；(2)以土地、房屋权属抵债；(3)以获奖方式承受土地、房屋权属；(4)以预购方式或者预付集资建房款方式承受土地、房屋权属均视同土地使用权转让、房屋买卖或者房屋赠与征收契税。

即使有上述规定，如果要对合并过程中接受土地使用权和房屋权属的存续公司或者新设公司征收契税，恐怕也很难说于法有据，因为：第一，《契税暂行条例》和《契税暂行条例细则》并没有明确规定对合并过程中接受土地使用权和房屋权属的存续公司或者新设公司征收契税，而根据“法无明令、民无义务”的原则，就不能对合并过程中接受土地使用权和房屋权属的存续公司或者新设公司征收契税。第二，在合并过程中存续公司或者新设公司并没有“受让”“受赠”解散公司的土地使用权和房屋权属，而是参加合并的各公司的资产、资产的所有权人(公司)、权益人(股东)合并为一体。第三，2002年国家税务总局下发的关于保险公司分业经营改革中不动产转移过户有关税收政策的通知，也有助于我们正确认识这个问题。该文认为保险公司在分业经营改制中，资产在分立后的各公司之间的转移(产权过户)并未发生所有权的转让，不对接受土地使用权和房屋权属的新设公司征收营业税和契税。

2001年财政部、国家税务总局下发《关于公司改革中有关契税政策的通知》(以下简称财税〔2001〕161号)，该通知明确，公司合并中新设公司或者存续公司承受被解散公司土地、房屋权属，如合并前各公司为相同投资主体的，则不征契税，其余征收契税。2003年财政部、国家税务总局又下发《关于公司改制重组若干契税政策的通知》(以下简称财税〔2003〕184号)，对财税〔2001〕161号的某些内容作出了修改，明确在公司合并过程中，存续公司或者新设公司接受合并公司的土地、房屋权属，免征契税。该文规定其执行期限至2005年12月31日止，而财政部、国家税务总局《关于延长企业改制重组若干契税政策执行期限的通知》(以下简称财税〔2006〕41号)和国家税务总局《关于企业改制重组契税政策有关问题解释的通知》(以下简称国税函〔2006〕844号)，又将财税〔2003〕184号的执行期限延长至2008年12月31日。2008年财政部、国家税务总局再次下发《关于企业改制重组若干契税政策的通知》(以下简称财税〔2008〕175号)，再次将财税〔2003〕184号关于公司合并过程中存续公司或者新设公司接受被合并公司的土地使用权和房屋权属免征契税的规定，延续至2011年12月31日。

2012年财政部、国家税务总局再次发出《关于企业事业单位改制重组契税政策的通知》(以下简称财税〔2012〕4号)，该通知再次明确，“两个或两个以上的公司，依据法律规定、合同约定，合并为一个公司，且原投资主体存续的，对其合并后的公司承受原合并各方的土地、房屋权属，免征契税”。“本通知执行期限为2012年1月1日至2014年12月31日。《财政部　国家税务总局关于企业改制重组若干契税政策的通知》(财税〔2008〕175号)、《财政部　国家税务总局关于事业单位改制有关契税政策的通知》(财税〔2010〕22号)以及《国家税务总局关于企业改制重组契税政策若干执行问题的通知》(国税发〔2009〕89号)同时废止”。

据上,在公司合并过程中对接受解散公司的土地使用权和房屋权属的存续公司或者新设公司可以享受免征契税的优惠。

2015年4月10日,财政部、国家税务总局下发财税〔2015〕37号,该文第3条规定“两个或两个以上的公司,依照法律规定、合同约定,合并为一个公司,且原投资主体存续的,对合并后公司承受原合并各方土地、房屋权属,免征契税”。该通知的执行期限是从2015年1月1日到2017年12月31日。

财税〔2018〕17号第3条规定,“两个或两个以上的公司,依照法律规定、合同约定,合并为一个公司,且原投资主体存续的,对合并后公司承受原合并各方土地、房屋权属,免征契税”。第10条规定,“本通知所称企业、公司,是指依照我国有关法律法规设立并在中国境内注册的企业、公司。本通知所称投资主体存续,是指原企业、事业单位的出资人必须存在于改制重组后的企业,出资人的出资比例可以发生变动;投资主体相同,是指公司分立前后出资人不发生变动,出资人的出资比例可以发生变动。本通知自2018年1月1日起至2020年12月31日执行”。

据上,只要是公司合并,只是参加合并的各公司的股东存续于合并之后的公司,对解散公司将土地使用权、房屋建筑物等移交给存续公司或者新设公司不征收契税,而且笔者预计在2021年上半年还会出台相关税收优惠政策。

■第五节　公司合并的所得税和优惠政策

以上我们讨论的是公司合并涉及的所得税以外的税种和优惠政策,本节我们讨论公司合并的企业所得税。公司合并企业所得税的处理分为两种规则和三种情形。“两种规则”即企业所得税一般性处理规则和企业所得税特殊性处理规则。一般性处理规则就是在公司合并项目中解散公司将资产移交给存续公司或者新设公司,要按照移交资产的公允价值确认损益,存续公司或者新设公司要按照公允价值对接受资产进行初始计税成本确认。特殊性处理规则就是在公司合并项目中解散公司不需要按照公允价值对移交给存续公司或者新设公司的资产进行损益确认,存续公司或者新设公司只是按照资产在解散公司财务账面的净值对接受资产进行会计确认。一般性税务处理是通则,是基准,特殊性处理是优惠政策。“三种情形”包括:第一种是完全一般性处理;第二种是大部分特殊性处理、小部分一般性处理;

第三种是完全特殊性处理。

本节我们分别讨论公司合并企业所得税处理的上述两种规则和三种情形。

一、公司合并企业所得税一般性处理

财税〔2009〕59号规定,“合并,是指一家或多家企业(以下称为被合并企业)将其全部资产和负债转让给另一家现存或新设企业(以下称为合并企业),被合并企业股东换取合并企业的股权或非股权支付,实现两个或两个以上企业的依法合并”。企业合并的所得税处理区分不同条件分别适用一般性税务处理规定和特殊性税务处理。企业合并凡不符合本通知规定的适用特殊性税务处理条件的,一律适用一般性所得税处理。企业合并企业所得税的一般性处理规则为:(1)存续公司或者新设公司应按公允价值确定接受解散公司各项资产和负债的计税基础;(2)解散公司及其股东都应按清算进行所得税处理;(3)解散公司的亏损不得在存续公司或者新设公司结转弥补。

由上可见,在适用一般性税务处理的企业合并项目中,解散公司向存续公司或者新设公司转移资产和负债,以及解散公司股东对合并后的存续公司或者新设公司股权的取得,被视为解散公司向存续公司或者新设公司按照公允价值转让资产和负债,存续公司或者新设公司用股权或其他财产向解散公司及股东履行支付义务的。由此,在这种规则下的公司合并项目中,存续公司或者新设公司要按公允价值确定其从解散公司取得的资产和负债的计税成本,解散公司及股东要按照公允价值确认其从合并后的存续公司或者新设公司取得的股权,从而解散公司要按照转让规则确认转让资产和负债的损益。比如,甲公司吸收合并乙公司。合并基准日,甲公司的全部资产账面净值8000万元,负债总额4000万元,注册资本2000万元,其他股东权益2000万元;乙公司全部资产的账面净值5000万元,负债总额3000万元,注册资本1000万元,其他股东权益1000万元。在评估的基础上经协商双方就如下问题达成一致,并签订合并协议:(1)甲公司资产估值10,000万元,负债估值4000万元,企业估值6000万元;(2)乙公司资产估值6000万元,负债估值3000万元,企业估值3000万元;(3)甲公司存续,乙公司解散;(4)甲公司向乙公司股东支付货币1000万元;(5)采取所得税一般性处理。如此,在合并完成后乙公司的所得事项及双方的会计分录如下:

甲公司　　借:各类资产合计　6000万元;

　　　　　　贷:应付款合计　3000万元;

　　　　　　　银行存款　1000万元;

　　　　　　　实收资本　666.6667万元;

　　　　　　　资本公积　1333.3333万元。

这个会计分录表明,甲公司以6000万元的公允价值受让取得了乙公司的全部资产,以3000万元的公允价值受让取得了乙公司的全部负债,并以1000万元的银行存款和合并后公司25%的股权[2000÷(2000+6000)]向乙公司及股东支付了对价。

乙公司　　借:长期股权投资(甲公司给乙公司股东)　2000万元;

　　　　　　　银行存款　1000万元;

　　　　　　　各类负债合计　3000万元;

　　　　　　　贷:各类资产合计　5000万元;

　　　　　　　　重组收益　1000万元。

这个会计分录表明,在合并项目中乙公司出让了全部资产和负债,取得了1000万元的收益,获得了合并后甲公司的25%的股权。注意,虽然在合并项目中乙公司将被解散,但是并不等于乙公司不需要对合并交易进行核算,不需要确认合并交易的损益。乙公司应当确认清算期间的损益,计缴清算期间的企业所得税,对此我们将在本章后面专门进行讨论。

从上述分析可见,适用一般性税务处理规则的公司合并,其所得税事项实际上是按照解散公司将资产和负债以公允价格转让给存续公司或者新设公司处理的。因此,对于适用一般性税务处理的企业合并仅就所得税事项而言,合并与资产转让的区别并不大,在所得税上也不再具有节税的意义,所不同的只是合并是民事主体的合而为一,资产转让则不减少民事主体。上述分析告诉我们,在适用一般性所得税处理的情况下,如果解散公司资产的作价额高于其会计账簿上登记的计税成本,解散公司就会发生应税所得,就可能发生企业所得税的纳税义务。当然,这并不是说企业合并适用所得税一般性处理规则,就不再有节税的意义,换句话说,企业合并即使适用所得税的一般性处理规则,也不影响享受前边讨论过的增值税、土地增值税和契税三大优惠政策。

另外,企业合并适用所得税一般性处理的,解散公司要将合并单独作为一个会计期间核算损益,从存续公司获得的股权和非股权利益都将确认为公司清算期间的收入,缴纳清算期间的企业所得税后存续公司或者新设公司的股权及其他税收利益将作为公司清算剩余财产分配给股东。然后股东再根据清算所得与股东的投资成本确认损益。对此我们将在本书解散清算一章中专门进行讨论,在此只是顺便说一句而已。

二、公司合并所得税特殊处理

根据财税〔2009〕59号的规定,企业合并具备条件的可以选择适用企业所得税的特殊性处理,不具备条件的或者具备条件未选择的一律适用所得税一般性处理规则。企业合并所得税特殊性处理的规则为:(1)存续公司或者新设公司接受解散公司资产和负债的计税基础,以解散公司的原有计税基础确定;(2)解散公司合并前的相关所得税事项由存续公司或者新设公司承继;(3)可由存续公司或者新设公司弥补的解散公司亏损的限额=解散公司净资产公允价值×截至合并业务发生当年年末国家发行的最长期限的国债利率;(4)解散公司股东取得存续公司或者新设公司股权的计税基础,以其原持有的解散公司股权的计税基础确定。

据上,在适用特殊性税务处理的公司合并项目中,存续公司或者新设公司取得解散公司资产和负债的计税基础,不再按照公允价值进行确定,而是按照这些资产和负债在解散公司的原有计税基础确定。也就是说,企业合并项目如果选择适用所得税的特殊性处理规则,在会计处理上解散公司可以将资产和负债"原值划转"给存续公司或者新设公司,从而将所得递延。比如,甲公司吸收合并乙公司。合并基准日,甲公司的全部资产账面净值8000万元,负债总额4000万元,注册资本2000万元,其他股东权益2000万元;乙公司全部资产的账面净值5000万元,负债总额3000万元,注册资本1000万元,其他股东权益1000万元。在评估的基础上经协商双方就如下问题达成一致,并签订合并协议:(1)甲公司资产估值10,000万元,负债估值4000万元,企业估值6000万元;(2)乙公司资产估值6000万元,负债估值3000万元,企业估值3000万元;(3)甲公司存续,乙公司解散;(4)采取所得税特殊性处理(与一般性处理的例子只有两点区别:解散公司不再要求1000万元现金;双方同意采取所得税特殊性处理)。如此,在合并完成后乙公司的所得事项及双方的会计分录如下:

甲公司　　借:各类资产合计　5000万元;

　　　　　　贷:应付款合计　3000万元;

　　　　　　　　实收资本　1000万元;

　　　　　　　　资本公积　1000万元。

这个会计分录表明,甲公司按照资产和负债的原计税基础"原值划转"取得了乙公司的全部资产和全部负债,并以合并后甲公司33.33%的股权[3000÷(3000+6000)]向乙公司及股东支付了对价。

乙公司　　借:长期股权投资(甲公司给乙公司股东)　2000万元;

　　　　　　各类负债合计　3000万元;

　　　　　　贷:各类资产合计　5000万元。

这个会计分录表明,在合并项目中乙公司将自己的全部资产和负债"原值划转"给了甲公司,没有取得任何收益,获得了合并后甲公司的33.33%的股权。注意,虽然在合并项目中乙公司将被解散,但是乙公司仍应当确认清算期间的损益,计缴清算期间的企业所得税,对此我们将在本章后面专门进行讨论。

这里仍然有一点需要再次提醒读者,企业合并项目所得税的特殊性处理只是一种会计处理方法,它并不能妨碍也不能突破合并交易双方公允作价等价交换的规则,也就是说,即使选择适用所得税的特殊性处理合并交易的各方仍然要为自己的利益讨价还价，坚持公允作价等价交换的原则，“原值划转”只是在交易完成时交易双方适用税收优惠政策允许的一种会计确认方法，所以是打引号的。由前面的例子可见，在所得税特殊性处理的情况下，虽然乙公司表面上取得2000万元的合并后甲公司的股权，实际上乙公司取得的股权的市场价值为3000万元。

还有一种情形的所得税特殊性处理，是真正的原值划转，这就是本章第一节提到的简单合并。简单合并是指全资母子公司之间的合并和全资兄弟公司之间的合并。这种公司合并参加合并的各公司之间没有利益冲突，也不存在参加合并的各公司股东之间的冲突，所以没有公允作价等价交换的要求，资产和负债可以实现真正的原值划转。根据《企业重组业务企业所得税管理办法》第21条的规定，“《通知》第六条第（四）项规定的同一控制，是指参与合并的企业在合并前后均受同一方或相同的多方最终控制，且该控制并非暂时性的。能够对参与合并的企业在合并前后均实施最终控制权的相同多方，是指根据合同或协议的约定，对参与合并企业的财务和经营政策拥有决定控制权的投资者群体。在企业合并前，参与合并各方受最终控制方的控制在12个月以上，企业合并后所形成的主体在最终控制方的控制时间也应达到连续12个月”。比如，甲公司是乙公司的全资母公司，甲公司的股东会作出决议，由甲公司吸收合并乙公司。对此种合并客观上没有对甲公司和乙公司评估估值的需要，当然从公司内部管理角度进行审计评估则另当别论。合并基准日乙公司全部资产的账面净值8000万元，负债总额5000万元，实收资本1000万元，盈余公积和未分配利润2000万元。采取所得税特殊性处理规则，合并完成后双方的所得税事项和会计分录如下：

甲公司　　借：各类资产合计　8000万元；

　　　　　　　贷：应付账款合计　5000万元；

　　　　　　　　　盈余公积未分配利润　2000万元；

　　　　　　　　　长期股权投资　1000万元。

这个会计分录表示，甲公司作为乙公司的全资母公司以合并方式按照原值划转的价格取得了乙公司的全部资产和负债，收回了对乙公司的长期股权投资1000万元。

乙公司　　借：应付账款合计　5000万元；

　　　　　　　盈余公积未分配利润　2000万元；

　　　　　　　实收资本　1000万元；

　　　　　　　贷：各类资产合计　8000万元。

这个会计分录表示，乙公司将自己的全部资产和全部负债以合并的方式按照原值划转的价格移交给了甲公司，没有产生任何收益。

再如，甲公司有两个全资子公司A公司和B公司，甲公司股东会通过决议将A公司和B公司合并，A公司存续，B公司解散。合并基准日B公司会计账面各类资产净值合计5000万元，负债总额3000万元，实收资本1000万元，未分配利润1000万元。适用所得税特殊性处理规则，合并完成后双方的所得税事项和会计分录如下：

A公司　　借：各类资产合计　5000万元；
　　　　　　贷：各种应付账款合计　3000万元；
　　　　　　　　未分配利润　1000万元；
　　　　　　　　实收资本　1000万元。

这个会计分录表明，A公司以合并的方式按照原值划转的价格取得了B公司的全部资产和负债，公司增加实收资本1000万元。

B公司　　借：各种应付账款合计　3000万元；
　　　　　　未分配利润　1000万元；
　　　　　　实收资本　1000万元；
　　　　　　贷：各类资产合计　5000万元。

这个会计分录表明，B公司通过合并以原值划转的价格将自己的全部资产和负债移交给了A公司，没有因合并产生损益。

必须明确的是，无论是解散公司只取得存续公司或者新设公司的股权支付的公司合并项目，还是不需要支付对价的简单合并项目，是否选择适用企业所得税的特殊性处理，都由交易各方协商确定，也就是说即使是这类合并项目，可以选择适用所得税的特殊性处理，也可以不选择，是否选择由当事人确定。但是不管选择还是不选择，参加合并的各方必须采取一致的所得税处理规则。

三、公司合并所得税特殊处理的适用

根据财税〔2009〕59号的规定，企业合并所得税的方法分为两种：一种为一般性税务处理；另一种为特殊性税务处理。一般性所得税处理是基准，是规则，只要不具备特殊性处理的条件，或者不选择特殊性所得税处理方法的公司合并项目，必须适用一般性所得税处理方法，即解散公司按照资产和负债的公允价值确认合并的损益，存续公司或者新设公司按照公允价值对接受的资产和负债进行计税成本的确认。公司合并项目选择适用企业所得税的特殊性处理，可以递延被合并公司及股东的纳税义务，是一项资本项目企业所得税的优惠政策。但是公司合并项目要想选择适用这项所得税优惠政策必须具备一定的条件，不具备条件的不可以选择，这些条件包括：

1. 具有合理的商业目的，且不以减少、免除或者推迟缴纳税款为主要目的。根据国税2015年48号公告第5条的规定，企业重组业务适用特殊性税务处理的，申报时，应从以下方面逐条说明企业重组具有合理的商业目的：(1)重组交易的方式；(2)重组交易的实质结果；(3)重组各方涉及的税务状况变化；(4)重组各方涉及的财务状况变化;(5)非居民企业参与重组活动的情况。

2. 解散企业的股东在该企业合并发生时取得的股权支付金额不低于其交易支付总额的85%,以及同一控制下且不需要支付对价的企业合并。这个条件可以分为两种情形:第一种情形是我们前面提到的复杂合并,即参加合并的各公司股东及持股比例不同的合并。要求在这种合并中解散公司的股东取得的存续公司或者新设公司的股权价值“不低于交易支付总额的85%”,而交易支付总额即解散公司资产的作价总额减负债作价总额。第二种情形就是我们前边提到的简单合并,包括全资母子公司之间的合并和全资兄弟公司之间的合并,这种企业合并不需要支付对价。

3. 对简单合并适用所科税特殊性处理的,根据《企业重组业务企业所得税管理办法》第21条的规定,“《通知》第六条第(四)项规定的同一控制,是指参与合并的企业在合并前后均受同一方或相同的多方最终控制,且该控制并非暂时性的。能够对参与合并的企业在合并前后均实施最终控制权的相同多方,是指根据合同或协议的约定,对参与合并企业的财务和经营政策拥有决定控制权的投资者群体。在企业合并前,参与合并各方受最终控制方的控制在12个月以上,企业合并后所形成的主体在最终控制方的控制时间也应达到连续12个月”。

4. 公司合并后的连续12个月内不改变参加合并的各公司资产原来的实质性经营活动。如果要选择适用合并所得税的特殊性处理,合并后12个月之内不能改变参加合并的各公司资产原来的经营范围,也就是说,存续公司或者新设公司的经营范围应当涵盖解散公司的经营范围。参加合并的各公司应在完成合并业务后的下一年度的企业所得税年度申报时,向主管税务机关提交书面情况说明,以证明企业在合并后的连续12个月内,有关符合特殊性税务处理的条件未发生改变。

5. 公司合并中持有解散公司20%股权的股东,在合并后连续12个月内,不得转让所取得的股权。

6. 参加合并的各公司必须是居民企业,非居民企业、不适用企业所得税的企业不能适用这项税收优惠政策。

7. 在选择适用企业所得税特殊处理的情况下,允许有不超过总支付金额15%的非股权支付方式,但是对非股权支付部分解散公司必须按照公允价值确认转让资产和负债的损益,存续公司或者新设公司按照公允价值确认这部分资产和负债的计税成本。

8. 公司合并选择适用所得税的特殊性处理,会把解散公司的纳税义务转让到存续公司或者新设公司,对存续公司或者新设公司不利。

9. 如果解散公司有有效亏损存在,不宜选择所得税的特殊性处理,可以通过公允作价产生收益弥补亏损,从而提高存续公司或者新设公司资产的计税成本,降低合并后公司的税收负担。

10. 一般情况下,存续合并比新设合并的节税效果。

11. 选择适用所得税特殊性处理的,根据《企业重组业务企业所得税管理办法》第26条的规定,"《通知》第六条第(四)项所规定的可由合并企业弥补的被合并企业亏损的限额,是指按《税法》规定的剩余结转年限内,每年可由合并企业弥补的被合并企业亏损的限额"。

12. 无论是适用所得税的一般处理,还是适用所得税的特殊性处理,都需要对解散及其股东按照公司清算进行会计处理。

13. 根据国税2015年48号公告第1条的规定,公司合并项目选择所得税特殊性处理的,参加合并的各公司的股东可以是自然人,但自然人应按个人所得税法的相关规定进行税务处理。

14.《企业重组业务企业所得税管理办法》和国税2015年48号公告对公司合并选择适用所得税特殊性处理条件和程序性要求有明确的规定,实务者应当详读之。

四、非股权支付部分应当确认损益

前面已经提到公司合并项目选择适用所得税特殊性处理的,最多允许有不超过总支付金额15%的非股权支付方式。但是根据财税〔2009〕59号第6条第6项的规定,选择特殊性所得税处理的企业合并项目的交易各方对交易中股权支付部分暂不确认有关资产的转让所得或损失的,其非股权支付部分仍应在交易当期确认相应的资产转让所得或损失,并调整相应资产的计税基础。这就是说,在企业合并项目中即使选择所得税特殊性处理,对非股权支付部分解散公司必须按照公允价值确认转让资产和负债的损益,存续公司或者新设公司按照公允价值确认这部分资产和负债的计税成本。现在我们就来进一步讨论这个问题。第一,何为总支付金额?在企业合并项目的会计处理上,无论采取什么处理方法,解散公司将资产和负债移交给存续公司或者新设公司,存续公司或者新设公司都要借资产贷负债,借贷两者之间的差额只能全部贷股东权益或者部分贷股东权益部分贷货币或者其他资产,以便达成借贷必平衡。否则就不是公司合并,而是资产买卖。在公司合并项目中存续公司或者新设公司接受资产的价值大于接受负债的价值的差额,就是存续公司或者新设公司的"总支付金额"。第二,在企业合并项目中,所谓股权支付方式就是指前述存续公司或者新设公司接受资产的总价值和接受的负债总价值之间的差额,存续公司或者新设公司如果是用股权支付的,会计处理为贷股东权益,并达成借贷平衡的,说明解散公司与存续公司或者新设公司之间进行的是纯粹的合并交易,解散公司没有从存续公司或者新设公司得到合并以外的任何利益(所以对这部分给予税收优惠)。所谓非股权支付方式,就是指存续公司或者新设公司对接受的资产总价值和接受的负债总价值之间的差额,不是用股权支付的,是用股权以外的资产支付的，在会计处理上不是通过贷股东权益达成借贷平衡的，而是通过贷银行存款或者其他资产达成借贷平衡的。说明解散公司与存续公司或者新设公司之间进行的不完全是合并交易，解散公司从存续公司或者新设公司得到了合并以外的利益（所以对这部分不能享受税收优惠政策，只能视同转让征税）。

比如，甲公司资产总额 8000 万元，负债总额 5000 万元，实收资本 1000 万元，未分配利润 2000 万元；乙公司资产总额 5000 万元，负债总额 3000 万元，实收资本 1000 万元，未分配利润 1000 万元。双方经多次协商达成合并条款如下：

甲公司资产估值 10,000 万元，负债估值 5000 万元，企业估值 5000 万元；乙公司资产估值 7000 万元，负债估值 3000 万元，企业估值 4000 万元；甲公司存续，乙公司解散；合并后公司支付乙公司现金 400 万元，其余 3600 万元持有合并后公司 42% 的股权（3600 万元 ÷ 8600 万元）；适用所得税特殊性处理。合并完成后乙公司的所得税事项及双方的会计分录如下：

（1）股权支付部分（3600 万元）所得税特殊性处理。

甲公司　　借：各类资产合计　4500 万元；
　　　　　　　贷：各类应付款合计　2700 万元；
　　　　　　　　　实收资本　724.1379 万元；
　　　　　　　　　资本公积　1075.8621 万元。

乙公司　　借：各类应付款合计　2700 万元；
　　　　　　　长期股权投资　1800 万元；
　　　　　　　贷：各类资产合计　4500 万元。

以上会计分录表明，甲公司对乙公司 4000 万元的总支付金额中 90%（3600 万元 ÷ 4000 万元）是用股权支付的，采取所得税特殊性处理，故乙公司原账面净值 5000 万元的资产中有 90% 即 4500 万元，会计处理为原值划转。

（2）非股权支付部分（400 万元）所得税一般性处理。

甲公司　　借：各类资产合计　700 万元；
　　　　　　　贷：各类应付款合计　300 万元；
　　　　　　　　　银行存款　400 万元。

乙公司　　借：银行存款　400 万元；
　　　　　　　各类应付款合计　300 万元；
　　　　　　　贷：各类资产合计　500 万元；
　　　　　　　　　重组收益　200 万元。

以上会计分录表明，乙公司将占总支付价款 10% 的部分（10% 的资产和 10% 的负债）以非企业合并的方式转让给了甲公司，并且乙公司获得 200 万元的收益。

对非股权支付部分损益的验证：财税〔2009〕59 号第 6 条第 6 项给出了非股权支付部分损益的验证公式，“非股权支付对应的资产转让所得或损失 =（被转让资产的公允价值－被转让资产的计税基础）×（非股权支付金额÷被转让资产的公允价值）”。代入上例200万元＝（7000万元－5000万元）×（700万元÷7000万元）。

合并上述（1）股权支付部分和（2）非股权支付部分，甲、乙两公司的所得各自会计分录如下：

甲公司　　借：各类资产合计　5200万元；
　　　　　　贷：各类应付款合计　3000万元；
　　　　　　　　实收资本　724.1379万元；
　　　　　　　　资本公积　1075.8621万元；
　　　　　　　　银行存款　400万元。

乙公司　　借：各种应付款合计　3000万元；
　　　　　　长期股权投资（分配给股东）　1800万元；
　　　　　　银行存款　400万元；
　　　　　　贷：各类资产合计　5000万元；
　　　　　　　　重组收益　200万元。

关于公司合并选择适用所得税特殊性处理时，对非股权支付部分的损益确认问题，我们就讨论这么多。关于公司合并项目中解散公司对非股权支付部分损益核算及股东的损益核算问题，我们留待本书后面在解散清算一章中专门讨论，不过我们先强调一点，公司因合并而解散的解散期间应作为一个会计期间核算损益，解散公司从存续公司或者新设公司获得的股权和非股权支付部分将作为公司的清算财产在完税后分配给股东，股东将按照分得的清算剩余财产和投资成本核算损益。

五、两种公司合并和三种所得税情形

根据本章前边的讨论，我们可以将公司合并的交易规则归纳为两种：第一种是简单交易，规则是没有利益冲突，无须公允作价和等价交换，无须确认损益；第二种是复杂交易，规则是有利益冲突，需要公允作价和等价交换，实际有损益。我们可以将公司合并企业所得税的会计处理方法归纳为三种：第一种是完全特殊性处理，执行原值划转的会计处理方法，条件为简单合并和没有非股权支付方式的复杂合并；第二种是大部分特殊性处理，执行原值划转的会计处理方法，少部分一般性处理，执行公允作价等价交换确认损益的会计处理方法，条件为复杂合并中有非股权支付方式，但非股权支付方式小于总支付金额的15%；第三种是完全一般性处理，执行公允作价等价交换需认损益的会计处理方法，条件为复杂合并中非股权支付方式大于总支付金额的15%。

为了帮助读者掌握，我们绘制公司合并交易关系图（见图6－1）。

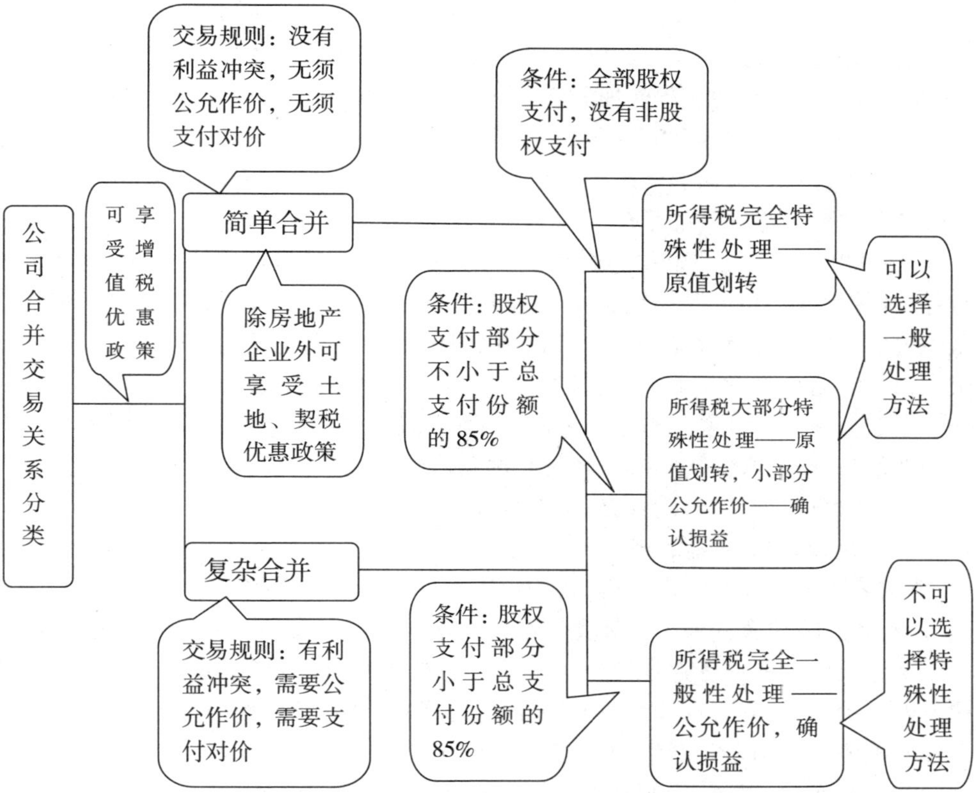

图6-1　公司合并交易关系

综上，公司合并的法律规则和税收优惠政策交叉又交织，实务者应当先厘清后运筹。

■第六节　解散公司亏损的结转弥补问题

亏损是任何企业都不愿意发生的事情，但是一旦发生，如何有效地利用这些亏损却是一个非常重要的事情。法律允许税前弥补的亏损，可以理解为企业能够递延纳税义务的资产，有效地利用它非常重要。从实务中看，合并后的公司能否对合并前的公司的亏损在税法规定的年限内延续弥补，也是评估合并项目的重要事项。

这个问题，在财税〔2009〕59号出台前，执行国家税务总局《关于企业合并分立业务有关所得税问题的通知》(国税发〔2000〕119号),根据该文的规定,类似于一般性税务处理的公司合并,合并以前的亏损不得结转到合并以后的公司进行延续弥补;而类似于特殊性税务处理的合并,合并前各公司的亏损可以结转到合并后的公司用相关资产产生的利润在税法规定的年限内延续弥补。在这种情况下,多数公司合并不会损失公司的所得税递延资产,合并后仍可以在税法规定的年限内延续弥补合并前未弥补完的亏损。

从2008年1月1日起执行财税〔2009〕59号规定,选择特殊性税务处理的公司合并,合并后的公司可以在税法规定的年限内对解散公司的亏损在税法规定的年限内税前弥补,但是弥补的份额受到严格的限制,即在税法规定的可税前弥补的年限内,每年"可由合并企业弥补的被合并企业亏损的限额 = 被合并企业净资产公允价值 × 截至合并业务发生当年年末国家发行的最长期限的国债利率"。而不符合特殊性税务处理的公司合并,或者没有选择特殊性税务处理的公司合并,解散公司的亏损一律不得结转合并后的公司进行弥补。

从财税〔2009〕59号的规定可见,不仅在适用一般性税务处理的公司合并项目中,解散公司合并前的亏损不得结转弥补,而且在适用特殊性税务处理的公司合并项目中,解散公司合并前的亏损允许结转弥补的数额也很小。在这种规定下,基本可以断定那些有亏损待弥补的公司不适合于被合并,特别是不适合于适用特殊性税务处理的合并,因为特殊性税务处理虽然允许结转弥补一部分亏损,但不如适用一般性税务处理用合并产生的所得直接弥补来得多、来得快。但关于合并前公司亏损的弥补问题,财税〔2009〕59号没有提及在合并中存续的公司。故此,我们可以考虑安排有效亏损较多的公司存续,安排没有亏损或者亏损较少的公司解散,这样可以消除或者减少因合并对递延所得税资产的浪费。

再有我们应当尽量安排存续合并,这样不仅可以减控合并过程中产生的应税所得,还可以减控对解散公司递延所得税资产的浪费。前面已经提到,如果解散公司的有效亏损额比较大,我们可以首选适用所得税的一般性处理,或者说即使符合特殊性处理的条件,也选择适用一般性处理,通过公允作价使解散公司产生收益,直接弥补有效的亏损。这样做等于将解散公司的亏损结转到存续公司或者新设公司弥补,从而减轻合并后公司的纳税负担。

案例6.1　合并并购案例

1. 市场现状:一家外商独资公司与一家民营公司生产的产品完全相同,产品市场基本重叠,竞争十分激烈,由于市场费用大,销售价格低,结果双方连年亏损。后经双方多次协商谈判,达成合并共赢的共识。

2. 合并并购方案:经双方协商一致同意:

(1)采吸收合并方式,外商独资公司存续(变更为中外合资有限公司),民营公

司解散,合并后在民营公司所在地注册中外合资公司的分公司,运营存续公司因合并取得的资产和业务;

(2)在财务稽核和评估的基础上,经双方协商确定合并基准日外商独资公司注册资本总额25,000万元,财务账面资产总价值73,000万元,负债总额42,000万元,所有者权益31,000万元,经协商双方一致同意外商独资公司的所有者权益按照40,000万元计价(溢价9000万元);

(3)在财务稽核和评估的基础上,经双方协商确定合并基准日民营公司注册资本总额10,000万元,财务账面总价值61,000万元,负债总额53,000万元,所有者权益8000万元,经双方协商一致民营公司的所有者权益不予调整(不溢价);

(4)双方一致同意合并后的公司注册资本总额为35,000万元,其外商独资公司的股东占股83.3333%(4亿元+0.8亿元=4.8亿元,4亿元÷4.8亿元),民营公司的全体股东合计占股16.6667%(4亿元+0.8亿元=4.8亿元,0.8亿元÷4.8亿元)。

3.合并程序:双方订立合并协议,通过内部批准程序,报经中国政府有关部门预批准,并进行公告。公告期满后经审批部门正式批准,并办理税务、工商登记事项,公司合并完成。合并后由于外商独资公司的股东在合资公司中占有绝对控制的地位,实现了对合并后公司的控制,对公司资产、业务、市场、品牌、质量、生产过程等进行了整合,不仅消除了竞争,而且达成了强强联合的效果,很快就扭转了亏损局面。

这个案例告诉我们,合并不仅是企业集团整合的主要形式,也是公司并购的一种形式,投资公司可以通过合并的方法谋求对合并后公司的控制,从而实现对参加合并的各目标公司的控制。合并作为一种企业并购模式,更加适用于那些在市场处于竞争关系的公司之间,特别适用于产品或业务相同的公司之间,并且通过设立分公司的方法合并不受地域的限制。实践证明对于处于竞争中的企业通过合并并购进行市场、产品、渠道、品牌、技术整合,往往可以取得意想不到的效果。

案例6.2　以合并方法消除递延所得税资产浪费的案例

某集团公司有七家生产相同产品的合资子公司,2000年以来,有五家公司连续盈利,每年税前利润约1亿元,缴纳企业所得税后可向集团公司上缴利润约7000万元;有两家公司连续亏损,每年亏损额在4000万元左右。集团公司每年合并报表中利润的大部分被亏损吃掉,仅为3000万元左右,盈利水平一直不高。由于两家亏损企业长期连续亏损,且短时内没有扭亏为盈的可能,亏损额不能税前弥补,大量所得税递延资产被浪费,出现了一边盈利纳税,一边大量亏损不能弥补的局面。

为了改变上述不利局面,集团公司经过反复策划决定由集团公司对七家全资子公司进行合并，合并后在被撤销的原子公司所在地设立集团公司的分公司。合并后企业所得税的纳税义务人由原来的八个变成一个，集团公司合并缴纳企业所得税，在七家分公司经营业绩基本不变的情况下，企业的税前利润由原来的1亿元变成6000万元（1亿元－4000万元），缴纳约2000万元（6000万元×33%）所得税后，集团公司剩税后利润4000万元，比合并前的3000万元多1000万元。

对于集团企业来说，这是一种非常尴尬的局面，一方面由于局部盈利大量缴纳所得税，另一方面由于局部常年亏损，亏损额不能得到弥补，从而使企业多缴了许多冤枉税。这个案例告诉我们，集团企业在特定情况下可以通过合并的方法，变独立纳税人为企业的分支机构——非独立纳税人，从而改变局部盈利纳税，局部常年亏损得不到弥补的尴尬局面。合并可以帮助集团企业利用所得税递延资产节税，实现企业多盈利的目的。

案例6.3　通过合并消除关联交易案例

关联交易是指有关联关系的独立纳税人之间的交易。法律并不禁止关联交易，但是关联交易在公司法上，特别是在税法上受到许多规限。根据税法的有关规定，关联方之间进行的关联交易，必须按照无关联关系的当事人之间的交易进行，否则税务机关有调整的权力。

笔者曾亲历这样一个案例：某外国企业对国内一家大企业进行资产并购，为规避审批权限，不得不将一家企业拆分成两家公司。但是两家公司的生产系统同一、公用工程同一、产品同一、市场同一。1999年一家公司盈利1200万元，另一家公司盈利1000万元，两家公司合计盈利2200万元。2000年主管税务机关认定两家公司之间存在关联交易，有转移利润的嫌疑，遂下文件规定两家公司对成本和利润的划分，结果当年一家公司盈利3300万元，另一家公司亏损1000万元。第二年和第三年的情况大致相同。

面对上述因关联交易遭到纳税调整给公司带来的不利局面，公司经过研究决定将两家公司合并，从而消除了关联交易，税务机关也不再对其进行纳税调整了，公司又恢复到原来的盈利水平。

关联企业之间的协作是任何集团企业追求超额利润的必经之途，在特定情况下，如果通过合并变独立纳税人为分公司，从而消除关联交易，规避纳税调整，将更有利于发挥集团优势。

案例6.4　利用法律空间进行合并节约税收成本案例

根据财税〔2009〕59号的规定，在符合其他条件的情况下，如果参加合并的各企业的股东取得的股权支付金额不低于其交易支付总额的85%，或者同一控制下且不需要支付对价的合并，被合并企业及其股东可以不按清算进行所得税处理。

被合并企业及其股东按清算进行所得税处理，一般会产生所得税纳税义务，增加公司合并的税收成本。比如，甲公司与其他公司合并，合并基准日甲公司资产总额1000万元，负债总额500万元，所有者权益500万元。经过评估和协商各方同意甲公司进入合并的所有者权益为1000万元（资产溢价500万元），同时根据各方协商一致合并后公司的股权比例，甲公司需要投入合并后的公司权益为500万元。在此合并中，合并后的公司需要支付给甲公司500万元合并资产溢价款，致使股权支付比例不足85%。

在上例中，被合并企业就不能适用特殊性税务处理，而只能适用一般性税务处理，对被合并企业及其股东按清算进行所得税处理。甲公司因合并（清算）发生资产处理收益500万元，需要缴纳企业所得税125万元（500万元×25%），获得税后利润375万元，分配给股东后股东需要缴纳个人所得税75万元（375万元×20%），累计发生税收成本200万元，股东实得300万元。

同是在上例中，如果甲公司将1000万元的股东权益全部投入合并后的公司中，进行100%的股权支付，或者进行85%以上的股权支付，使合并后的公司支付给甲公司的合并资产溢价不超过15%，甲公司就可以适用特殊性税务处理，就不需要按照清算对公司和股东进行所得税处理，就可以节约税收200万元（并不影响甲公司资产的溢价）。当然，如果存续公司的股东以500万元的价格将甲公司的股权先购入50%，然后再进行合并也会使合并免受一般性所得税处理的规定。

从企业合并的实务看，是否需要股权以外的支付以及股权以外的支付是多还是少，主要取决于以下因素：

1. 参加合并的公司小股东的多和少，一般来说小股东多的，发生非股权支付的数额可能就大，反之就少；

2. 不同意加入合并的股东多和少，如果有股东不同意加入合并后的公司，根据公司法的规定，公司就需要收购该股东的股权，非股权支付的比例就会大，反之就会小；

3. 参加合并的公司资产评估的价值额与需公司股东投入合并后公司中资产价值额之间的对比关系，如果两者相等，可能就不会有非股权支付，如果参加合并公司的资产的评估价值额大于需要其投入的资产价值额，可能就会发生非股权支付，大于得越多，非股权支付的比例就越大。

基于上述分析，参加合并的公司可以采取如下方法争取适用特殊性税务处理，从而节约合并税收成本：

1. 在合并之前，主张合并的大股东收购本公司小股东的股权，从而消除因合并要求退股的问题；

2. 由参加合并的股东与要求非股权支付的股东签订附期限生效的股权转让协议（期限为合并后一年以上），并由参加合并的股东以订金的方式将非股权支付额支付给享受非股权支付的股东；

3. 根据参加合并的各公司资产的评估额确定各公司股东在合并后的公司中的股份比例，消除或者控制非股权支付比例；

4. 对公司资产盘子过大，而合并资产受限的公司合并，也可以考虑对公司进行先分立、后合并的方法解决非股权支付问题。

总之，无论是采取合并并购，还是为重组进行合并，策划者和操作者都要在法律允许的范围内努力争取适用公司合并的特殊性税务处理，控制合并税收成本。

案例6.5　选择存续公司节税

按照财税〔2009〕59号的规定，企业合并适用一般性所得税处理的，“被合并公司的亏损不得在合并公司结转弥补”，这意味着存续公司的亏损可以结转弥补。据此，在设计合并方案时，我们可以在参加合并的若干公司中选择亏损最多的公司作为合并后存续的公司，从而最少浪费所得税递延资产。

从企业合并的实务中看，无论是重组合并还是并购合并，这种选择都是可行的。

总之，在制订合并方案时，应当将对递延所得税资产的利用，作为考量的重要因素之一。

第七章

公司分立的税负和优惠政策

上一章我们讨论了公司合并的税收成本和税收优惠政策，本章我们讨论公司分立的税收成本和税收优惠政策。公司分立是公司重组的重要形式之一，公司重组是资本的生长过程。

■第一节 公司分立方式

公司分立是指一家公司通过法定程序分立为两家或者两家以上公司。与公司合并会使民事主体减少相反,公司分立会使民事主体增加。公司分立是公司重组的重要形式,公司重组从内容上可以分为股权重组、资产重组和业务重组;从形式上可以分为合并、分立、增资、减资等。

关于公司分立的方式,传统公司法理论将公司分立分为存续分立和新设分立。存续分立是指原公司继续存在,只是作相应的变更,以分拆出去的资产和业务设立另外一家或几家公司。新设分立是指原公司注销,其资产和业务被分拆,同时设立两家或两家以上新公司。笔者在操作公司重组的实践中,根据规则的不同将公司分立分为简单分立和复杂分立。简单分立是指被分立公司的股东及持股比例与分立后各公司的股东及持股比例相同的分立。简单分立无论怎样分割公司的财产和业务,无论怎样分割公司的债务,均不会影响到股东的利益。因此,这种分立不是交易,没有利益冲突在其中,不需要评估议价,甚至不需要订立协议,只要权力机构批准即可。比如,甲公司由A、B、C三位股东组成,其中A占股30%,B占股30%,C占股40%,现分立为乙、丙两家公司,均由A、B、C三位股东组成,其中A在乙、丙两公司中分别占股30%,B在乙、丙两公司中分别占股30%,C在乙、丙两公司中分别占股40%,在乙、丙两公司分割甲公司的资产、业务和负债时,即使表现得有些不公平,作价不公允,也不会损及A、B、C三位股东的利益。

复杂分立是指被分立公司的股东及持股比例与分立后各公司的股东及持股比例不同的分立。比如在上例中,分立后乙公司成为A股东的独资公司,丙公司成为B股东占股40%,C占股60%的公司。在这种复杂分立中,如何分割被分立公司的资产、业务和债务,作价是否公允,会直接影响到每一位股东的利益。因此,在复杂分立过程中需要对资产和负债进行评估协商作价,需要订立协议,甚至需要支付差价。复杂分立比简单分立复杂得多、困难得多,如果处理不好,就会损害股东的利益,甚至使分立不能成功。

■第二节　公司分立的增值税和优惠政策

根据增值税暂行条例和财税〔2016〕36号的规定,增值税是对在中国境内销售货物或者加工、修理修配劳务、销售服务、无形资产、不动产以及进口货物的单位和个人征收的一种流转税。公司在分立过程中涉及的增值税事项包括两个方面的内容:第一,被分立公司将土地使用权、房屋建筑物、机器设备、存货资产等转移到新设公司,是否视同销售征收增值税;第二,被分立公司未抵扣完的增值税进项税额,能否结转新设公司延续抵扣。这两个问题是公司策划分立过程中必须考虑的问题。下面我们分别对这两个问题进行讨论。

一、公司分立不征收增值税

在公司分立项目中,被分立公司将资产转移给新设立的公司,是否应当征收增值税。笔者认为不应当征收,理由如下:第一,根据增值税暂行条例和有关文件的规定,对销售不动产和货物的行为征收增值税,而在公司分立过程中被分立公司将资产转移到新设公司的行为,并不是销售资产的行为。在这里被分立的公司不是销售方,新设的公司也不是购买方,所以不能适用增值税暂行条例和有关文件征收增值税。第二,在《增值税暂行条例实施细则》第4条规定的八种视同销售货物的行为中,不包括被分立公司向新设公司转移资产的行为,其他有关增值税的法规文件也未提到要对被分立公司将资产转移到新设公司的行为征收增值税,所以不能向被分立公司征收增值税。第三,如果向被分立公司征收增值税,被分立公司就得为新设公司开具增值税发票,新设公司就可以将其增值税作为进项税抵扣,结果并不存在任何实际意义。第四,即使不对被分立公司征收增值税,因分立而新设公司在销售这些资产时仍应当开具增值税发票,依法缴纳增值税,增值税链条并不被破坏。

关于这个问题,国税2011年13号公告规定:“纳税人在资产重组过程中,通过合并、分立、出售、置换等方式,将全部或者部分实物资产以及与其相关联的债权、负债和劳动力一并转让给其他单位和个人,不属于增值税的征税范围,其中涉及的货物转让,不征收增值税。”

“营改增”之后,财税〔2016〕36号附件2《营业税改征增值税试点有关事项的规定》第1条第2项“……5.在资产重组过程中,通过合并、分立、出售、置换等方式,将全部或者部分实物资产以及与其相关联的债权、负债和劳动力一并转让给其他单位和个人，其中涉及的不动产、土地使用权转让行为”不征收增值税。公司分立肯定不仅分割转移资产，也要同时分割转移债权债务，要对员工作出安排，完全符合享受增值税优惠政策的条件。

二、分立公司未抵扣的进项税可以结转抵扣

在公司分立项目中，如果被分立公司有尚未抵扣的进项税，能否结转到分立后新设的公司抵扣，直接关系到公司分立的税收成本。被分立公司未抵扣的进项税能否结转给分立后新设公司继续抵扣，笔者认为可以结转抵扣，理由如下：第一，对被分立公司来说，其尚未抵扣的进项税是该公司的资产，而根据公司分立的有关法规，被分立公司的资产、债权、债务要分割到新设公司。第二，从公司法和税法角度说，分立后的公司的经营活动是分立前公司经营活动的延续，不仅民事权利和义务为法定继承，而且行政义务包括纳税责任也为法定继承。故此，分立前公司尚未抵扣的增值税进项税可以结转到分立后公司继续抵扣。第三，允许被分立公司尚未抵扣的进项税在新设公司延续抵扣，并不打破增值税的征税链条，反而正好维持了增值税的征税链条。因为分立后的公司要继续使用或者加工从被分立公司接收的资产，并销售使用这些资产生产的产品，发生销项税额，只有抵扣后才是分立后新设公司应当缴纳的增值税额，这恰好维持了增值税的征税链条。第四，如果不允许被分立公司增值税的借方余额结转到分立后新设公司抵扣，被分立公司可以采取将资产销售给分立后新设公司的方法，取得销项税额后进行抵扣，而新设公司又可以凭购买该等资产取得的增值税发票进行进项税抵扣，从而不会使被分立公司的增值税进项税余额浪费。

如果被分立公司没有因分立向新设公司转移资产而缴纳增值税，被分立公司就不会因分立而缴纳附加税，如果被分立公司的增值税进项余额可以结转给新设公司继续抵扣，新设公司缴纳附加税的义务也会减少。

■第三节　公司分立的土地增值税和优惠政策

在公司分立项目中，如果被分立公司分割给新设公司的资产中有土地使用权和房屋建筑物，这些资产需要从被分立公司向新设公司过户，会涉及土地增值税问题。

根据《土地增值税暂行条例》第 2 条的规定，转让国有土地使用权、地上建筑物及其附着物并取得收入的单位和个人，为土地增值税的纳税义务人。《土地增值税

暂行条例实施细则》第 2 条进一步解释为："条例第二条所称的转让国有土地使用权、地上建筑物及其附着物并取得收入，是指以出售或者其他方式有偿转让房地产的行为。不包括以继承、赠与方式无偿转让房地产的行为。"在公司分立过程中，被分立公司是否需要缴纳土地增值税，关键看被分立公司将房地产转移给新设公司的行为是否符合土地增值税暂行条例的规定。

笔者认为，在公司分立过程中新设公司接受被分立公司房地产的行为不符合《土地增值税暂行条例》第 2 条的规定，不应当征收土地增值税，理由为：(1) 在转让的情况下势必使资产与所有者分离，而在公司分立的情况下，资产与所有者并未分离，只是资产和所有者同时进行了拆分；(2) 在公司分立的情况下，被分立的公司并未取得相关资产的收入，不符合土地增值税暂行条例的规定；(3) 在现行税法中没有关于公司分立分割房地产应当征收土地增值税的规定。

财税〔2015〕5 号第 3 条规定，"按照法律规定或者合同约定，企业分设为两个或两个以上与原企业投资主体相同的企业，对原企业将国有土地、房屋权属转移、变更到分立后的企业，暂不征土地增值税"。第 5 条规定，"上述改制重组有关土地增值税政策不适用于房地产开发企业"。第 8 条规定，本通知执行期限为 2015 年 1 月 1 日至 2017 年 12 月 31 日。

财税〔2015〕5 号失效后，财税〔2018〕57 号第 3 条规定，"按照法律规定或者合同约定，企业分设为两个或两个以上与原企业投资主体相同的企业，对原企业将房地产转移、变更到分立后的企业，暂不征土地增值税"。第 5 条规定，"上述改制重组有关土地增值税政策不适用于房地产转移任意一方为房地产开发企业的情形"。第 7 条规定，"企业在申请享受上述土地增值税优惠政策时，应向主管税务机关提交房地产转移双方营业执照、改制重组协议或等效文件，相关房地产权属和价值证明、转让方改制重组前取得土地使用权所支付地价款的凭据（复印件）等书面材料"。第 8 条规定，"本通知所称不改变原企业投资主体、投资主体相同，是指企业改制重组前后出资人不发生变动，出资人的出资比例可以发生变动；投资主体存续，是指原企业出资人必须存在于改制重组后的企业，出资人的出资比例可以发生变动"。第 9 条规定，"本通知执行期限为 2018 年 1 月 1 日至 2020 年 12 月 31 日"。

这里特别提请读者注意，公司分立项目适用财税〔2018〕57 号规定的土地增值税优惠政策，一定要注意分立后的企业与被分立企业的投资主体必须相同，持股比例可以变化。另外要按照要求备齐文件资料及时向税务机关申请。虽然财税〔2018〕57 号的有效期所剩不多，但是笔者预计 2021 年上半年还会出台相同的土地增值税优惠政策。

■第四节　公司分立的契税和优惠政策

在公司分立项目中，被分立公司需要将全部或者部分资产和债务转移至新设公司的名下，被分立公司转移的资产如果包含有土地使用权和房屋建筑物，接受资产的新设公司就会涉及契税问题。

根据《契税暂行条例》的规定，在中华人民共和国境内转移土地、房屋权属，承受的单位和个人为契税的纳税人，应当依照本条例的规定缴纳契税。根据《契税暂行条例》第2条的解释，转移土地、房屋权属的行为包括：(1)国有土地使用权出让；(2)土地使用权转让，包括出售、赠与和交换；(3)房屋买卖；(4)房屋赠与；(5)房屋交换。根据《契税暂行条例细则》第8条的规定，(1)以土地、房屋权属作价投资、入股；(2)以土地、房屋权属抵债；(3)以获奖方式承受土地、房屋权属；(4)以预购方式或者预付集资建房款方式承受土地、房屋权属均视同土地使用权转让、房屋买卖或者房屋赠与征收契税。

根据上述《契税暂行条例》及其细则的有关征税范围的规定，对于公司因分立分割财产而进行的产权过户，对分立后新设立的公司不应当征收契税。因为：第一，暂行条例和条例细则并没有明确规定对公司分立过程中接受土地使用权和房屋权属的新设公司征收契税，而根据“法无明令、民无义务”的原则，就不能对分立过程中接受土地使用权和房屋权属的新设公司征收契税。第二，在公司分立过程中新设公司并没有“受让”“受赠”被分立公司的土地使用权和房屋权属。第三，2002年国家税务总局下发的《关于保险公司分业经营改革中不动产转移过户有关税收政策的通知》(国税发〔2002〕69号)，对此已有明确的规定，该文明确保险公司在分立改制中，资产在分立后的各公司之间的转移(产权过户)并未发生所有权的转让，不对接受土地使用权和房屋权属的新设公司征收契税。

财税〔2001〕161号明确，公司分立中新设公司承受被分立公司的土地、房屋权属，如分立后各公司的投资主体相同，则不征契税。2003年财政部、国家税务总局又下发《关于企业改制重组若干契税政策的通知》(财税〔2003〕184号)，对财税〔2001〕161号的某些内容作出了修改，明确在公司分立过程中，新设公司承受被分立公司的土地、房屋权属，不征契税。该文规定其执行期限至2005年12月31日止，而财税〔2006〕41号和国税函〔2006〕844号，又将财税〔2003〕184号的执行期限延长至2008年12月31日。财税〔2008〕175号再次将财税〔2003〕184号关于公司分立项目中新设公司接受被分立公司的土地使用权和房屋权属不征契税规定的有效期，延长至2011年12月31日。

2012年财政部、国家税务总局发出财税〔2012〕4号再次明确，“公司依照法律规定、合同约定分设为两个或两个以上与原公司投资主体相同的公司，对派生方、新设方承受原企业土地、房屋权属，免征契税”。“本通知执行期限为2012年1月1日至2014年12月31日”。

2015年3月31日，财政部、国家税务总局下发财税〔2015〕37号，该通知第4条明确“公司依照法律规定、合同约定分立为两个或两个以上与原公司投资主体相同的公司，对分立后公司承受原公司土地、房屋权属，免征契税”。该通知的执行期限自2015年1月1日至2017年12月31日。

财税〔2015〕37号过期后，2018年3月23日，财政部、国家税务总局下发财税〔2018〕17号，该通知第4条规定，“公司依照法律规定、合同约定分立为两个或两个以上与原公司投资主体相同的公司，对分立后公司承受原公司土地、房屋权属，免征契税”。第10条规定，“本通知所称企业、公司，是指依照我国有关法律法规设立并在中国境内注册的企业、公司。本通知所称投资主体存续，是指原企业、事业单位的出资人必须存在于改制重组后的企业，出资人的出资比例可以发生变动；投资主体相同，是指公司分立前后出资人不发生变动，出资人的出资比例可以发生变动。本通知自2018年1月1日起至2020年12月31日执行……”

仍然提请读者注意，公司分立项目享受财税〔2018〕17号规定的契税优惠政策，必须是分立之后公司的股东与被分立公司的股东相同，股东的持股比例可以发生变动。

■第五节　公司分立的所得税和优惠政策

公司分立不仅涉及增值税、土地增值税和契税，还会涉及企业所得税。本节我们讨论公司分立的企业所得税和优惠政策。财税〔2009〕59号把公司分立的所得税处理规则分为两种：一种是一般性处理规则；另一种是特殊性处理规则。其中一般性处理规则是依据现行企业所得税法和会计准则，是基准；特殊性处理规则是公司分立的所得税优惠政策。

一、公司分立所得税的一般处理

《企业所得税法实施条例》第75条规定，“除国务院财政、税务主管部门另有规定外，企业在重组过程中，应当在交易发生时确认有关资产的转让所得或者损失，相关资产应当按照交易价格重新确定计税基础”。财税〔2009〕59号规定，公司分立项目凡是不符合适用特殊性税务处理条件的，或者虽然符合所得税特殊性处理条件但是没有选择适用特殊性处理的，一律适用一般性所得税处理规则，按照被分立公司将资产和负债以公允价值转让给分立后新设公司进行会计处理，依法确认应税所得。

根据财税〔2009〕59号的规定，公司分立适用一般性税务处理规则的其会计处理方法为：（1）被分立企业对分立出去的资产应按公允价值确认资产转让所得或损失；（2）分立企业应按公允价值确认接受资产的计税基础；（3）被分立企业继续存在时，其股东取得的对价应视同被分立企业分配进行处理；（4）被分立企业不再继续存在时，被分立企业及其股东都应按清算进行所得税处理；（5）企业分立相关企业的亏损不得相互结转弥补。

据上，企业分立一般性税务处理规则的核心是将被分立公司资产和负债的分割当作资产转让进行会计处理，从而使适用这种所得税处理方法的公司分立项目的所得税税收成本相当于转让资产。

1. 被分立企业对分立出去的资产应按公允价值确认资产转让所得或损失。这就是说，在公司分立项目适用所得税一般性处理方法的情况下，被分立公司将资产分割给因分立新设立的公司，将被视为转让资产，并且不能按照资产在被分立企业财务账簿上登记的净值确定转让价格，而应当按照公允价值确定转让价格，并根据转让价格确认资产转让所得。比如甲和乙合资设立A公司，注册资本400万元，各占股50%。后甲和乙决定对A公司进行分立，分立基准日A公司资产总值2000万元，负债1000万元，未分配利润600万元，所有者权益1000万元。分立后A公司存续，甲持有A公司100%的股权，同时设立B公司，乙持有B公司100%的股权。在评估的基础上经双方协商A公司的全部资产作价4000万元，从而所有者权益拟为3000万元。这样A公司的股东甲和乙之间并不需要为分立而支付差价，但是在分立当期A公司就应当确认500万元的资产转让所得，缴纳相应的所得税125万元，如此，A公司的分立作价所有者权益变更为2875万元（3000万元－125万元），A公司分割给B公司的净资产额应为1437.5万元。双方同意A公司分割给B公司一套产品生产线，包括机器设备、厂房和土地使用权。分割资产在A公司财务账面的净值为1500万元，分立作价为2000万元，同时分割给B公司负债562.5万元。

2. 被分立公司应当按照公允价值确认接受资产的计税成本。这就是说，在公司分立项目适用所得税一般性处理的情况下，为分立而新设立的公司要按照资产的公允价值登记资产的计税成本，当然这对接受资产的新设公司并无害处。如上例所言，B公司应当按照2000万元登记从A公司分割来的产品生产线资产的计税成本，进而在以后的生产经营过程中相应地计提折旧、摊销费用。

3. 如果被分立公司存续，其股东因公司分立而取得的对价，视同被分立企业进行分配、进行税务处理。在企业分立过程中，由于被分立公司资产拆分的限制，在许多情况下股东之间可能需要以支付差价的方式对分割资产的价值进行调整。比如在上例中，如果A公司的全部资产不是作价4000万元，而是作价3000万元，所有者权益变为2000万元，而A公司分割给B公司的生产线资产仍作价为1500万元，乙股东就需要向甲股东支付对价500万元，否则乙股东就侵害甲股东的权益。根据财税〔2009〕59号的规定，乙股东支付给甲股东的500万元对价应当视同甲股东从A公司分得的利润，根据所得税法进行纳税处理（如果甲股东是自然人需要缴纳20%的个人所得税，如果是法人则需要确认当期收益500万元）。

4. 如果采新设方法进行公司分立，被分立公司解散的，被分立公司及其股东都应当按照清算进行所得税事项的处理。在这种情况下，如果适用所得税的一般性处理，实际是等于被分立的公司将全部资产和负债转让，然后公司进行清算，按照公司清算的规定进行所得税事项的处理。在上例中，如果A公司的资产仍作价4000万元，所有者权益仍拟为3000万元，所不同的是采新设方法进行分立，即A公司解散，设立B和C两家公司，由甲、乙两个股东分别持有。在这种情况下，A公司应当确认公司清算所得2000万元（4000万元－2000万元＝2000万元），缴纳500万元的企业所得税。完税后A公司的分立作价所有者权益为2500万元，如此，A公司分配给B和C两公司各自的净资产为1250万元。甲、乙两股东（如果是法人企业）应当分别确认750万元的公司清算所得（1250万元－注册资本200万元－未分配利润300万元＝750万元），并根据相关税法缴纳所得税。

5. 公司分立，被分立公司的亏损不得结转被分立公司进行税前弥补。因此，在被分立公司有亏损未弥补，且不超过五年的情况下，这些亏损不能结转给分立新设公司在税前弥补，这会造成被分立公司递延所得税资产的损失。

综上，在企业分立项目适用所得税一般性处理的情况下，被分立公司需要对分割出去的资产和负债按照公司价值确认损益，接受资产和负债的新设公司应当按照公允价值确认资产和负债的计税成本。比如甲公司经股东会决定以分立方式新设乙公司，并决定将甲公司的净值为2000万元一处物业和1000万元负债分割给乙公司，该处物业经评估分立作价4000万元，负债评估分立作价1000万元。甲公司的分立所得和会计分录如下：

甲公司　　借：应付账款合计　1000万元；

股东权益合计　3000万元；

贷：固定资产　2000万元；

重组收益　2000万元。

这个会计分录表明，甲公司在分立项目中获得了2000万元的收益，需要并入当期计算缴纳企业所得税。

乙公司　　借:固定资产　4000 万元;

　　　　　　　　贷:应付账款合计　1000 万元;

　　　　　　　　　股东权益合计　3000 万元。

这个会计分录表明,分立新设公司按照资产和负债的公允价值对分割的资产和负债进行初始成本的确认,资产的计税成本往往高于被分立公司。

上述甲公司和乙公司的会计分录还告诉我们,在公司分立项目中,如果适用企业所得税的一般性处理,往往产生这样的现象,被分立公司纳税,分立后新设公司减少纳税义务。

顺便提请读者注意,如果公司采取新设分立方式进行分立,被分立公司应将分立过程单独作为一个会计期间进行核算,确认清算期间的损益,缴纳企业所得税。各公司取得的分立新设企业的股权及股权以外的利益统为分得的剩余财产,以清算剩余财产和投资成本计算损益,计算缴纳所得税。对此我们将在本书第十二章企业清算的财税问题专门进行讨论。

二、公司分立所得税的特殊处理

正如前面所言,公司分立项目所得税的特殊性处理是一项企业所得税的优惠政策,具备条件的公司分立项目可以选择适用。根据财税〔2009〕59 号的规定,公司分立企业所得税特殊性处理的规则为:(1)分立企业接受被分立企业资产和负债的计税基础,以被分立企业的原有计税基础确定;(2)被分立企业已分立出去资产相应的所得税事项由分立企业承继;(3)被分立企业未超过法定弥补期限的亏损额可按分立资产占全部资产的比例进行分配,由分立企业继续弥补;(4)被分立企业的股东取得分立企业的股权(以下简称“新股”),如需部分或全部放弃原持有的被分立企业的股权(以下简称“旧股”),“新股”的计税基础应以放弃“旧股”的计税基础确定。如不需放弃“旧股”,则其取得“新股”的计税基础可从以下两种方法中选择确定:直接将“新股”的计税基础确定为零;或者以被分立企业分立出去的净资产占被分立企业全部净资产的比例先调减原持有的“旧股”的计税基础,再将调减的计税基础平均分配到“新股”上。

1. 关于分立企业接受被分立企业资产和负债的计税基础,以被分立企业的原有计税基础确定。这就是说,在公司分立项目中,如果选择企业所得税的特殊性处理,因分立而新设立的公司按照其分得资产和负债在被分立公司财务账面的净值确定计税成本,从而使被分立公司不会因公司分立而产生所得。换句话说,就是在公司分立项目中,如果选择所得税的特殊性处理,被分立公司的资产和负债可以“原值划转”给分立新设公司,从而避免了被分立公司因分立产生纳税义务。比如,甲公司分立为乙、丙两家公司,乙公司分得一处房地产,在甲公司财务账簿上登记的净值为 2000 万元,在分立作价时该处房地产评估作价为 4000 万元。如果适用前边讨论的公司分立所得税一般性处理，需要被分立公司甲确认2000万元的应税所得；如果适用所得税特殊性处理，甲公司就可以将该处房产“原值划转”给乙公司，乙公司就可以仍以2000万元登记该处房地产的计税成本，从而使被分立公司不致因此发生所得税负担。

2.关于被分立公司承继分立资产在被分立公司的所得税事项。对此，《企业重组业务企业所得税管理办法》第28条作如下解释：“……根据《通知》第六条第(五)项第2目规定，企业分立，已分立资产相应的所得税事项由分立企业承继，这些事项包括尚未确认的资产损失、分期确认收入的处理以及尚未享受期满的税收优惠政策承继处理问题……”

3.关于被分立企业未超过法定弥补年限的亏损可以按分立资产占全部资产的比例分配给被分立公司，由被分立公司在税前延续弥补。这就是说，被分立公司可以将自己的经营亏损按照资产分割的比例分配给分立后的公司，分立后的公司从被分立公司分得的亏损额在法定弥补年限以内可以延续弥补。

以上三项特别是第一项是对公司分立项目中被分立公司和分立后新设公司所得税特殊性处理的规则。那么，在公司分立项目中如果选择所得税的特殊性处理，如何处理股东的所得税事项呢？财税〔2009〕59号的规定是：(1)如果被分立公司的股东取得分立公司的股权，需要部分或者全部放弃其持有的被分立公司的股权的，有关股东取得新股的计税成本按照放弃的旧股的计税成本确定。比如A投资100万元持有甲公司20%的股权，甲公司分立为乙公司和丙公司，A没有取得其他对价，仅取得乙公司50%的股权，那么，A就可以100万元登记其取得的乙公司50%股权的计税成本，从而不会发生应税所得和纳税义务；(2)如果被分立公司的股东取得分立公司的股权，不需要放弃其持有的被分立公司的股权，则或者将取得新股的计税成本确定为零，或者按照被分立企业分立出去的净资产占全部净资产的比例调减所持被分立企业股权的计税成本，同时将调减部分计为所持分立公司股权的计税成本。比如，A投资100万元持有甲公司20%的股权，甲公司存续分立，新设乙公司，A不仅继续持有甲公司20%的股权，而且持有乙公司20%的股权，A可以将其持有的乙公司20%的股权的计税成本登记为零，也可以根据乙公司分得的资产和负债占甲公司全部资产和负债的比例确定乙公司股权的计税成本。

总之，在公司分立项目中，如果选择适用企业所得税的特殊性处理，被分立公司的资产和负债将被“原值划转”给分立新设公司，从而使被分立公司不会因为分立产生所得。比如，甲公司由A公司和B公司出资设立，注册资本2000万元，两股东各出资1000万元。分立基准日甲公司财务账面资产总额8000万元，负债3000万元，盈余公积金和未分配利润合计3000万元。分立后新设乙公司由B公司持股100%，存续的甲公司由A公司持股100%，该分立项目为复杂分立，必须对公司资产、负债进行估值，只能适用所得税一般性处理。在评估的基础上两股东同意甲公司全资资产估值 10,000 万元,负债估值 3000 万元,企业估值为 7000 万元。如此,乙公司应当从甲公司分割走的股东权益额应为 3500 万元。经协商 A 公司和 B 公司双方同意将甲公司的一个分厂分割给乙公司,该分厂全部资产分立基准日净值 2000 万元,分立评估作价 4000 万元,配负债 500 万元分割给乙公司。如此,甲公司和乙公司的所得事项和会计分录如下:

甲公司　　借:应付账款合计　500 万元;
　　　　　　　实收资本　1000 万元;
　　　　　　　盈余公积金和利润　2500 万元;
　　　　　　　贷:资产合计　2000 万元;
　　　　　　　　　重组收益　2000 万元。

乙公司　　借:资产合计　4000 万元;
　　　　　　　贷:应付账款合计　500 万元;
　　　　　　　　　实收资本　1000 万元;
　　　　　　　　　盈余公积和未分配利润　2500 万元。

以上会计分录表明,在分立项目中被分立的甲公司需要确认 2000 万元的收益,而新设立的乙公司接受资产的计税成本却从 2000 万元增加到 4000 万元。

如果上例调整一下分立方案,存续甲公司仍由 A 公司和 B 公司各持股 50%,新设乙公司也由 A 公司和 B 公司各持股 50%,符合公司分立项目适用所得税特殊性处理的条件,并选择所得税特殊性处理,甲公司的资产和负债就可以“原值划转”给乙公司了,甲公司因分立需要确认的 2000 万元所得就不会发生。甲公司和乙公司的所得税事项和会计分录如下:

甲公司　　借:应付账款合计　500 万元;
　　　　　　　实收资本　1000 万元;
　　　　　　　盈余公积金　500 万元;
　　　　　　　贷:资产合计　2000 万元;

乙公司　　借:资产合计　2000 万元;
　　　　　　　贷:应付账款合计　500 万元;
　　　　　　　　　实收资本　1000 万元;
　　　　　　　　　盈余公积金　500 万元。

这个会计分录表明,在公司分立项目中,如果适用所得税特殊性处理规则,被分立公司的资产和负债被“原值划转”给分立新设公司,被分立公司不会因分立产生应税所得。

上述两个会计分录对比后我们发现,相同的分立项目,适用一般性所得税处理规则时,被分立公司负担纳税义务,新设公司增加资产的计税成本;适用特殊性所得税处理规则时,被分立公司不再发生纳税义务,但是新设公司接受资产的计税成本也降低了。其中的是非曲直只能由读者自己判断和领悟了。

三、公司分立特殊税务处理的适用

公司分立所得税特殊性处理是一项税收优惠政策，合并项目要选择适用这项税收优惠政策必须符合一定的条件。根据财税〔2009〕59号和有关文件的规定，公司分立项目选择适用所得税特殊性处理必须同时具备如下条件：

1. 具有合理的商业目的，且不以减少、免除或者推迟缴纳税款为主要目的。根据国税2015年48号公告第5条的规定，企业重组业务适用特殊性税务处理的，申报时，应从以下方面逐条说明企业重组具有合理的商业目的：(1)重组交易的方式；(2)重组交易的实质结果；(3)重组各方涉及的税务状况变化；(4)重组各方涉及的财务状况变化；(5)非居民企业参与重组活动的情况。

2. 被分立企业所有股东按原持股比例取得分立企业的股权。这就是说只有简单分立才能选择适用所得税的特殊性处理，才能享受被分立公司资产和负债"原值划转"给分立新设公司的待遇。复杂分立，即被分立企业与分立后企业股东及股权比例不一致的分立不能享受资产和负债"原值划转"的待遇。注意公司分立项目所得税特殊性处理的该项条件与公司分立土地增值税、契税优惠政策条件的区别，后者是投资主体相同，但持股比例可以变化。

3. 分立企业和被分立企业在分立后的连续12个月内均不改变原来的实质经营活动。公司分立项目选择所得税特殊性处理的，被分立企业和分立新设企业的经营范围和经营项目应当与被分立公司分立前的一致，并且至少维持12个月。

4. 被分立企业股东在该企业分立发生时取得的股权支付金额不低于其交易支付总额的85%。公司分立项目选择适用所得税的特殊性处理，不仅分立后各公司的股东和持股比例要与被分立公司一致，而且被分立公司的股东在分立项目中取得的非股权支付部分不能大于其交易支付总额的15%。这就是说，允许股东在分立项目中从公司获得股权以外的利益，但是股权以外的利益不能大于股东自己拥有的权益额的15%。比如甲公司持有A公司20%的股权，A公司股东会作出决议，将A公司分立为A、B两家公司。分立基准日A公司的股东权益20,000万元，甲拥有的股东权益额即交易支付总额为4000万元，那么，甲在A公司的分立过程中除取得A、B两家公司各20%的股权外，最多能够取得600万元的股权以外的利益，比如货币或者其他财产，否则不能适用所得税的特殊性处理。

5. 在公司分立项目中取得股权支付的原主要股东，在分立后连续12个月内，不得转让所取得的股权。根据《企业重组业务企业所得税管理办法》第20条的解释，原主要股东应当是持有被分立企业20%以上股权的股东。

6. 根据《企业重组业务企业所得税管理办法》第29条和第30条的规定，公司分立项目选择所得税特殊性处理的，当事各方应在完成分立后的下一年度的企业所得税年度申报时，向主管税务机关提交书面情况说明，以证明企业在分立后的连续 12 个月内，有关符合特殊性税务处理的条件未发生改变。其中一方在规定时间内发生生产经营业务、公司性质、资产或股权结构等情况变化，致使分立业务不再符合特殊性税务处理条件的，发生变化的当事方应在情况发生变化的 30 天内书面通知其他所有当事方。主导方在接到通知后 30 日内将有关变化通知其主管税务机关。前述情况发生变化后 60 日内，应按照同，财税〔2009〕59 号第 4 条的规定调整分立业务的税务处理。原交易各方应各自按原交易完成时资产和负债的公允价值计算重组业务的收益或损失，调整交易完成纳税年度的应纳税所得额及相应的资产和负债的计税基础，并向各自主管税务机关申请调整交易完成纳税年度的企业所得税年度申报表。逾期不调整申报的，按照《税收征收管理法》的相关规定处理。

7. 公司分立项目即使选择适用企业所得税的特殊性处理，对非股权支付部分被分立公司仍应在交易当期确认相应的资产转让所得或损失，分立新设公司应当调整相应资产的计税基础。非股权支付对应的资产转让所得或损失 =（被转让资产的公允价值 - 被转让资产的计税基础）×（非股权支付金额 ÷ 被转让资产的公允价值）。

8. 公司分立项目选择适用所得税特殊性处理，被分立公司和分立后新设公司必须都是中国居民企业。

9. 如果被分立公司的有效的亏损，且分割的资产存在评估增值，不宜选择适用所得税特殊性处理，选择适用所得税一般处理，通过评估使分割资产产生收益，弥补被分立公司的亏损，提高新设公司资产的计税成本可能更有利。

10. 根据国税 2015 年 48 号公告第 1 条的规定，公司分立项目选择所得税特殊性处理的，被分立企业的股东可以是自然人，但自然人应按个人所得税法的相关规定进行税务处理。

11. 根据国税 2015 年 48 号公告第 6 条的规定，企业分立业务适用特殊性税务处理的，申报时，当事各方还应向主管税务机关提交分立前连续 12 个月内有无与该重组相关的其他股权、资产交易情况的说明，并说明这些交易与该分立是否构成分步交易，是否作为一项企业重组业务进行处理。

12. 一般情况下存续分立比新设分立的税收负担轻。

13.《企业重组业务企业所得税管理办法》和国税 2015 年 48 号公告是专门用来规范财税〔2009〕59 号适用的，实务者应当详读之。

四、非股权支付的构成和损益确认

在公司分立项目中，如果适用所得税一般性处理，视同被分立企业以公允价值将分割资产和负债转让，应当按照资产转让确认损益；即使适用所得税的特殊性处理，如果有非股权支付部分，对非股权支付部分也应当视同转让，由被分立公司确认损益。根据财税〔2009〕59号规定的选择适用所得税特殊性处理的条件之一，被分立企业股东在该企业分立发生时取得的股权支付金额不低于其交易支付总额的85%，在公司分立项目中，选择适用所得税特殊性处理的，非股权支付金额最高可以达到“支付总额”的15%。

那么，怎么理解公司分立项目中的“支付总额”、“非股权支付金额”及支付路径和损益确认呢？我们对照公司合并项目中的“支付总额”、“非股权支付金额”及支付路径和损益确认进行讨论。

首先，公司分立项目中的“支付总额”不同于公司合并项目中的“支付总额”，后者由解散公司的企业估值，即由解散公司的资产估值减去解散公司的负债估值构成，前者由被分立公司资产估值减去被分立公司的负债估值，即由解散公司的企业估值乘以股东的持股比例构成。比如合并基准日解散公司的资产估值8000万元，负债估值3000万元，存续公司或者新设公司对解散公司的“支付总额”就是5000万元；分立基准日被分立公司资产估值5000万元，负债估值2000万元，企业估值就是3000万元，如果A持有被分立公司40%的股权，A享有的“支付总额”就是1200万元。

其次，在公司合并项目中，无论是股权支付，还是货币支付，或者其他资产支付，接受支付的主体都是解散公司，尽管在实务中“物流”可能不是这样的路径（如股权直接登记在解散公司股东的名下），但是核算路径却应当是这样的。而在公司分立项目中，不论是股权，还是货币，或者是其他资产，只要是分割给分立新设公司的概为股权支付，只要是由被分立公司支付给其股东的，不论是股权、还是货币，或者是其他资产，概为非股权支付。

最后，在公司合并项目中，不管是股权支付还是非股权支付统统作为解散公司解散期间的收入，扣除解散公司合并基准日全部资产的净值后确认清算期间的损益，完税后作为解散公司清算的剩余财产向股东分配，股东根据分配财产的价值和投资成本按照收回投资确认损益。而在公司分立项目中，只有被分立公司支付给其股东的利益才为非股权支付，并且非股权支付在所得税上视同利润分配进行处理。而利润分配不同性质的股东，适用的所得税法不同，税收负担不同。

第六节　被分立公司亏损的结转弥补

对于被分立公司，如果有法定税前弥补期限内的亏损尚未弥补，是否允许分割结转弥补，直接关系到公司和股东的利益，十分重要。根据财税〔2009〕59号的规定，如果公司分立适用一般性税务处理，被分立公司的亏损无论是税前弥补期限内的，还是超过税前弥补期限的，都不得分割结转弥补；如果公司分立适用特殊性税务处理，被分立企业未超过法定弥补期限的亏损额可按分割资产占全部资产的比例进行分配，由分立新设企业在法定年限内继续税前弥补。

从财税〔2009〕59号关于公司分立被分立企业亏损是否可以结转弥补的两种截然不同的规定可见，对适用一般性税务处理的公司分立，是将其作为资产转让对待的，故被分立公司的所得税递延资产可能损失，当然，因分割资产视同转让而确认的所得，可以税前弥补法定弥补年限内的亏损。而适用特殊性税务处理的公司分立，才被当作公司分立对待，如果被分立公司有法定弥补年限内的亏损，可以按照分割净资产的比例，结转给新设公司税前弥补。比如，甲公司注册资本2000万元，A公司和B公司两股东各出资500万元。分立基准日资产总额4000万元，负债总额3000万元，两年之内累计亏损1000万元。甲公司存续分立，新设乙公司，甲公司将2500万元资产和1500万元负债分割给乙公司，选择适用所得税的特殊性处理。如此，甲公司和乙公司的会计分录为：

甲公司　　借：各种应付款合计　1000万元；
　　　　　　　实收资本　500万元；
　　　　　　　未分配利润　1000万元；
　　　　　　　贷：各类资产合计　2500万元。

乙公司　　借：各类资产合计　2500万元；
　　　　　　　贷：各种应付款合计　1000万元；
　　　　　　　　　实收资本　500万元；
　　　　　　　　　未分配利润　1000万元。

这个会计分录表明，甲公司的1000万元亏损全部结转给了乙公司，由乙公司在法定弥补年限内弥补。

如此，如果公司分立不能适用特殊性税务处理，有关决策不但要将公司和股东可能发生的所得税纳税义务考虑进去，而且如果被分立公司的有效亏损，还要将公司可能损失的所得税递延资产考虑进去。

■第七节　分立税收优惠小结和新设分立

我们现在对分立的税收优惠政策作一个小结，并补充说明一下新设分立的财税问题。

一、分立税收优惠政策小结

通过本章以上的讨论,我们已经知道公司分立项目共有四项税收优惠政策:一是增值税优惠政策;二是土地增值税优惠政策;三是契税优惠政策;四是所得税优惠政策。对公司分立项目的这四项税收优惠政策,我们需要提请读者注意的是:(1)增值税优惠政策适用所有的公司分立项目,只要资产和相应的债权、债务以及员工一并分割即可;(2)享受土地增值税免征优惠政策和契税免征优惠政策的条件是分立新设公司的股东与被分立公司的股东相同,但股东的持股比例可以发生变动;(3)享受所得税优惠政策即股权支付部分"原值划转"和被分立公司亏损结转弥补的条件是简单分立,即分立新设公司的股东及持股比例与被分立公司相同。

二、关于新设分立的财税问题

此前我们对公司分立项目财税问题的讨论都是以存续新设为样本,现在我们对新设分立的财税问题作一个补充说明。新设分立是指被分立公司解散,新设两个或者两个以上公司,被分立公司的资产、负债及员工分割给新设公司。新设分立与存续分立财税问题的处理规则和税收优惠政策基本相同,主要的区别在于存续分立被分立公司将资产、负债转移给新设公司,会计处理基准是视同转让由被分立公司确认损益,存续公司不发生解散业务和相关财税问题;而新设分立被分立公司将资产、负债转移给新设公司,会计处理基准也是视同转让由被分立公司确认损益,但同时被分立公司发生解散清算业务和相关财税问题。故此,被分立公司应当将分立解散期间作为一个单独的会计期间,核算解散清算期间的损益,以取得的各新设公司的股权为借方,以分立基准日公司资产的净值为贷方,确认清算期间的损益。而被分立公司的原股东则以取得的各新设公司股权的价值为借方,以原投资成本为贷方按照投资收回确认损益。

与公司合并项目中解散公司及股东的损益核算一样,新设分立项目中被分立公司及股东的损益核算,我们也放到本书第十二章企业清算部分专门进行详细的讨论。

案例7.1　目标公司采分立方法剥离资产节税案例

某外国投资者拟对甲公司进行股权并购,但由于甲公司是一家综合性公司,除外国企业拟并购的啤酒资产和业务外,还拥有一家宾馆的房地产和业务,需要对甲公司拥有的宾馆的房地产和业务进行剥离。

操作人员提出两种剥离方法:(1)将需要剥离的资产和业务转让给甲公司的兄弟公司;(2)对甲公司进行存续分立,新设立乙公司。

针对两种剥离方法,财务人员作出了如下税收成本分析:

第一，将剥离资产转让给甲公司的兄弟公司，对于转让资产中的房地产部分，甲公司应当按照转让价格的5%缴纳营业税，兄弟公司应当按照转让价格的4%缴纳契税，并且会发生附加税和测量费等；如果采公司分立的方法剥离这些资产，则不会发生相关的税费。

第二，将剥离资产转让给兄弟公司，对于转让资产中的房地产部分，甲公司应当按照转让价格减扣除部分缴纳土地增值税，而土地增值税的税率非常高；如果采分立方法剥离这些资产，则可节约这部分税收。

第三，将剥离资产转让给兄弟公司，其交易属于关联交易，交易价格将受到税务机关的监管，如果不人为地降低交易价格，甲公司就会发生应税所得，负有缴纳企业所得税的义务；如果采分立的方法剥离资产，则不会发生所得税的纳税义务。

第四，因分立而新设的乙公司的股东与甲公司的股东相同，且不需要支付差价，根据税法的有关规定甲公司无须确认分立所得，乙公司按照分立前资产的计税成本确认接受资产的计税成本，故不会对公司的经营和财务结果产生影响。

经过财务人员测算，采分立方法剥离宾馆资产和业务比转让方法剥离可以节约税收成本合计4000多万元，据此，目标公司的领导决定采取分立的方法重组公司，以便使公司满足外国投资者的并购要求。随甲公司的股东与外国投资者签署了附条件生效的股权转让合同。合同签署后甲公司进行分立，分立完成后股权转让合同生效，股东向外国投资者转让了甲公司的股权。

这个案例告诉我们，在公司重组或者为并购进行的目标公司资产剥离过程中，采资产转让和公司分立的方法都可以达成预期目标，但是采分立方法比采转让的方法更能节税。即使分立不能满足税收法规关于公司分立适用特殊性税务处理的规定（参见财税〔2009〕59号），需要按照公允价值确定分立资产的价值，并据此确认被分立公司或股东的所得，采分立方法剥离目标公司的资产和业务，也能较转让方法节约营业税、土地增值税和契税。

案例7.2　通过分立变与法人交易为与自然人交易节税案例

甲公司对一综合性企业集团（乙公司）持有的五家乳制品公司的股权进行并购。该综合性企业集团由10名自然人股东组成，除持有五家乳制品公司各60%的股权外，还持有化工、制药、建筑等企业的股权。该企业集团资产负债表的基本信息为：货币资金500万元；固定资产3500万元；长期投资4亿元（其中五家乳制品公司2亿元）；应收账款1亿元；实收资本2亿元；资本公积2.5亿元；未分配利润9000万元。

最初双方商定，由甲公司与乙公司订立股权转让协议，购买乙公司持有的五家乳制品公司各60%的股权，股权转让价格为26亿元。

交易方案初步确定后，乙公司进行税务策划，认为乙公司出让股权的所得基本为资产转让的利润,需要缴纳25%的企业所得税和20%的个人所得税,合计税负达到收益的40%。能否变两层所得税为一层个人所得税,从而降低税收成本50%?沿着这个思路法务人员和财务人员经过反复研究提出了乙公司先分立、变法人股东出让股权为自然人股东出让股权的节税方案,并对两个方案的税收负担进行了比较。

第一方案:乙公司转让股权总收入26亿元,扣除计税成本2亿元,应税所得额为24亿元,需要缴纳企业所得税6亿元(24亿元×25%),不计应当提取的盈余公积金,股东可分配利润18亿元(24亿元-6亿元);股东分配18亿元利润需缴纳3.6亿元的个人所得税(18亿元×20%),股东实得14.4亿元(18亿元-3.6亿元)。

第二方案:首先将乙公司分立为丙公司和丁公司,两家公司的股东和所持的股份比例与乙公司相同。丙公司注册资本1亿元,资本公积1亿元,分得长期投资资产2亿元(对五家乳制品公司的股权)。丁公司注册资本1亿元,资本公积1.5亿元,未分配利润9000万元,分得货币资金500万元,固定资产3500万元,长期投资2亿元(对乳制品以外公司的股权),应收账款1亿元。

然后由甲公司与丙公司的10名自然人股东订立股权转让协议,购买其持有的丙公司的全部股权,股权转让价格仍为26亿元,甲公司仍然可以取得对五家乳制品公司的控制权。但交易的税收成本却大大降低,股权出让方的实际收入也大大提高,具体情况如下:甲公司向丙公司的10名自然人股东支付股权转让价款26亿元,扣除股东出资额1亿元,股东转让股权所得合计为25亿元,缴纳个人所得税5亿元(25亿元×20%),股东实得21亿元(26亿元-5亿元)。

第二方案与第一方案相比,交易标的相同,甲公司并购成本相同,但乙公司的股东少缴所得税4.6亿元(9.6亿元-5亿元),股东多得6.6亿元(21亿元-14.4亿元)-2亿元(1亿元注册资本+1亿元资本公积)=4.6亿元。

鉴于第二方案可以为乙公司股东节约大量税收,且分立的成本很小(同一控制人下的企业不需要支付对价的分立,无须确认分立的所得和损失),乙公司主张变原来的第一方案为第二方案。甲公司经过分析第二方案,认为第二方案虽对自己无重大不利,但存在两个问题:(1)股权并购后需要将丙公司持有的五家乳制品公司的股权转至自己的名下,然后对丙公司进行清算,会发生一定的费用;(2)根据分立后的公司对分立前公司的债务承担连带责任的法律规定,会增加自己的风险。后经双方协商,乙公司股东同意在股权转让价格上给予甲公司一定的优惠,以弥补第二方案对甲公司的不利。随后双方按照第二方案签署了附条件生效的股权转让协议,协议签订后乙公司进行分立操作。乙公司分立完成后,股权转让协议生效,双方顺利实施了第二个股权并购方案。

这个案例告诉我们,在公司并购过程中,可以通过目标公司重组的方法改变股权交易的主体,从而降低交易的税收成本。特别是对一些交易标的额巨大的并购

案，通过税收成本策划，哪怕是节约一个税种，都会给交易主体带来巨大的经济利益。税收策划不是先确定怎么做，做完了再想办法避税，而是在做之前，在确定方案之前，通过对可能采取的诸多方案的税收成本的推演，对比分析，找出既可行又节税的方案实施。

案例7.3　以先分立后转股代替资产转让节税案例

投资公司甲拟对目标公司乙进行并购，由于乙公司是一家综合性公司，为了满足甲公司并购的要求，双方初步商定采取资产转让的方式进行并购。即由甲公司与乙公司签订资产转让合同，确定乙公司向甲公司转让资产的范围（仅限甲公司需要的）和转让价格等。

在并购方式初步确定后，乙公司的财务人员和法务人员经过推演发现乙公司在整个交易过程中需要缴纳营业税约500万元，土地增值税1200万元，所得税2200万元，附加税和费用100多万元，合计达4000多万元。为了降低税收成本，经乙公司法务人员和财务人员认真研究，拟定出先分立后转股权的并购方式。经过充分协商，甲公司同意了乙公司的并购方案。

在协商一致的基础上，乙公司通过法定程序进行了分立，以甲公司拟并购的资产新设立了丙公司，乙公司存续。由于分立的目的是变更资产转让方式为股权转让方式，故新设立的丙公司的股东与乙公司的股东相同，分立过程并不发生税收成本。分立完成后，甲公司与丙公司的股东签署了股权转让合同，仅发生股权转让所得税2500多万元，降低税收成本近1500万元。

股权并购和资产并购是企业并购的两种基本方式，但资产并购的税收成本要比股权并购高。对于那些综合性的公司，往往有许多资产和业务不符合投资公司的要求，或者法律限制投资公司持有，一般认为只能采取资产并购的方式由投资公司购买其所需要的。本案则采取对目标公司先分立后转股的方法，既使目标公司满足了投资公司并购资产和业务范围的要求，又采取了股权并购的并购方式，达到了并购、节税两不误的效果。

第八章

减资的税负和优惠政策

增资、减资都是公司重组的重要形式，但是关于增资的财税问题和税收优惠政策已经包含在本书第二章和第三章的内容之中。故此，本章我们只讨论公司减资的税收成本和税收优惠政策。

■第一节　减 资 方 式

减资是指公司履行法定程序减少自己的资本，股东撤销自己的出资义务或者撤回对公司的出资。根据公司减资的行为规则，在实务中公司减资可以分为名义减资、实际减资、交易性减资和非交易性减资；所谓名义减资是指公司减少自己的注册资本，但股东并不从公司取得减资对价的减资，比如通过减资程序消灭股东认缴尚未实缴的资本；所谓实际减资是指公司减少自己的资本，股东从公司取得减资对价的减资，比如我们在本讨论的减资；所谓交易性减资是指公司股东不按照原股份比例减资或者公司的个别股东减资，比如公司有两个股东，一个减资退出公司，另一个保留在公司；所谓非交易性减资是指公司的全体股东统一按照股权比例以相同的价格从公司减资，比如两个各持有公司50%股权的股东各减少对公司出资的一半，或者独资公司的股东从公司减资。

这四种减资存在交叉关系，非交易性减资和交易性减资都属于实际减资。非交易性减资基本不存在股东之间的利益冲突，或者说股东之间的利益是一致的。但这种减资会减少公司的责任财产，存在股东与公司债权人之间的利益冲突，故这种减资能否成行关键看公司债权人能否放行。交易性减资是公司的个别股东获得减资对价退出公司或者减少对公司的出资比例，首先，这种减资存在股东与股东之间的利益冲突，是减资股东与不减资股东之间的交易；其次，也存在股东与公司债权人之间的利益冲突，要依法经过债权人同意。故此，交易性减资需要对公司进行评估协商作价，即确定公司的估值，根据公司估值来计算减资对价。非交易减资不需要签订减资协议，只要权力机构批准并履行法定通知公告程序就可以，而交易性减资不仅需要评估作价，经公司权力机构批准，履行通知公告义务，还需要订立减资协议。

减资作价是减资过程的疑难问题，减资作价解决的是减资股东应当从公司取得多少财产的问题，关乎股东的切身利益。由于公司经营结果的变化和股东权益的变动，股东从公司取得减资对价的数量及形式不可能与股东投入公司的资本相同，因此，公司减资肯定会涉及公司及股东的所得税问题，也可能会涉及其他税收负担。本章我们主要讨论实际减资情况下股东和公司的税收成本问题和税收优惠政策。

■第二节　减资公司的财税问题

股东减资公司的财税问题,首先要看公司用什么资产向减资股东支付对价,公司用来向股东支付减资对价的资产不同,公司的会计处理和税收负担就不同。公司可以用来向股东支付减资对价的资产包括货币、房地产、股权、存货和知识产权等。下面我们分别进行讨论。

一、货币支付减资对价的会计处理

公司用货币向股东支付减资对价,公司相当于股权的买方,因此,无论公司支付的减资对价高还是低,在会计核算上公司都不会直接产生损益,但是却直接影响股东的利益。比如,甲公司注册资本2000万元,A、B两股东各投入1000万元。公司资产总额8000万元,负债3000万元,资本公积1000万元;盈余公积1000万元,未分配利润1000万元。B股东拟以减资方式退出公司,在评估的基础上经双方协商甲公司估值8000万元,计得B减资对价为4000万元。减资完成后甲公司的会计分录如下:

借:实收资本　1000万元;
　　资本公积　1000万元;
　　盈余公积　1000万元;
　　未分配利润　1000万元;
　　贷:银行存款　4000万元。

假如上述减资项目中甲公司估值不是8000万元,而是6000万元,计得B股东的减资对价为3000万元。甲公司的会计分录将变为:

借:实收资本　1000万元;
　　资本公积　1000万元;
　　盈余公积　1000万元;
　　贷:银行存款　3000万元。

这里有三个问题需要和读者说明:第一,虽然减资对价的高低不直接表现为公司的损益,但是它直接关乎股东的利润。在上例中当减资对价为4000万元时,留给存续股东A的股东权益仅剩1000万元,而当减资对价为3000万元时,留给存续股东A的股东权益则为2000万元。第二,股东减资公司会计分录的借方只能出自股东权益,并且依次为注册资本、资本公积、盈余公积、未分配利润。第三,资本公积、盈余公积可以借成零,未分配利润甚至可以借成负的,但是实收资本只能借减资股东投入的,减资不能打破资本的配比关系。

从上述会计分录和三点说明可见,股东从公司减资(交易性减资)既不是股东从公司撤走自己的出资,也不是股东退股,实际是全体存续股东以公司为平台按份收购减资股东的股权,收购完成后(减资完成后)存续股东在公司的权益减少(因用于支付对价),股权比例增加(因共同收购股权)。据此我们可以得出一项规则,就是交易性减资必须公允作价,要像转让股权那样,对公司进行客观估值,根据公司的估值计算减资股权的对价。换句话说,减资股东的股权在市场上能卖多少钱,通过减资方式卖给全体存续股东就应当是多少钱,上市公司以市场价格从股票市场收购股票,然后通过减资程序注销这些股票就是这项规则的例证。

二、其他资产支付减资对价公司的税负

公司可以用货币向股东支付对价,也可以用其他资产向减资股东支付对价,只要双方协商一致即可。其他资产包括股权、房地产、存货和知识产权等资产。公司以货币以外的资产向股东支付减资对价,相当于买卖关系中的以物易物,不仅要给减资股东的股权作价,还要给用于支付减资价款的其他资产作价,只有这样减资交易才能完成。

在交易性减资项目中,如果公司用货币以外的资产向减资股东支付减资价款,在税法上公司会被认定为这些资产的卖方而被课税。如果用于支付减资对价的资产是减资公司对其他公司的股权,减资公司会因为出让股权发生印花税,并涉及所得税;如果用于支付减资对价的资产是房地产,减资公司会发生增值税、附加税、土地增值税、印花税,并涉及所得税;如果用于支付减资对价的资产是货物类资产,减资公司会发生增值税、附加税、印花税,并涉及所得税。比如,甲公司由A、B、C、D、E 5个股东设立,公司注册资本5000万元,每个股东持股20%。公司资产总额20,000万元,负债10,000万元,资本公积2000万元,盈余公积2000万元,未分配利润1000万元。A股东拟以减资方式退出公司,经评估各方同意甲公司估值25,000万元,计得A股东的减资对价5000万元。甲公司对乙公司有长期股权投资2000万元,经协商各方同意用该股权向A股东支付减资对价,并同意甲公司对乙公司的股权作价4000万元,甲公司另外支付减资对价1000万元。减资完成后甲公司的所得及会计分录如下:

借:实收资本　1000万元;

　资本公积　2000万元;

　盈余公积　2000万元;

　贷:银行存款　1000万元;

　　长期股权投资(乙公司)　2000万元;

营业外收益　2000万元。

这个会计分录表明，A股东以5000万元的代价退出公司，四名存续股东各取得公司5%的股权，公司以对乙公司的2000万元投资作价4000万元外加1000万元现金支付了减资对价，其中的股权转让获得2000万元的收益。

这里再次提请读者注意，在交易性减资项目中，不仅减资对价需要通过对公司的估值计算得出，价格要公允，体现公平交易的原则；如果公司用货币以外的资产作价支付减资对价，用于支付的货币以外的资产也要公允作价，体现等价交换的原则；而且公司用货币、股权以外的资产支付减资对价，公司会被认定为这些资产的卖方，会发生所得税以外的纳税义务。

■第三节　公司减资股东的纳税义务

公司减资不仅涉及公司的财务和税务，也涉及股东的财务和税务。我们下面讨论公司减资股东的会计处理和所得税问题。

一、公司减资法人股东的所得税问题

关于公司减资法人股东的所得税问题，国家税务总局在《关于企业所得税若干问题的公告》（以下简称国税2011年34号公告）的第5条第1款明确规定，"投资企业撤回或减少投资的税务处理：投资企业从被投资企业撤回或减少投资，其取得的资产中，相当于初始出资的部分，应确认为投资收回；相当于被投资企业累计未分配利润和累计盈余公积按减少实收资本比例计算的部分，应确认为股息所得；其余部分确认为投资资产转让所得"。这是企业股东从公司减资的财税处理，从中可以看出，公司减资企业股东的所得税处理方法与股权转让所得税的处理方法有很大的不同，股权转让所得额的计算公法为转让价格减股权的计税成本，而国税2011年34号公告规定的公司减资企业股东所得额的计算方法为，减资价格减（1）减资公司未分配利润和盈余公积金中减资股权拥有的份额；（2）减资股权的计税成本。公司减资企业股东所得额的计算方法体现了企业所得税法关于居民企业向居民企业分配利润法人股东免征所得税的规则。比如，甲公司出资1000万元，持有乙公司20%的股权，乙公司注册资本5000万元，资本公积3000万元，盈余公积1000万元，未分配利润2000万元，股东权益合计11,000万元。甲公司拟通过减资方式退出乙公司，在评估的基础经协商各方同意乙公司估值30,000万元，甲公司的减资对价为6000万元，用现金支付。甲公司的所得和双方的会计分录如下：

乙公司　　借:实收资本　1000 万元;
　　　　　　　资本公积　3000 万元;
　　　　　　　盈余公积　1000 万元;
　　　　　　　未分配利润　1000 万元;
　　　　　　　贷:银行存款　6000 万元。

甲公司　　借:银行存款　6000 万元;
　　　　　　　贷:长期股权投资(乙公司)　1000 万元;
　　　　　　　　股利收入(免税收入)　600 万元;
　　　　　　　　营业外收入　4400 万元。

这个会计分录表明,甲公司取得减资对价 6000 万元,在所得税核算上其中的 1000 万元是投资成本,600 万元为税后留存,相当于从所投资公司取得的股利不再征税,其余 4400 万元相当于股权转让取得的收益,并入当期计算缴纳企业所得税。

如果减资股东不是居民企业,而是非居民企业,因股东减资取得的所得额的计算方法与上述居民企业减资所得额的计算方法相同,但不是免税收入,对所得额征收预提所得税。对非居民企业征收的预提所得税由居民企业代扣代缴,因减资对非居民企业征收的预提所得税由减资公司代扣代缴。

二、公司减资个人股东的所得税问题

如果减资股东不是法人企业,而是个人,包括居民个人和非居民个人,其所得税的处理方法与上述截然不同。国家税务总局《关于个人终止投资经营收回款项征收个人所得税问题的公告》(以下简称国税 2011 年 41 号公告)规定,个人因各种原因终止投资、联营、经营合作等行为,从被投资企业或合作项目、被投资企业的其他投资者以及合作项目的经营合作人取得股权转让收入、违约金、补偿金、赔偿金及以其他名目收回的款项等,均属于个人所得税应税收入,应按照“财产转让所得”项目适用的规定计算缴纳个人所得税。应纳税所得额的计算公式为:应纳税所得额 = 个人取得的股权转让收入、违约金、补偿金、赔偿金及以其他名目收回款项合计数 - 原实际出资额(投入额)及相关税费。

这就是说,个人股东从公司减资所得额的计算方法为减资价格减股东计税成本和合理费用。这个计算方法体现了个人所得税法关于对个人投资取得的股利收入征收个人所得税的原则。个人股东减资所得视为股权转让为单项所得,个人单项所得的税率为 20%,税额为单项所得额乘以税率。比如,A 自然人出资 1000 万元持有甲公司 10% 的股权,甲公司注册资本 5000 万元,资本公积 2000 万元,盈余公积 500 万元,未分配利润 1500 万元,股东权益合计 9000 万元。甲拟以减资方式退出甲公司,在评估的基础上各方同意甲公司估值 15,000 万元,A 自然人的减资对价为 1500 万元。减资完成后 A 自然人需要申报的单项应税所得额和需要缴纳的个人所得税额如下：

应税所得额：1500 万元 - 1000 万元 = 500 万元；

应纳税额：500 万元 × 20% = 100 万元。

■第四节　非交易性减资的税收优惠政策

非交易性减资是指股东之间没有利益冲突，不包含交易内容的减资，包括一人公司减资和多家股东的子公司按照持股比例的减资。

一、非交易性减资的特点

为了帮助读者理解非交易性减资的特点，我们首先绘制非交易性减资股权结构图（见图 8 - 1）：

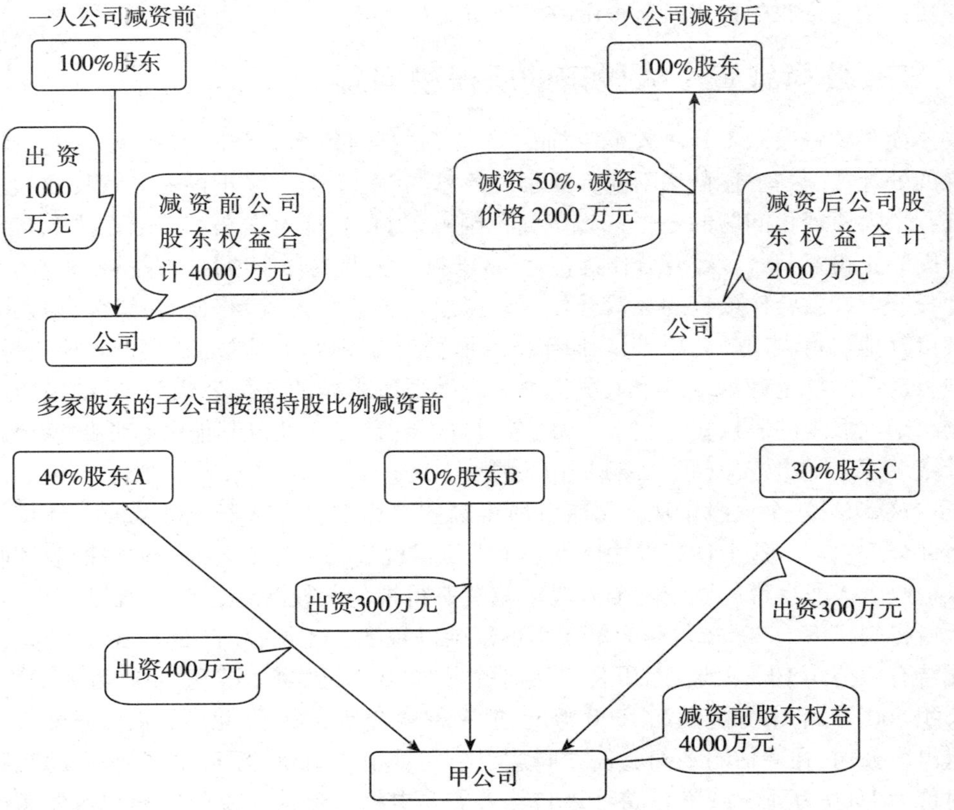

多家股东的子公司按照持股比例减资后

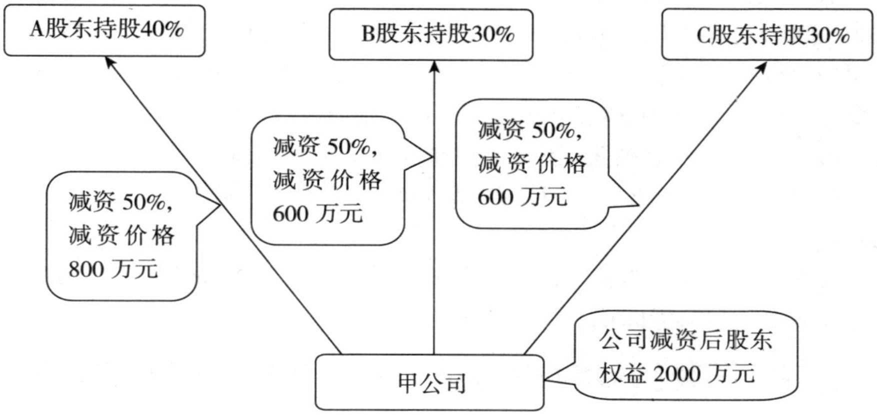

图 8-1 非交易性减负股权结构

由图 8-1 可见，这种非交易性减资最大的特点就是股东之间按照持股比例、以相同的价格进行减资，减资前后公司的股东、股东的持股比例相同，因此股东之间没有利益冲突、没有交易的内容，所以我们称为非交易性减资。非交易性减资基本不需要对减资股权进行作价，因为股东之间不存在价格冲突。实务中基本是按照公司需要以减资方式剥离的资产数额，同时参考公司实收资本和股东权益额的比例关系，确定减资的比例和减资的价格。比如，甲公司有 A、B、C 三个股东，注册资本 20,000 万元，A 出资 10,000 万元，B 出资 5000 万元，C 出资 5000 万元，公司资产总额 50,000 万元，负债 10,000 万元，资本公积 8000 万元，盈余公积 10,000 万元，未分配利润 2000 万元。因市场萎缩公司有闲置资金 12,000 万元，2000 万元通过利润分配剥离，10,000 万元拟通过减资剥离。董事会制订减资方案，公司各股东减少对公司出资的 20%，参照公司实收资本和股东权益的比例，确定减资对价总额为 10,000 万元，全部以现金方式支付。股东会批准了董事会制订的公司减资方案。减资完成后公司制作会计分录如下：

借：实收资本　4000 万元；

　　资本公积　6000 万元；

　　贷：银行存款　10,000 万元。

减资完成后甲公司的注册资本变为 16,000 万元，资本公积变为 2000 万元，银行存款同时减少 10,000 万元，其中 A 获得减资对价 5000 万元，B 获得减资对价 2500 万元，C 获得减资对价 2500 万元。

虽然这种非交易性减资股东之间不存在价格冲突，很容易达成一致，但是如果股东以非货币资产作价支付减资对价，对非货币资产作价的高低或者说价格是否公允，却要受到税务机关的监管。因为从税收征管方面来说这是资产的买卖，并且是关联交易。比如，乙公司是甲公司的全资子公司，甲公司对乙公司的出资额是5000万元，乙公司的股东权益为10,000万元，乙公司拥有丙公司40%的股权，出资额为3000万元（市场价格约10,000万元），现甲公司拟以减资方式将乙公司对丙公司的股权转移为己有。甲公司作出股东决定从乙公司减资30%，减资对价为3000万元，乙公司用其持有的丙公司40%的股权作价支付。对此，如果不适用公司减资所得税优惠政策，税务机关就会对乙公司股权作价支付减资对价的行为进行纳税调整，要求乙公司按照10,000万元的价格确认转让股权的所得补缴税款。

下面我们在上述对非交易性减资和非货币资产支付减资对价讨论的基础上，讨论非交易性公司减资的税收优惠政策。

二、解析国税〔2015〕40号公告第1条第2项原值划转优惠政策

关于国税〔2015〕40号公告相信读者并不陌生，我们在本书的第三章讨论非货币资产出资的优惠政策时，曾经把国税〔2015〕40号公告规定的第1条第1项税收优惠政策作为非货币资产出资的一项所得税优惠政策进行讨论。现在我们讨论国税〔2015〕40号公告规定的第1条第2项税收优惠政策。

国税〔2015〕40号公告第1条第2项税收优惠政策的内容为，“100%直接控制的母子公司之间，母公司向子公司按账面净值划转其持有的股权或资产，母公司没有获得任何股权或非股权支付。母公司按冲减实收资本（包括资本公积，下同）处理，子公司按接受投资处理”。乍一看这段话非常费解，如果我们把它稍微翻译一下，相信读者会有顿悟的感觉。这段话的意思是说股东公司从子公司（国税〔2015〕40号公告称为母公司）减资，子公司用非货币资产向股东公司支付减资对价，股东公司又将减资取得的非货币资产投资给孙公司（国税〔2015〕40号公告称为子公司），非货币资产从子公司到股东公司，再从股东公司到孙公司可以原值划转，不用公允作价确认所得。

为了帮助读者理解按照我们翻译后的概念绘制减资、投资结构图（见图8－2）：

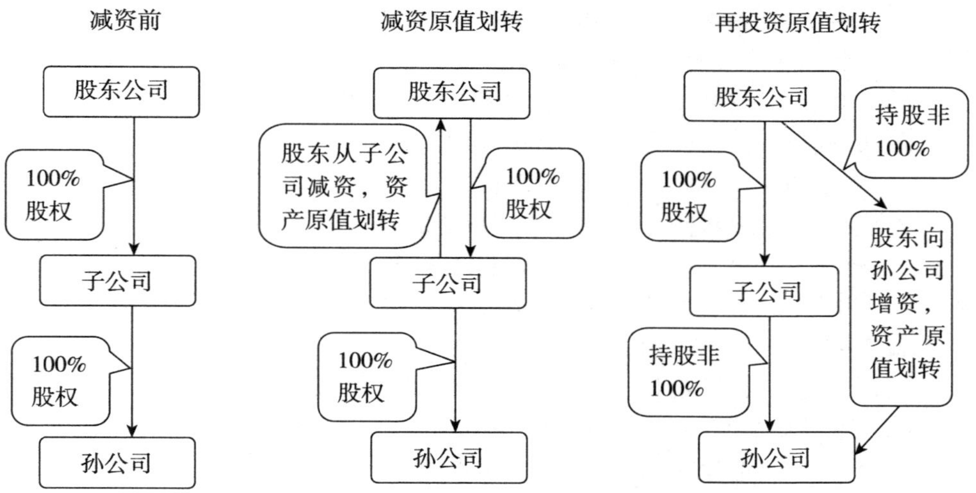

图 8－2　公司减资、投资结构

前面已经提到，如果公司用非货币资产向股东支付减资对价，需要公允作价确认所得。国税〔2015〕40 号公告规定的第 1 条第 2 项企业所得税优惠政策就是用于支付减资对价的资产可以原值划转，减资公司不再需要确认损益，股东公司再用该资产向自己的孙公司出资，也可以原值划转不确认损益。至于从子公司减资的股东公司如何确认损益，请参考本章第三节的相关内容。比如，甲公司对乙公司出资 5000 万元，是乙公司的全资股东，乙公司盈余公积 2000 万元，未分配利润 3000 万元，股东权益合计 10,000 万元。乙公司对丙公司出资 1000 万元，持有丙公司 100% 的股权。另外，乙公司对 A 公司有长期股权投资 2000 万元，持有 A 公司 40% 的股权，市场价值 10,000 万元。甲公司拟将乙公司对 A 公司的股权作为自己的投资转移给丙公司，使自己直接持有丙公司的部分股权，采取国税〔2015〕40 号公告规定的第二种税收优惠政策。各公司的所得税事项和会计分录如下：

乙公司　　借：实收资本　1000 万元；

　　　　　　　盈余公积　1000 万元；

　　　　　　贷：长期股权投资（A 公司）　2000 万元。

乙公司的这个会计分录表明，在乙公司减资项目中由于适用国税〔2015〕40 号公告规定的企业所得税优惠政策，乙公司通过减资将其对 A 公司的股权原值划转给了股东甲公司，没有发生所得。

甲公司减资的所得和会计分录如下：

借：长期股权投资（A 公司）　2000 万元；

　贷：长期股权投资（乙公司）　1000 万元；

　　股息收入（免税收入）　1000 万元。

这个会计分录表明，甲公司根据国税〔2011〕34号公告的规则，减资没有发生应税所得（请参考本章第三节的相关内容）。

甲公司向丙股东投资的会计分录如下：

借：长期股权投资（丙公司） 2000万元；

贷：长期股权投资（A公司） 2000万元。

这个会计分录表明，甲公司将其减资取得的资产对A公司的长期股权投资作为出资投资于丙公司，使自己直接持有丙公司的部分股权，在投资过程中适用了国税〔2015〕40号公告规定的第1条第2项企业所得税优惠政策，股权原值划转至丙公司，没有因非货币出资产生应税所得。

丙公司的会计分录如下：

借：长期股权投资（A公司） 2000万元；

贷：实收资本和资本公积合计 2000万元。

这个会计分录表明，丙公司收到了甲公司的出资，成为拥有A公司40%股权的股东，同时甲公司也成为自己的股东之一。丙公司从乙公司的全资子公司变为乙公司拥有部分股权，甲公司拥有部分股权的“混血儿”。

三、解析国税〔2015〕40号公告第1条第3项原值划转优惠政策

国税〔2015〕40号公告规定的第1条第3项企业重组所得税优惠政策的内容为，“100%直接控制的母子公司之间，子公司向母公司按账面净值划转其持有的股权或资产，子公司没有获得任何股权或非股权支付。母公司按收回投资处理，或按接受投资处理，子公司按冲减实收资本处理。母公司应按被划转股权或资产的原计税基础，相应调减持有子公司股权的计税基础”。

该项企业重组所得税优惠政策就是前面讨论的国税〔2015〕40号公告第1条第2项税收优惠政策的前半部分即减资部分，读者如果掌握了前面讨论的优惠政策，本项税收优惠政策将不论自明，故此我们不再赘述。

四、解析国税〔2015〕40号公告第1条第4项原值划转优惠政策

国税〔2015〕40号公告规定的第1条第4项企业重组所得税优惠政策的内容为，“受同一或相同多家母公司100%直接控制的子公司之间，在母公司主导下，一家子公司向另一家子公司按账面净值划转其持有的股权或资产，划出方没有获得任何股权或非股权支付。划出方按冲减所有者权益处理，划入方按接受投资处理”。国税〔2015〕40号公告第1条规定的前3项企业重组所得税优惠政策都是纵向的，比如母公司向全资子公司非货币资产出资，子公司以非货币资产向全资母公

司支付减资对价。只有第 4 项优惠政策是横向的，这项优惠政策包括两种情形：一是同一母公司的全资子公司之间资产的原值划转；二是多家母公司持股比例相同的子公司之间资产的原值划转。下面我们分别来讨论。

1. 关于同一母公司的全资子公司之间资产的原值划转。比如甲公司持有 A 公司 100% 的股权，A 公司的注册资本 1000 万元，股东权益 3000 万元；甲公司持有 B 公司 100% 的股权，B 公司的注册资本 2000 万元，股东权益为 4000 万元；甲公司持有 C 公司 100% 的股权，C 公司的注册资本 1000 万元，股东权益 2500 万元。甲公司拟将 A 公司拥有的一项专利转移至 C 公司，该专利会计账面净值 300 万元，市场价值 2000 万元。适用国税〔2015〕40 号公告第 1 条规定的第 4 项企业重组所得税优惠政策。A 公司的所得税事项和会计分录如下：

借：实收资本　100 万元；

　　盈余公积　200 万元；

　　贷：无形资产　300 万元。

甲公司减资的会计分录如下：

借：无形资产　300 万元；

　　贷：长期股权投资（A 公司）　100 万元；

　　　　股利收入（免税收入）　200 万元。

甲公司向 C 公司增资的会计分录如下：

借：长期股权投资（C 公司）　300 万元；

　　贷：无形资产　300 万元。

接受甲公司投资的 C 公司的会计分录如下：

借：无形资产　300 万元；

　　贷：实收资本　300 万元。

如此，经过一次减资和一次出资使价值 2000 万元的专利从 A 公司转移至 C 公司，并且 A 公司、甲公司和 C 公司都没有确认所得。

2. 关于相同多家母公司 100% 直接控制的子公司之间资产的原值划转。我们首先绘制股权结构图帮助读者理解这一企业重组所得税优惠政策（见图 8 – 3）。

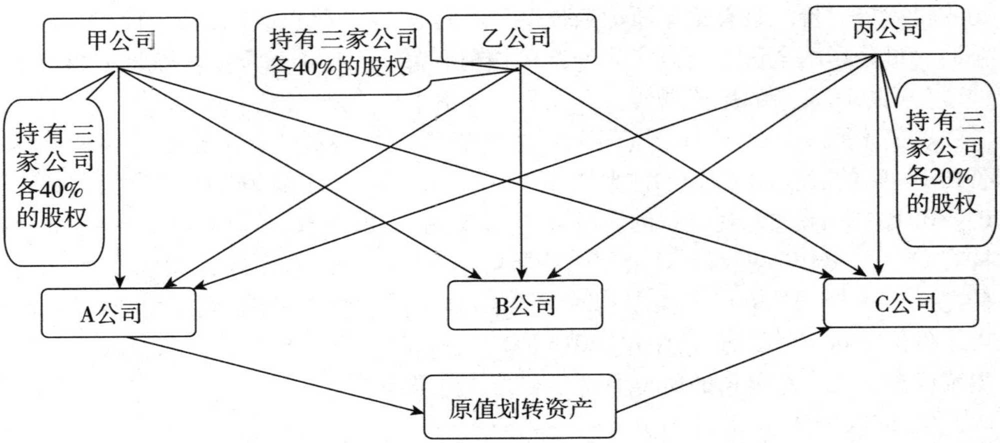

图8－3　公司股权结构

从图8－3中可见，甲公司持有A、B、C三家公司各40%的股权，乙公司持股A、B、C三家公司各40%的股权，丙公司持有A、B、C三家公司各20%的股权，这就是国税〔2015〕40号公告说的相同多家母公司100%直接控制的子公司。甲、乙、丙三家公司为母公司，A、B、C三家公司这三家母公司100%直接控制的子公司，资产从A公司原值划转至C公司，就是相同多家母公司100%直接控制的子公司之间资产的原值划转。当然原值划转只是相对于公允作价的一种会计处理方法，它的特征是不用公允作价，不会产生损益。资产从A公司原值划转至C公司，并不是由A公司和C公司直接进行交易和会计处理。根据国税〔2015〕40号公告该税收优惠政策的规定，“在母公司主导下，一家子公司向另一家子公司按账面净值划转其持有的股权或资产，划出方没有获得任何股权或非股权支付。划出方按冲减所有者权益处理，划入方按接受投资处理”。仍应当走甲公司、乙公司和丙公司三家股东从A公司减资，A公司用拟划转资产支付减资对价，然后三家母公司再向丙公司以划转资产出资的会计核算路径。当然原值划转的资产不用分拆，可以从A公司直接进入C公司。

由上述讨论可见，国税〔2015〕40号公告规定的三项企业减资项目所得税优惠政策，加上我们在本书第三章讨论的增资企业所得税优惠政策，都是针对非交易性增资和减资项目的，只有这种纯粹的重组项目才能适用这种所得税优惠政策。

五、原值划转税收优惠政策的适用

原值划转是企业重组的所得税优惠政策，适用该优惠政策必须具备一定的条件，不具备条件的企业重组项目不可以适用。关于适用国税〔2015〕40号公告优惠政策的条件和注意事项，我们在本书第三章第四节已经有详细的论述，读者可以参考，在此不再赘述。不过仍有以下三个问题需要明确：

1. 关于评估作价和原值划转的问题。根据国税〔2015〕40号公告的规定，股东公司用从子公司减资取得的资产向孙公司出资，可以原值划转，而股东公司对孙公司的出资属于非货币资产出资，根据公司法的规定股东用非货币资产出资，应当评估作价，不得高估和低估，如何处理这个问题呢？在实务中母公司用从子公司减资获得的非货币资产出资时，必须按照公司法的规定履行评估程序，但只要评估价格高于出资资产的原值，适用国税〔2015〕40号公告规定的税收优惠政策原值划转，就既不违反公司法，也合法利用了国税〔2015〕40号公告的税收优惠政策。当然如果出资资产的评估值低于资产的原值，再原值划转就违反公司法了。

2. 在讨论财税〔2009〕59号规定的股权支付股权并购价款和股权支付资产并购价款企业所得税特殊性处理时，笔者一再强调以被收购股权和被收购资产的原有的计税基础进行会计确认，只是税收优惠政策允许的会计核算方法，在实际交易中还是需要公允作价，等价交换。而在上述讨论国税〔2015〕40号公告规定的企业重组所得税优惠政策时，笔者没有再强调这个问题，反而一再强调没有利益冲突，不是交易。这是为什么呢？是笔者错了吗？笔者没有错，问题出在财税〔2009〕59号规定的所得税特殊性处理是关于股权或者资产交易的税收优惠政策，而国税〔2015〕40号公告规定的原值划转是非交易性重组的税收优惠政策。两者虽然都是企业资本项目的所得税优惠政策，但适用的对象有本质的区别。

3. 关于公司减资会计处理只能借股东权益的问题。股东从公司减资从法律关系的本质上说，是公司代表全体存续股东用全体存续股东留存在公司的财产向减资股东购买股权。从这个定义出发股东以减资方式退出公司，公司只能用股东权益来源的资产向减资股东履行支付义务，不能用其他来源的资产向减资股东履行支付义务。因为用其他来源的资产向减资股东履行支付义务，会侵害公司债权人的利益，不符合公司资本项目会计处理的原则。尽管公司减资有法定程序，需要通知并公告债权人，但是即使这样公司也不能用其他来源的资产向股东履行减资支付义务。否则如果公司可以用其他来源的资产向股东履行减资的支付义务，股东就可以借助减资将公司掏空，最后通过清算将损失甩给债权人。

六、关于公司减资股东的其他税负问题

公司减资股东除了涉及所得税外，也可能涉及其他税负。如果公司用房地产支付减资对价，减资股东无论是企业还是个人都会被认定为房地产的购买方，会发生契税纳税义务。除此之外，股东也会发生少量印花税的纳税义务，不会发生其他纳税义务。

■第五节　减资涉及的其他税负问题

以上是对公司减资所得税问题的讨论,下面我们简单地讨论一下公司减资涉及的其他税收问题。

一、房地产支付减资对价的其他税负

在公司减资的情况下,公司可以用房地产向股东履行支付义务,公司自建的、外购的、其他股东投入的、减资股东投入的房地产均可以。但是,当公司用房地产向股东支付减资价款时,从税法上会认定公司向股东转让这些房地产,因此,这一行为在公司方面会涉及增资税、附加税、土地增值税、印花税和所得税,在股东方面会涉及契税和印花税。截至目前,除契税外没有优惠政策,根据财税〔2018〕17 号的规定,房地产在本章上节讨论的非交易性重组中原值划转的可享受免征契税的优惠政策。

那么,房地产原值划转怎样确认增值额呢?应当通过评估确定增值税计算缴纳土地增值税。还有原值划转的资产如何确定销售价格、确定增值税额呢?笔者认为应当以原值确定销售额,计算缴纳增值税额。

二、股权支付减资价款的其他税负

在公司以股权支付减资价款的情况下,除公司会涉及所得税外,不会发生其他纳税义务。

三、房地产和股权以外资产支付减资价款的税负

在公司以房地产、股权以外资产支付减资对价的情况下,公司会涉及增值税、附加税、印花税和所得税;在股东方面只会涉及印花税。

总之,当公司以货币以外的资产向股东支付减资款时,公司的行为应当被认定为转让这些资产,并依法承担相应的纳税义务,减资股东会被认定为在减资(视同转让股权)的同时受让这些资产,并依法承担相应的纳税义务。

第九章

企业改制的税负和优惠政策

企业改制有时指企业的所有制性质和组织形式同时发生改变，有时仅指企业组织形式发生改变。企业改制与企业合并、分立、增资、减资一样，也是资本的生长过程。本章我们讨论企业改制的税收成本和税收优惠政策。

■第一节 法人企业改制的所得税问题

在我国,法人企业包括有限责任公司和股份有限公司,以及未实行公司制的国有企业和集体企业。我们这里讨论的法人企业改制主要是指非公司制的国有企业改制为公司,以及有限责任公司为上市改制为股份有限公司,当然也包括股份有限公司改制为有限责任公司,是一种法人企业转换为另一种法人企业的改制。

首先,无论哪一种法人企业都执行企业所得税法,从税收层面说,可以通过企业改制来实现企业组织形式的转换,而无须像法人企业转变为非法人企业那样需要对企业进行清算的财税处理。在企业所得税上可以视同改制前后的企业为同一纳税人,故企业法人之间的转换不存在财税上的障碍。

其次,无论哪一种法人企业都实行股东、投资者对企业承担有限责任,企业以其全部资产对自己的债务承担责任,这在民商法方面为企业改制提供了法律基础,企业不通过清算而通过改制进行转换,不了结对外权利义务关系不会侵害债权人的利益。法人企业之间的转换虽然企业内部组织形式发生了改变,但企业的股东或投资者对公司的责任没变,企业对债权人的责任未变,企业承担责任的财产没变,因此要求这类企业转换进行清算既没有必要,也会加重企业的成本,实为不宜。

法人企业可以通过改制的方式实现内部组织形式的改变,从一种法人企业转换为另一种法人企业。那么,法人企业改制的所得税事项如何处理呢?这是本节要讨论的中心议题。

关于一种法人企业改制为另一种法人企业的企业所得税处理问题,财税〔2009〕59 号仅规定,企业由法人转变为个人独资企业、合伙企业等非法人组织,或将登记注册地转移至中华人民共和国境外(包括我国港澳台地区),应视同企业进行清算、分配,股东重新投资成立新企业。企业的全部资产以及股东投资的计税基础均应以公允价值为基础确定。企业发生其他法律形式简单改变的,可直接变更税务登记,除另有规定外,有关企业所得税纳税事项(包括亏损结转、税收优惠等权益和义务)由变更后企业承继,但因住所发生变化而不符合税收优惠条件的除外。

从财政部、国家税务总局对一些国企改制、重组的个案批复看,综合这些批复和《企业所得税法》及企业会计准则的精神,一种法人企业改制为另一种法人企业所得税的处理可归纳如下:

第一,如果经评估改制企业的资产增值了,并根据评估结果对改制企业资产和负债的计税基础进行了调整的,评估增值部分应当并入企业当期的应纳税所得额,

缴纳企业所得税;

第二,对评估增值部分增加公司实收资本的,对相关股东应当按照分配进行税务处理,对股东为法人的不征收企业所得税,对自然人股东征收个人所得税;

第三,对评估增值部分进行了上述财务处理的,改制后的企业可以按照调增后的资产和负债的计税基础计提折旧或者摊销费用;

第四,是否需要对改制企业的资产进行评估,是否需要按照评估结果进行财务处理,视改制的目的而定。一般情况下,不需要对改制企业进行资产评估并根据评估结果调整资产和负债的计税基础。

在2007年《企业所得税法》实施以前允许改制企业对评估增值部分进行财务确认而不作所得税处理,但在改制后企业计算缴纳企业所得税时必须进行纳税调整,按照未评估增值的计税基础计算缴纳所得税,2007年《企业所得税法》实施后不允许再如此处理了。上述企业改制评估增值的财务处理和所得税负担,有财政部、国家税务总局在2007年《企业所得税法》实施后的如下文件佐证:

1. 财政部、国家税务总局《关于中国邮政集团公司重组改制过程中资产评估增值有关企业所得税政策问题的通知》(财税〔2009〕24号):为支持中国邮政集团公司重组改制工作,经国务院批准,现对其改制过程中资产评估增值涉及的企业所得税政策问题明确如下:

(1)中国邮政集团公司在重组改制过程中发生的资产评估净增值662,701.23万元应缴纳的企业所得税不征收入库,直接转计中国邮政集团公司的资本公积,作为国有资本。

(2)对上述经过评估的资产,中国邮政储蓄银行有限责任公司及其所属分支结构可按评估后的资产价值计提折旧或摊销,并在企业所得税税前扣除。

2. 财政部、国家税务总局《关于中国水利水电建设集团公司重组改制上市资产评估增值有关企业所得税政策问题的通知》(财税〔2010〕48号):为支持中国水利水电建设集团公司重组改制上市工作,经国务院批准,现就其重组改制上市过程中资产评估增值涉及的企业所得税政策问题明确如下:

(1)中国水利水电建设集团公司在重组改制上市过程中发生的经国资委核准并已进行账务处理的资产评估增值953,739.92万元应缴纳的企业所得税不征收入库,直接转计中国水利水电建设集团公司的国有资本金。

(2)对上述经过评估的资产,企业可按评估后的资产价值计提折旧或摊销,并在企业所得税税前扣除。

3. 财政部、国家税务总局《关于中国冶金科工集团公司重组改制上市资产评估增值有关企业所得税政策问题的通知》(财税〔2009〕47号):为支持中国冶金科工集团公司重组改制上市工作,经国务院批准,现对其重组改制上市过程资产评估增值涉及的企业所得税政策问题明确如下:

（1）中国冶金科工集团公司在重组改制上市过程中发生的资产评估增值2,129,385万元应缴纳的企业所得税不征收入库，直接转计中国冶金科工集团公司的国有资本金。

（2）对上述经过评估的资产，中国冶金科工股份有限公司及其所属子公司可按评估后的资产价值折旧或摊销，并在企业所得税税前扣除。

上述因资产评估增值应当征收的企业所得税不征收入库，作为国有资本金投入企业，实质是征收后再投入改制的企业，企业的纳税义务是明确的。当然一种法人企业改制为另一种法人企业也不一定都需要评估，更不一定需要根据评估结果调增资产的计税基础，比如一家有限责任公司改制为一家股份有限公司，股东不变，股东的持股比例不变，就没有必要进行评估，即使评估也不需要对评估结果进行会计确认，也就不会涉及改制企业的所得税问题。

■第二节　法人企业改制的其他税负问题

一种法人企业改制为另一种法人企业除涉及所得税问题外，还会涉及增值税、附加税、土地增值税、契税和印花税，本节我们分别进行讨论。

一、法人企业改制不征收增值税

一种法人企业改制为另一种法人企业的增值税问题包括两个方面的内容：第一，改制前公司将房地产、机器设备、存货资产和无形资产等转移到改制后的法人企业，是否构成转让征收增值税；第二，改制前企业未抵扣完的增值税进项税额，在改制后的公司可否延续抵扣。下面我们分别对这两个问题进行讨论：

（一）改制前企业将资产转移到改制后企业是否征收增值税

笔者的答案是不应当征收。理由如下：第一，根据增值税暂行条例的规定，对销售资产的行为征收增值税，而在一种法人企业转换为另一种法人企业的改制过程中，改制前的公司将资产转移到改制后的公司的行为并不是转让资产的行为。在这里，改制前的公司不是出让方，改制后的公司也不是购买方，不能把改制前后的公司认定为不同的民事主体，它们是同一纳税主体的不同阶段，所以不能征收增值税。第二，在《增值税暂行条例实施细则》第4条规定的八种视同销售货物的行为中，不包括改制前的公司向改制后的公司转移资产的行为，其他有关增值税的法规文件也未提到要对改制前的公司将资产转移到改制后的公司的行为征收增值税，所以不能视改制前的公司向改制后的公司转移资产的行为为销售行为，不能向改制前的公司征收增值税。第三，如果向改制前的公司征收增值税，改制前的公司就得为改制后的公司开具增值税发票，改制后的公司就可以将其增值税作为进项税抵扣，结果并不存在任何实际意义。第四，即使不对改制前的公司征税，改制后的公司在销售这些资产时仍应当为购买方开具增值税发票，依法缴纳增值税，增值税链条并不被破坏。

2011 年 2 月 18 日国税 2011 年 13 号公告发布，该公告明确规定，“纳税人在资产重组过程中，通过合并、分立、出售、置换等方式，将全部或者部分实物资产以及与其相关联的债权、负债和劳动力一并转让给其他单位和个人，不属于增值税的征税范围，其中涉及的货物转让，不征收增值税”。“营改增”之后对转让房地产和知识产权等资产改为征收增值税。财税〔2016〕36 号附件 2《营业税改征增值税试点有关事项的规定》第 1 条第 2 项规定“不征收增值税项目……5. 在资产重组过程中，通过合并、分立、出售、置换等方式，将全部或者部分实物资产以及与其相关联的债权、负债和劳动力一并转让给其他单位和个人，其中涉及的不动产、土地使用权转让行为”。

（二）改制前企业未抵扣完的进项税额可否结转抵扣

笔者的答案是可以结转抵扣。理由如下：第一，对改制前的公司来说，其尚未抵扣的进项税额是该公司的资产，而改制过程中，改制前公司的资产、债权、债务要结转到改制后的公司。第二，从公司法和税法角度说，改制后的公司的经营活动是改制前公司经营活动的延续，不仅民事权利和义务为法定承继，而且行政义务包括纳税责任也为法定承继。因此，改制前公司尚未抵扣完的增值税进项税额可以结转到改制后的公司中继续抵扣。第三，允许改制前公司尚未抵扣完的进项税额在改制后公司中延续抵扣，并不打破增值税的征税链条，反而正好维持了增值税的征税链条。因为改制后的公司要继续使用或者加工从改制前公司接收的货物，并销售使用这些货物生产出的产品，发生销项税额，只有抵扣后才为改制后的公司应当缴纳的增值税额。这恰好维持了增值税的征税链条，保证了国家的税源。第四，如果不允许改制前企业的进项税余额结转到改制后公司抵扣，改制前企业可以采取将资产销售给改制后公司的方法，取得销项税额后进行抵扣，而改制后公司又可以凭购买该等资产的增值税发票进行进项税抵扣，从而不致使进项税余额资产浪费。

二、法人企业改制的附加税问题

附加税包括城市建设附加税和教育费附加，之所以称为附加税，是因为它依附主税而缴纳。凡是增值税和消费税，在缴纳主税的同时就要依据主税的税额缴纳附加税。从上述讨论中我们得知一种法人企业改制为另一种法人企业，只是企业内部组织形成的变更，并不是民事主体和纳税义务人的更替，因此不发生缴纳增值税的义务，故此也不发生缴纳附加税的义务。

三、法人企业改制不征收土地增值税

《土地增值税暂行条例》第 2 条规定，“转让国有土地使用权、地上的建筑物及其附着物（以下简称转让房地产）并取得收入的单位和个人，为土地增值税的纳税义务人（以下简称纳税人），应当依照本条例缴纳土地增值税”。由此可见，一种法人企业改制为另一种法人企业是否应当就涉及的土地使用权缴纳土地增值税，关键要看改制前的企业与改制后的企业之间是否构成了土地使用权的转让，如果构成土地使用权的转让就应当缴纳，如果不构成就不应当缴纳。

关于改制前的企业与改制后的企业是否构成不动产的转让，我们在前面关于营业税和契税的讨论中作了详细的论证，在此不再重复。结论是一种法人企业改制为另一种法人企业，改制前的法人企业与改制后的法人企业之间不构成包括土地使用权在内的资产转让，因此，不应负有缴纳土地增值税的义务。

现行有效的土地增值税政策是财税〔2018〕57 号。该通知第 1 条规定，“按照《中华人民共和国公司法》的规定，非公司制企业整体改制为有限责任公司或者股份有限公司，有限责任公司（股份有限公司）整体改制为股份有限公司（有限责任公司），对改制前的企业将国有土地使用权、地上的建筑物及其附着物（以下称房地产）转移、变更到改制后的企业，暂不征土地增值税。本通知所称整体改制是指不改变原企业的投资主体，并承继原企业权利、义务的行为”。

四、法人企业改制免征契税

《契税暂行条例》第 1 条规定，“在中华人民共和国境内转移土地、房屋权属，承受的单位和个人为契税的纳税人，应当依照本条例的规定缴纳契税”。

现行有效的契税优惠政策是财税〔2018〕17 号。该通知第 1 条规定，“企业改制：企业按照《中华人民共和国公司法》有关规定整体改制，包括非公司制企业改制为有限责任公司或股份有限公司，有限责任公司变更为股份有限公司，股份有限公司变更为有限责任公司，原企业投资主体存续并在改制（变更）后的公司中所持股权（股份）比例超过 75%，且改制（变更）后公司承继原企业权利、义务的，对改制（变更）后公司承受原企业土地、房屋权属，免征契税”。该通知第 2 条规定，“事业单位改制：事业单位按照国家有关规定改制为企业，原投资主体存续并在改制后企业中出资（股权、股份）比例超过 50% 的，对改制后企业承受原事业单位土地、房屋权属，免征契税”。

法人企业改制可以有条件的享受财税〔2018〕17 号规定的免缴契税优惠政策。

■第三节　不同性质企业转换的所得税问题

上一节我们讨论的是一种法人企业转换为另一种法人企业的改制，这种改制包括有限责任公司转化为股份有限公司，股份有限公司转化为有限责任公司，也包括国有或集体非公司制企业转化为公司。在我国目前的企业法律体系中，非法人企业包括个人独资企业和合伙企业。本节我们讨论法人企业转化为非法人企业、非法人企业转化为法人企业的税收问题。

严格说来，法人企业向非法人企业的转换，非法人企业向法人企业的转换并不是企业改制，不是企业组织形式的变更，而是企业或者投资者处理投资资产的行为，但是由于它们与企业改制有相像之处，我们都把它们放在本章讨论。

一、法人转换为非法人的所得税问题

法人企业与非法人企业在税收上的最大区别在于，法人企业适用企业所得税法，而非法人企业适用个人所得税法。正因如此，财税〔2009〕59号中明确规定，"企业由法人转变为个人独资企业、合伙企业等非法人组织，或将登记注册地转移至中华人民共和国境外（包括港澳台地区），应视同企业进行清算、分配，股东重新投资成立新企业。企业的全部资产以及股东投资的计税基础均应以公允价值为基础确定"。如果一家法人企业要想转换为个人独资企业或者合伙企业，这家法人企业必须进行解散清算，法人企业要就清算所得缴纳企业所得税，股东要就分配的剩余财产大于投资成本的部分按照股权转让进行所得税处理。比如，一家有限责任公司由甲、乙两股东出资成立，公司实收资本200万元，盈余公积金100万元，累计亏损50万元（前一年亏损）负债100万元，资产总额350万元。现拟转换为甲、乙两人的合伙企业，经评估并经主管税务机关确认公司全部资产公允价值的总额为500万元。这样公司会产生清算收益150万元，扣除50万元的可税前弥补的亏损，产生应税所得100万元，不考虑其他费用公司需要缴纳企业所得税25万元（100万元×25%），产生税后利润75万元。该清算税后利润75万元应当视同股东转让股权所得缴纳所得税，公司财务账上的盈余公积100万元应当视同公司向股东进行利润分配进行所得税处理。如果股东是法人企业则无须就利润分配部分缴纳企业所得税，如果股东是自然人则需要对利润分配部分缴纳个人所得税。

从这个分析中我们可以感悟到，在法人企业向非法人企业转换过程中所得税的处理原则，实际就是股东按照公允价值将公司的全部资产买走再投入新的企业，

法人企业进行清算。之所以这样,笔者认为原因如下:

首先,法人企业无论是有限责任公司还是股份有限公司,股东对公司都承担有限责任,公司都以自己的全部财产对其负债承担责任。因此,公司不经清算程序股东除分配利润和减资外不得抽走公司的资产。当股东要想将自己投资设立的法人企业转换成非法人企业时,只能对法人企业进行清算,了结法人企业的全部权利和义务,否则他无法实现资产的转移。法人企业向非法人企业的转换实际是法人企业股东投资的转换,包括通过清算取回对法人企业的投资,同时实现其对非法人企业的投资。

其次,非法人企业与法人企业不同,非法人企业没有独立的人格,没有独立的资产,以其投资人的名义进行民事活动。因此法人企业向非法人企业的转换不同于一种法人企业向另一种法人企业的转换,前者必须了结民事权利义务,而不能结转民事权利义务,为的是兑现有限责任。后者不能继承前者的责任,后者是无限责任,因为法人企业的有限责任和非法人企业的无限责任不能贯通,债权债务不能结转。

最后,在企业所得税层面之所以法人企业不能通过改制转换为非法人企业,是因为法人企业在所得税上执行的是企业所得税法,按照会计期间确认损益,前溯5年以内的亏损可以税前弥补,按照25%的税率征税。而非法人企业执行的是个人所得税法,按照个人经营所得征税,两者不能转换,故不能通过改制实现法人企业向非法人企业的转换。

就执行财税〔2009〕59号关于法人企业向非法人企业转变的有关规定,国家税务总局在《企业重组业务企业所得税管理办法》中规定,“企业发生《通知》第四条第(一)项规定的由法人转变为个人独资企业、合伙企业等非法人组织,或将登记注册地转移至中华人民共和国境外(包括港澳台地区),应按照《财政部 国家税务总局关于企业清算业务企业所得税处理若干问题的通知》(财税〔2009〕60号)规定进行清算。企业在报送《企业清算所得纳税申报表》时,应附送以下资料:(一)企业改变法律形式的工商部门或其他政府部门的批准文件;(二)企业全部资产的计税基础以及评估机构出具的资产评估报告;(三)企业债权、债务处理或归属情况说明;(四)主管税务机关要求提供的其他资料证明”。

二、非法人转换为法人的所得税问题

非法人企业向法人企业的转换与法人企业向非法人企业的转换一样,严格说起来,转换是不准确,甚至是不正确的。实际上不是转换,都是投资人撤回投资后的再投资,因此都不属于企业改制之列。所不同的是,法人企业转换为非法人企业必须对法人企业进行清算,缴纳因清算发生的所得税,当法人企业的清算有剩余财产之后,股东才能实现自己再投资的目的,并且需要缴纳因投资作价而发生的所得税，而非法人企业的投资人要想转移投资的资产不必对非法人企业进行清算，也不必缴纳因清算而发生的所得税，因为非法人企业的资产为投资人所有，投资人可以直接以自己的名义用非法人企业的资产对外投资，当然要承担因投资作价发生的所得税。

之所以不存在由非法人企业向法人企业的改制，是因为：第一，在法律层面，非法人企业投资人对企业债权人的义务高于法人企业股东对公司债权人的义务，如果允许通过改制转换，势必侵害非法人企业债权人的利益；第二，非法人企业没有完整的独立人格，在人格上企业与投资者合而为一；第三，非法人企业的资产仍归投资者所有，且投资者撤回或者处理企业的资产没有严格的法律程序和限制，投资者可以用其投入非法人企业的资产投资设立法人企业，实现自己从非法人企业的投资者向法人企业股东的转换。当然，如果非法人企业是合伙企业，投资人对合伙企业财产的处理应当经合伙人达成一致。

■第四节　法人与非法人转换的其他税负

法人企业转换为非法人企业、非法人企业转换为法人企业除涉及所得税问题外，还会涉及增值税、附加税、契税、土地增值税和印花税。以下我们讨论法人企业转换为非法人企业，非法人企业转换为法人企业涉及的所得税以外的税收负担问题。

一、法人转换为非法人的其他税负

从前面的讨论中我们已经知道，从法人企业向非法人企业转换是股东从公司取得剩余财产，如果股东从公司取得的剩余财产不是货币，而是非货币资产，这个过程将被认定为股东从公司受让取得资产，虽然从价值角度是剩余财产的分配过程，但在物质形态上则是转让过程，即股东从公司购买公司的清算资产（即使是公司以实物形态向股东分配剩余资产也是如此），然后对价值形态的剩余财产进行分配。因此，当股东从公司取得不动产时，公司会发生增值税、附加税、土地增值税，股东会发生契税；当股东从公司取得其他资产时，公司会发生增值税、附加税。

总之，公司是一个独立的民事主体，包括其向自己的股东转让财产都应当依法纳税。这里比较费解的是，我们平时一提到公司清算就会想到向股东分配剩余财产，实际上这里说的分配只是价值形态上的，在进行价值分配前必须对实物资产进行转让（包括作价转让给股东），然后才能进行价值形态的分配，前者是清算企业财产变现的范畴,后者是剩余财产分配的范畴。而对企业资产的处理,无论是转让给股东,还是转让给他人,都是清算资产的转让,都应当依法纳税。

前面讨论的是股东从所投资公司取得有关资产时公司和股东在所得税以外的税收负担,下边我们讨论股东将这些资产再投资到自己的独资企业或者自己参加的合伙企业时的税收负担问题。在所得税方面,如果股东是自然人,目前尚没有规定出资作价征收个人所得税;在其他税负方面,由于非法人企业无独立的人格、无独立的财产权,故当个人将有关资产投入非法人企业时,一般无须产权变更登记,故也不会发生所得税以外的税收负担。

二、非法人转换为法人的其他税负

投资者可以将自己投入个人独资企业或者合伙企业的资产转而投向法人企业,由于非法人企业没有独立的人格、没有独立的财产、没有独立的责任,投资人对非法人企业承担无限责任,故当投资人用非法人企业的资产投资法人企业时,无须对非法人企业履行清算的法律程序,也无相关税收负担问题。当然如果非法人企业是合伙企业,应当由全体合伙人达成一致。关于个人或者企业将相关资产再投资法人企业时的税收成本和优惠政策,请参考本书第二章和第三章的相关内容。

第十章

债务重组的税负和优惠政策

债务重组既是企业重组的重要形式，也是资本的生长过程。本章我们讨论债务重组的税收成本和税收优惠政策。

■第一节　债务重组方式

债务重组是指在债务人发生财务困难的情况下，经债权人同意或者法院裁决给予债务人一定的优惠使债务得以清结。债务重组是债务清结的一种方法。根据财税〔2009〕59号的规定，企业债务重组包括三种方式：(1)以非货币财产偿还债务；(2)债权转股权；(3)按照折价后的金额偿还债务。企业债务重组也有税收成本问题，其所得税的处理也分为一般性处理和特殊性处理两种。除所得税外还可能发生营业税、契税、增值税、土地增值税及附加税等纳税义务。

这里需要提请注意的是债权转股权。债权转股权指的是债权人和债务人协商一致，债权人放弃向债务人主张债权，以换取债务人的股权，以达成债权关系消灭，股权关系生成的法律效果。债权转股权实际是一种增资行为，只不过增资出资的标的比较特殊，是对融资公司的债权。债权转股权不同于债权出资，债权出资是用对第三方的债权作价向公司出资，出资后债权关系并不消灭，只是债权人发生了变更，原来的债权人变成了股东，接受债权出资的公司变成了债权人。债权出资实际包括两层法律关系：债权的转让和转让价款出资。

■第二节　债务重组所得税一般处理

根据《企业所得税法实施条例》第22条的规定，“企业所得税法第六条第(九)项所称其他收入，是指企业取得的除企业所得税法第六条第(一)项至第(八)项规定的收入外的其他收入，包括企业资产溢余收入、逾期未退包装物押金收入、确实无法偿付的应付款项、已作坏账损失处理后又收回的应收款项、债务重组收入、补贴收入、违约金收入、汇兑收益等”。债务重组会影响双方的所得税事项，甚至产生纳税义务。根据财税〔2009〕59号的规定，“债务重组，是指在债务人发生财务困难的情况下，债权人按照其与债务人达成的书面协议或者法院裁定书，就其债务人的债务作出让步的事项”。企业债务重组凡是不符合适用特殊性税务处理规定或者没有选择特殊性税务处理的，都必须适用一般性税务处理，照章纳税。

一、非货币资产偿债所得税一般处理

以非货币资产偿还债务是指债务人以货币以外的资产偿还货币债务。根据财税〔2009〕59号的规定,如果债务人用非货币资产偿债,在适用一般性所得税处理的情况下,相关交易“应当分解为转让相关非货币性资产、按非货币性资产公允价值清偿债务两项业务,确认相关资产的所得或损失”。

据此,在企业用非货币资产偿还债务时,相关业务需要分解为债务人向债权人转让相关非货币资产和债务人用转让价款偿还债务两项业务,债权人要按照偿债资产的公允价值进行会计确认,债务人要按照偿债资产的作价额与其计税基础之间的差额确认转让资产的损益。比如,甲企业欠乙企业100万元,经双方协商甲企业用一台机器设备偿还该债务。如果该机器设备在甲企业财务账簿上登记的净值为80万元,甲企业就应当确认资产转让取得的营业外收益20万元,乙企业则应当按照100万元确认该机器设备的计税成本。如此两个企业的会计分录和所得税事项如下:

乙企业　　借:固定资产　100万元;
　　　　　　贷:应收账款　100万元。
甲企业　　借:应付账款　100万元;
　　　　　　贷:固定资产　80万元;
　　　　　　　营业外收益　20万元。

上述会计分录表明,甲企业非货币资产作价偿还债务,取得了20万元的收益。剔除其他因素的影响,甲企业发生企业所得税的纳税义务5万元(20万元×25%)。

二、债权转股权所得税一般处理

根据财税〔2009〕59号的规定,企业发生债权转股权债务重组时,在适用所得税一般性处理规则的情况下,“应当分解为债务清偿和股权投资两项业务,确认有关债务清偿所得或损失”。

据此,在债转股的债务重组交易中,相关业务也应当分解为债务人偿还债务、债权人进行股权投资两项。债权人放弃债权所获得的股权的价格应当按照公允价值进行确认,股权公允价值与投资人放弃债权之间的差额应当确认为债务人清偿债务的收益。比如,甲公司是一家上市公司,每股股本1元,市场近期交易均价为每股5元,甲公司欠乙公司600万元。经双方协商一致,甲公司以向乙公司定向增发100万股的方法偿还500万元债务,其余100万元债务豁免。在此种情况下,双方的会计处理和所得税事项如下:

甲公司　　借:应付账款　600万元;
　　　　　　贷:股本　100万元;

资本公积　400 万元；

债务清偿收益　100 万元。

乙公司　　借：长期股权投资（甲公司）　500 万元；

贷：应收账款　600 万元；

债权清收损失　100 万元。

这个会计分录表明，在债权转股权过程中乙公司给予甲公司 100 万元的债务豁免，从而甲公司确认 100 万元的收益，乙公司确认 100 万元的损失。

三、债务豁免双方的所得税问题

债务豁免是指债权人为帮助债务人走出财务困境，有条件地放弃部分债权，以求收回其余部分的债权。根据财税〔2009〕59 号的规定，在债务重组中的债务豁免，“债务人应当按照支付的债务清偿额低于债务计税基础的差额，确认债务重组所得；债权人应当按照收到的债务清偿额低于债权计税基础的差额，确认债务重组损失”。

据此，在债务重组中进行债务豁免的，债权人应当按照收到的债务清偿额与债权计税基础之间的差额确认债务清偿的损失，同时债务人应当按照债务清偿额与债务计税基础之间的差异确认债务清偿的收益。比如，甲公司欠乙公司 500 万元，甲公司因经营困难无力偿还，经双方协商达成协议，乙公司放弃 200 万元，甲公司每月向乙公司偿还 20 万元，在 15 个月内还清。在这种情况下，在清还完毕后两个公司的财务处理和所得税事项如下：

乙公司　　借：银行存款　300 万元；

贷：应收账款　500 万元；

债务清收损失　200 万元。

甲公司　　借：应付账款　500 万元；

贷：银行存款　300 万元；

债务清收收益　200 万元。

上述会计分录表明，在债务清收过程中，因债务豁免乙公司损失 200 万元，甲公司收益 200 万元，各自分别确认损益。

根据《企业资产损失所得税税前扣除管理办法》第 22 条的规定，企业确认应收及预付款项坏账损失，属于债务重组的，应有债务重组协议及其债务人重组收益纳税情况的说明，否则债权人不能确认债权清收损失。

以上是关于债权重组三种方式所得税的一般性处理规则，是债务重组所得税处理的基本规则，凡是没有选择适用债务重组所得税特殊性处理的项目，都应当按照上述规则分别确认损益。

■第三节　债务重组所得税优惠政策

根据财税〔2009〕59号的规定,企业债务重组业务的所得税处理也分为两种:一种是一般性税务处理;另一种是特殊性税务处理。特殊性税务处理是国家关于企业债务重组的一项企业所得税优惠政策,不具备条件的或者具备条件没有选择特殊性税务处理的债务重组项目,只能适用前边讨论的一般性税务处理规则,分别确认损益。只有具备条件又选择适用特殊性税务处理的债务重组项目才能选择适用所得税的特殊性处理规则,递延损益。

现在我们讨论企业债务重组所得税的特殊性处理规则。

一、债务豁免所得税优惠政策及适用

根据财税〔2009〕59号的规定,企业债务重组凡是符合适用特殊性税务处理条件的,如果债务重组确认的应纳税所得额占企业当年应纳税所得额的50%以上,可以在五个纳税年度的期间内,均匀计入各年度的应纳税所得额计算缴纳企业所得税。

企业按照年度累计应税所得额和适用的税率计算缴纳所得税。在企业债务重组过程中,如果债务人因债务重组发生的所得税额过大,势必加重企业的税收负担,减少企业的流动性,使本来经营困难的债务人雪上加霜。将本年度因债务重组发生的应税所得额分摊到以后五个年度计算缴纳所得税,第一,有利于缓解企业的资金压力;第二,可以减少企业的年度纳税额。在债务重组的以后四年中,如果债务人有亏损发生,企业因债务重组的所得额就会被经营上的亏损额抵掉,企业就可能减少缴纳所得税。

将企业因债务重组发生的应税所得额分摊到以后年度分别确认缴纳所得税,是国家给予债务重组企业的一项税收优惠政策,债务重组企业应当向税务主管机关申请享受。

根据《企业重组业务企业所得税管理办法》第22条的规定,企业发生债务重组所产生的应纳税所得额占该企业当年应纳税所得额50%以上的,债务重组所得要求在5个纳税年度的期间内,均匀计入各年度应纳税所得额的,应准备以下资料:

1. 当事方的债务重组的总体情况说明(如果采取申请确认的,应为企业的申请,下同),情况说明中应包括债务重组的商业目;

2. 当事各方所签订的债务重组合同或协议;

3. 债务重组所产生的应纳税所得额、企业当年应纳税所得额情况说明;

4. 税务机关要求提供的其他资料证明。

该文第 18 条规定,企业发生重组业务,按照财税〔2009〕59 号第 5 条第 1 项要求,企业在备案或提交确认申请时,应从以下方面说明企业重组具有合理的商业目的:

1. 重组活动的交易方式。即重组活动采取的具体形式、交易背景、交易时间、在交易之前和之后的运作方式和有关的商业常规;

2. 该项交易的形式及实质。即形式上交易所产生的法律权利和责任,也是该项交易的法律后果。另外,交易实际上或商业上产生的最终结果;

3. 重组活动给交易各方税务状况带来的可能变化;

4. 重组各方从交易中获得的财务状况变化;

5. 重组活动是否给交易各方带来了在市场原则下不会产生的异常经济利益或潜在义务;

6. 非居民企业参与重组活动的情况。

二、债权转股权所得税优惠政策及适用

债权转股权是债权人放弃债权获得债务人的股权,债务人向债权人发行股份(或股权)的一种债务重组方式。首先,在债权关系存续的情况下,债务人应当定期向债权人支付利息,这会加重债务人的财务负担,减少债务人的现金流量,不利于债务人的经营。而在股权关系存续的情况下,企业有利润可分时,股东才可从企业分取利润,在企业不盈利或者有亏损尚未弥补的情况下,股东就不会从企业分取利润,这有利于企业实现重整目标。其次,在债权转股权的情况下,债权人多少会给债务人一些"折扣",放弃部分债权,使债务人从中得益,有利于债务人摆脱困境。

在债权转股权的债务重组项目中,相关业务应当分解为债务人向债权人偿债、债权人向债务人增资两项进行税务处理。在适用债务重组所得税一般性处理规则的情况下,如果债权人放弃了部分债权额,债务人就需要确认债务清偿所得,发生纳税义务。

根据财税〔2009〕59 号关于企业债务重组所得税特殊性税务处理的规定,特殊性税务处理的规则为,"对债务清偿和股权投资两项业务暂不确认有关债务清偿所得或损失,股权投资的计税基础以原债权的计税基础确定。企业的其他相关所得税事项保持不变"。这就是说即使债务人在债务重组项目中获得了债务豁免,也不用确认收益,债权人也不确认损失,双方均将豁免额隐藏在债权转股权的股权的成本之中,使双方的收益和损失同时递延。我们仍拿前边债权转股权的例子来说,从比较中理解特殊性处理规则。在前面的例子中甲公司是一家上市公司,每股股本

1元，市场近期交易均价为每股5元，甲公司欠乙公司600万元。经双方协商甲公司以向乙公司定向增发100万股的方法偿还500万元债务，其余100万元债权豁免。在适用一般性所得税处理的情况下，双方的会计分录和所得事项如下：

甲公司　　借：应付账款　600万元；
　　　　　　　贷：股本　100万元；
　　　　　　　　　资本公积　400万元；
　　　　　　　　　债务清偿收益　100万元。

乙公司　　借：长期股权投资（甲公司）　500万元；
　　　　　　　贷：应收账款　600万元；
　　　　　　　　　债务清收损失　100万元。

在适用一般性税务处理的规则下，债务人甲公司需要确认债务重组收益100万元，债权人乙公司确认债权清收损失100万元。如果选择适用债权转股权所得税的特殊性处理规则，双方的会计分录和所得税事项则变更为如下：

甲公司　　借：应付账款　600万元；
　　　　　　　贷：股本　100万元；
　　　　　　　　　资本公积　500万元。

乙公司　　借：长期股权投资（甲公司）　600万元；
　　　　　　　贷：应收账款　600万元。

上述会计分录表明，同一债务重组项目，如果适用一般性税务处理，债务人需要确认100万元的债务重组收益，债务人需要确认100万元的债务重组损失，而在适用特殊性税务处理规则的情况下，债务人100万元的收益不需要确认，债权人100万元的损失也不用确认，全部进入股权的计税成本之中。

根据《企业重组业务企业所得税管理办法》第22条第2项的规定，发生债权转股权业务，债务人对债务清偿业务暂不确认所得或损失，债权人对股权投资的计税基础以原债权的计税基础确定，应准备以下资料：

1. 当事方的债务重组的总体情况说明。情况说明中应包括债务重组的商业目的；

2. 双方所签订的债转股合同或协议；

3. 企业所转换的股权公允价格证明；

4. 工商部门及有关部门核准相关企业股权变更事项证明材料；

5. 税务机关要求提供的其他资料证明。

根据该文第18条的规定，企业发生重组业务，按照财税〔2009〕59号第5条第1项要求，企业在备案或提交确认申请时，应从以下方面说明企业重组具有合理的商业目的：

1. 重组活动的交易方式。即重组活动采取的具体形式、交易背景、交易时间、在交易之前和之后的运作方式和有关的商业常规；

2. 该项交易的形式及实质。即形式上交易所产生的法律权利和责任，也是该项交易的法律后果。另外，交易实际上或商业上产生的最终结果；

3. 重组活动给交易各方税务状况带来的可能变化；

4. 重组各方从交易中获得的财务状况变化；

5. 重组活动是否给交易各方带来了在市场原则下不会产生的异常经济利益或潜在义务；

6. 非居民企业参与重组活动的情况。

根据该文第 11 条的规定，企业发生财税〔2009〕59 号第 4 条第 2 项规定的债务重组，应准备以下相关资料，以备税务机关检查：

1. 以非货币资产清偿债务的，应保留当事各方签订的清偿债务的协议或合同，以及非货币资产公允价格确认的合法证据等；

2. 债权转股权的，应保留当事各方签订的债权转股权协议或合同。

■第四节　非货币偿债涉及的其他税负

在非货币资产偿还债务的债务重组项目中，债务人会被认定为资产的卖方，债权人会被认定为资产的买方。如果债务人以房地产作价偿还债务，债务人就会在所得税以外发生增值税、附加税、土地增值税和印花税，债权人就会发生契税和印花税。如果债务人以房地产以外的非货币资产偿还债务，债务人就会发生增值税、附加税和印花税，债权人就会发生印花税。

第十一章

跨境重组的税负和优惠政策

跨境重组是指相关交易发生在中国居民企业和非居民企业之间，或者虽然发生在非中国居民企业之间，但交易的企业价值或者利益包括中国居民企业。跨境重组交易虽然可能不在中国境内进行和完成，但交易的一方取得了来源于中国境内的利益，应当向中国税收机关缴纳所得税。这就是我们常说的源泉扣缴，也称为对非居民企业征收的预提所得税。根据《企业所得税法》的规定，源泉扣缴主要包括两类来源于中国境内的所得：（1）股息、红利等权益性投资收益和利息、租金、特许权使用费所得；（2）转让财产所得，包括转让股权和转让资产所得。

居民企业可以向境外投资和融资，也可以并购境外的非居民企业，非居民企业可以向境内投资和融资，也可以并购居民企业。但是企业不能跨境进行公司法意义上的企业合并、分立。本章我们讨论在跨境投融资并购交易中因转让股权或资产的非居民企业的预提所得税问题。

■第一节　关于预提所得税的征管问题

所谓预提所得税，就是指当非居民企业从本国取得收益时，本国依据源泉扣缴的国际通则按照一定税率先征收所得税。预提所得税有两个特点：一是它的税率一般会低于本国居民企业的税率，体现国家之间的友好；二是它依据单项行为征税，而不问企业期间收益。

一、预提所得税的对象和税率

《企业所得税法》第 3 条第 3 款规定，"非居民企业在中国境内未设立机构、场所的，或者虽设立机构、场所但取得的所得与其所设机构、场所没有实际联系的，应当就其来源于中国境内的所得缴纳企业所得税"。第 27 条规定，企业取得本法第 3 条第 3 款规定的所得可以免征、减征企业所得税。

《企业所得税法实施条例》第 91 条第 1 款规定，"非居民企业取得企业所得税法第二十七条第（五）项规定的所得，减按 10% 的税率征收企业所得税"。

据上，在跨境重组中，对非居民企业来源于中国境内的所得征收 10% 的所得税，但是如果中国政府与有关国家或地区有税收协定的，按照两者中较低的税率执行。

二、非居民企业所得额计算方法

《企业所得税法》第 19 条规定，非居民企业取得本法第 3 条第 3 款规定的所得，计算其应纳税所得额的方法为：(1) 股息、红利等权益性投资收益和利息、租金、特许权使用费所得，以收入全额为应纳税所得额；(2) 转让财产所得，以收入全额减除财产净值后的余额为应纳税所得额；(3) 其他所得，参照前两项规定的方法计算应纳税所得额。

据上，股权重组的所得额为股权转让价格减除股权成本价后的差额，股权成本价为取得股权的出资额或受让股权的价格。

三、预提所得税的扣缴义务人

根据国家税务总局《关于非居民企业所得税源泉扣缴有关问题的公告》（国税 2017 年第 37 号）的规定，在跨境重组中，负有付款义务的居民企业或者个人为扣缴义务人，负有代扣代缴跨境重组非居民企业预提所得税的义务。扣缴义务人应当在订立有关重组合同后30天内向主管税务机关申请扣缴税款登记，并在每次支付款项时扣缴税款。扣缴义务人多次付款的，应当在最后一次付款前15日内向主管税务机关报送全部付款明细、前期扣缴明细表和完税凭证等资料。

■第二节　跨境重组所得税优惠政策

企业重组所得税的特殊性处理是国家关于企业重组的所得税优惠政策，它可以推迟企业的纳税期间，减轻企业重组的税收负担，从而促进企业重组，更好地实现资源再分配的功能。根据财税〔2009〕59号和国税函〔2009〕698号的规定，符合条件的跨境重组可以申请适用特殊性税务处理。本节我们讨论跨境重组的所得税优惠政策。

一、跨境重组所得税优惠政策的条件

财税〔2009〕59号第7条规定，企业发生涉及中国境内与境外之间（包括我国港澳台地区）的股权和资产收购交易，除应符合本通知第五条规定的条件外，还应同时符合下列条件，才可选择适用特殊性税务处理规定。

许多人对这里的“除应符合本通知第五条规定的条件外，还应同时符合下列条件，才可选择适用特殊性税务处理规定”中的“还应同时符合下列条件”感到不解，实际上这句话的意思是除应符合本通知第5条规定的条件外，还应同时符合下列条件之一，才可选择适用特殊性税务处理规定。因为任何一项企业重组业务只能是该条规定的四种情况之一，“同时”符合四种情况，这既不可能，也没有必要。因此，对于符合财税〔2009〕59号第7条规定的四种情况之一的企业跨境重组，只要同时符合该通知第5条规定的条件，就可以申请适用特殊性税务处理。

根据财税〔2009〕59号第5条的规定，企业重组同时符合下列条件的，适用特殊性税务处理规定：（1）具有合理的商业目的，且不以减少、免除或者推迟缴纳税款为主要目的。（2）被收购、合并或分立部分的资产或股权比例符合本通知规定的比例。（3）企业重组后的连续12个月内不改变重组资产原来的实质性经营活动。（4）重组交易对价中涉及股权支付金额符合本通知规定比例。（5）企业重组中取得股权支付的原主要股东，在重组后连续12个月内，不得转让所取得的股权。

上述财税〔2009〕59号规定的五项条件本书前面已经讨论多次，在此不再重复，实务者可参考《企业重组业务企业所得税管理办法》和国税2015年48号公告。跨境重组符合这五项条件并符合财税〔2009〕59号第7条规定一种情形，可以申请

适用跨境重组所得税优惠政策。

二、境外原值划转居民企业的股权

财税〔2009〕59号第7条规定的跨境重组适用特殊性税务处理的第一种类型为,“非居民企业向其100%直接控股的另一非居民企业转让其拥有的居民企业股权,没有因此造成以后该项股权转让所得预提税负担变化,且转让方非居民企业向主管税务机关书面承诺在3年(含3年)内不转让其拥有受让方非居民企业的股权”。这种重组就是一个非居民企业持有另一个非居民企业100%的股权,同时持有一个居民企业的股权,非居民企业将其持有的居民企业的股权转让给另一个其持有100%股权的非居民企业。重组的结果是原来的居民企业由子公司变成了现在的孙公司,原来直接持股居民企业股权的非居民企业现在间接持股居民企业的股权了,中间加入了另一个非居民企业,原来的兄弟公司变成了母子公司。这是一种跨国企业集团内部的重组,我们可以称为100%直接控股的非居民企业之间原值划转居民企业的股权。对这种类型的原值划转我们分析如下:

1. 关于非居民企业持有居民企业股权的比例,财税〔2009〕59号没有规定,应当是适合任何比例的股权。

2. 关于没有因重组造成以后该项股权转让所得预提税负担变化。预提所得税负担的变化取决于两点:一是扣除额的多少。在股权转让价格一定的情况下,扣除额的多少会直接影响所得额的多少,而所得额的多少会直接影响预提所得税额的多少。而在适用特殊性税务处理的情况下,股权受让方按照股权出让方的计税成本确认购入股权的计税成本,故不会引起扣除额的变化。二是征收率的高低。在所得额一定的情况下,征收率的高低会直接影响预提所得税额的多少。而征收率的高低既要看法律规定的税率,又要看协定税率,而且协定税率优先于法定税率。这就是说企业在安排跨国重组中,如果为了避税将股权从征收率高的国家转到征收率低的国家,就不能享受企业重组特殊性税务处理给予的优惠。

3. 关于转让方非居民企业向主管税务机关书面承诺在3年(含3年)内不转让其拥有受让方非居民企业的股权。如果转让居民企业股权的非居民企业将其持有的受让居民企业股权的企业的股权转让,就等于变直接转让为间接转让,在过短的时间内实施这种转让,很难存在真正的商业目的,很可能是出于避税的设计,所以需要加以限制。

4. 跨境重组交易股权结构图(见图11-1)。

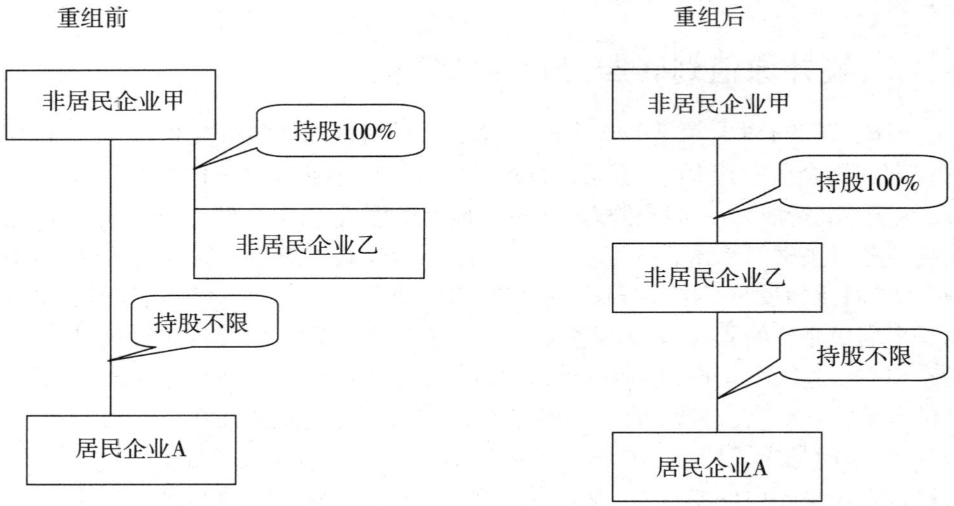

图 11－1　跨境重组交易股权结构

5. 由于出让股权者(甲公司)100% 持有受让股权者(乙公司)的股权,因此这个股权转让没有商业交易上的意义,只有企业重组的意义。这就好比一个人将他上衣兜里的钱掏出来,再放到裤兜里一样。这也正是相关法规要求股权转让双方 100% 持股的意义所在。因此对这种纯粹意义上的重组以不征税为好。

6. 上述交易如果是纯粹意义上的重组就不会有股权转让所得,因为在股权转让双方 100% 持股的情况下,提高交易价格出让方甲公司表面上会有所得,但它的所得正好是受让方乙公司的所失,而受让方的所失也就是出让方的所失,到头来所得等于所失,没有任何意义,搞不好还得交许多税,得不偿失。

7. 只有一种情况下可能有利可图,那就是甲公司所在国企业来源中国的预提所得税率为 10%,而乙公司所在国企业来源于中国的预提所得税率低于 10%,但有关文件对此进行了限制,不得因此导致预提所得税负担的变化。

三、境外向境内原值划转居民企业的股权

财税〔2009〕59 号第 7 条规定的跨境重组适用特殊性税务处理的第二种类型为,"非居民企业向与其具有 100% 直接控股关系的居民企业转让其拥有的另一居民企业股权"。这也是一种跨国企业集团内部重组的形式。这种形式就是非居民企业持有一个居民企业 100% 的股权,同时持有其他居民企业的股权,将其持有的其他居民企业的股权转让给其持有 100% 股权的居民企业,可以原值划转。这种重组的结果是被转股的居民企业变成了受让股权的居民企业的子公司,原来的兄弟公司变成了母子公司,原来非居民企业持股变成了居民企业持股。这种重组我们可以称为境外企业向境内企业原值划转境内企业的股权。对这种类型的原值划

转我们分析如下：

1. 股权出让方为非居民企业，股权受让方为居民企业，目标公司为居民企业，股权出让方甲公司如果获得股权转让收益，应为来源于中国的收益。

2. 此类转股与第一种类型的转股一样，也是企业集团内部的重组，不存在交易的意义，即不能通过交易获得收益。因甲公司100%持有A公司的股权，甲公司出让的收益正好等于其通过A公司购买股权的损失。

3. 外企向内企原值划转居民企业股权交易结构图（见图11－2）。

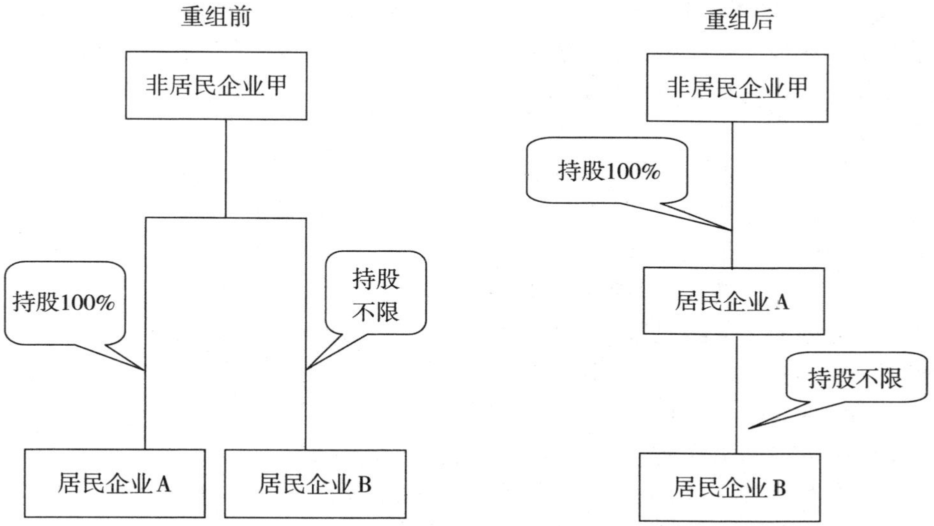

图11－2　外企向内企原值划转居民企业股权交易结构

4. 但此类转股会使B公司原来向非居民企业甲公司分配利润变更为向居民企业A公司分配利润，而向居民企业分配利润则无须再缴纳股息、红利预提所得税，这对重组者似乎有利可图，不过当B公司的利润分配给A公司后，A公司再向甲公司分配时则需要将前边少缴的给补上，不过如果A公司有亏损则另当别论。

5. 由于重组后非居民企业甲公司原持有的股权变更为居民企业A公司持有，如果A公司转让其对B公司的股权对其所得则需要缴纳25%的企业所得税，而在重组前如果甲公司转让其对B公司的股权则仅需缴纳所得额10%的预提所得税。

6. 如果对前述股权转让适用所得税一般性处理，股权转让价格需要按照公允价值确定，如果股权转让价格高于非居民企业甲公司取得股权的计税成本，则非居民企业甲公司负有缴纳预提所得税的义务。如果甲公司故意压低股权转让的价格避税，则主管税务机关有权依法进行纳税调整。

7. 对前述股权转让适用特殊性所得税处理，就可以按照非居民企业甲公司取得股权的成本确定股权转让的价格，这样非居民企业甲公司就不会因股权转让发生应税所得，也就不会发生预提所得税的纳税义务。当然如果重组后 A 公司出让其持有的 B 公司的股权，则 A 公司对其转股所得需要缴纳 25% 的企业所得税，所以财税〔2009〕59 号没有限制此类重组后再转股的年限。

四、境内向境外出资所得分十年纳税

财税〔2009〕59 号第 7 条规定的可以选择适用所得税特殊性处理的第三种类型是，“居民企业以其拥有的资产或股权向其 100% 直接控股的非居民企业进行投资”。财税〔2009〕59 号第 8 条规定，“本通知第七条第（三）项所指的居民企业以其拥有的资产或股权向其 100% 直接控股关系的非居民企业进行投资，其资产或股权转让收益如选择特殊性税务处理，可以在 10 个纳税年度内均匀计入各年度应纳税所得额”。

1. 这种投资只能公允作价确认所得。如果出资价格高于出资资产在出资者财务账目上登记的净值，出资者就会发生资产转让的所得，剔除其他因素的影响出资者需要对此所得缴纳企业所得税。

2. 关于符合特殊性税务处理条件的境内企业境外投资，可以在十个纳税年度内均匀计入各年度应纳税所得额。这就是说境内企业境外投资境内企业要按照公允价值确认出资所得，而不能不确认作价所得。但是对出资所得可以均匀地分摊到十个纳税年度计算所得额纳税。

3. 企业对是否适用所得税的特殊性处理企业有选择的权力，即使重组符合适用特殊税务处理的条件，企业也可以选择不适用特殊性处理。当然，企业一旦选择不适用所得税的特殊性处理，应当依法缴纳所得税。

第十二章

企业清算的财税问题

清算是资本生命的终结。企业经清算而消灭，本章我们讨论公司清算项目中公司和股东的财税问题。

企业清算是指企业为结束业务，终止法人资格而依法进行的清理债权债务、处分财产、注销登记的过程。企业清算可以分为两类：一类是以彻底消灭与之有关的民事法律关系，注销民事主体为目的的清算，包括解散清算和破产清算；另一类是在企业合并项目中对被解散公司的清算和在新设分立项目中对被分立公司的清算。前一种清算需要结清全部民事权利义务关系，处分企业的资产，因此需要对解散的公司进行全面彻底的清算；后一种清算由于民事权利义务关系可以继承，财产可以转移，主要是财税上的清算。

两种清算在财税处理上既有相同点，又有区别。第一，因公司合并或者分立而发生的解散财税的处理分为一般性处理和特殊性处理两种：在一般性处理时视同以公允价值转让资产和债务，需要确认所得并可能发生纳税义务；在特殊性处理时无须确认转让所得，不会发生纳税义务。因解散公司而发生的清算，在所得税的处理上无一般性处理和特殊性处理之分，概为一般性处理需要确认清算损益，照章纳税。第二，因合并项目发生的清算，清算所得主要表现为股东获得的存续公司或者新设公司的股权；而因分立项目发生的清算，清算所得主要表现为分立公司取得的资产和利益；而解散清算和破产清算的所得直接表现为解散公司取得的收入。第三，在所得税以外的税种上，因公司合并或者分立项目而发生的解散均有税收优惠政策，一般不会发生纳税义务；而因公司解散或者破产而发生的清算则无税收优惠政策可谈，均需照章纳税。

第一节　清算企业的所得税问题

企业清算过程的所得税是对清算企业在清算过程中因转让财产、清理债权债务或者其他所得征收的所得税。企业在清算过程中需要清收债权，可能会有损失，也可能会有收益；需要处分财产，可能会有损失，也可能会有收益；需要偿还债务，可能会有损失，也可能会有收益；等等。比如某项资产在企业开始清算时财务账上的净值为100万元，在处分财产时作价150万元，这样企业就发生了50万元的清算收益；再如一项债权数额为5万元，不能收回确认为坏账，这样企业就发生债权清理损失5万元。即使是企业将某项财产作为剩余财产直接分配给投资者，也应当对该项财产公允作价，从而计算企业处分该项财产的损益。如果企业在清算完结时所获得的净资产大于企业在开始清算时财务账上登记的净资产，或者说通过清算使企业的股东权益增加了，企业就取得了清算收益，企业就负有对清算收益缴纳企业所得税的义务。

对此，财政部、国家税务总局于2009年下发《关于企业清算业务企业所得税处理若干问题的通知》（以下简称财税〔2009〕60号）。该通知明确规定，企业清算的所得税处理包括：(1)全部资产均应按可变现价值或交易价格，确认资产转让所得或损失；(2)确认债权清理、债务清偿的所得或损失；(3)改变持续经营核算原则，对预提或待摊性质的费用进行处理；(4)依法弥补亏损，确定清算所得；(5)计算并缴纳清算所得税；(6)确定可向股东分配的剩余财产、应付股息等内容。企业的全部资产可变现价值或交易价格，减除资产的计税基础、清算费用、相关税费，加上债务清偿损益等后的余额，为清算所得。

《企业所得税法》第53条规定，“企业所得税按纳税年度计算。纳税年度自公历1月1日起至12月31日止。企业在一个纳税年度中间开业，或者终止经营活动，使该纳税年度的实际经营期不足十二个月的，应当以其实际经营期为一个纳税年度。企业依法清算时，应当以清算期间作为一个纳税年度”。清算企业应当以清算期间为一个纳税年度核算损益缴纳企业所得税。对于企业有五个纳税年度以内的未弥补的亏损，可以用清算年度的清算所得进行弥补，在弥补后仍有所得的，按照25%的税率缴纳企业所得税。比如甲公司由A公司和B自然人出资设立，注册资本1000万元，A公司出资600万元，B自然人出资400万元。清算开始公司资产总值10,000万元，负债5000万元，盈余公积1000万元，未分配利润3000万元，股东权益合计5000万元。在评估的基础上经清算组与乙公司协商，并报股东会批准，甲公司的资产全部转让给乙公司，转让价格为15,000万元，缴纳资产转让的各种税款1000万元，清算期间发人员工资、补偿费等300万元，发生其他费用200万元，偿还负债5000万元。清算完成甲公司清算期间的损益情况如下：

资产处理收益5000万元－各项税款1000万元－工资和补偿300万元－各种费用200万元＝清算期间收益3500万元。

缴纳清算期间的企业所得税3500万元×25%＝875万元。

清算期间产生税收利润3500万元－875万元＝2625万元。

负债5000万元全部以现金偿还。

清算完成甲公司的资产及股东权益的情况如下：

剩余资产合计（全部为银行存款）7625万元。

股东权益：实收资本1000万元；

盈余公积1000万元；

税后未分配利润5625万元。

按照股东持股比例由甲公司直接向股东进行分配，A公司分得剩余财产4575万元，B自然人分得剩余财产3050万元。

这里需要再次提请注意的是，在公司合并和分立项目中解散公司的清算所得，应当包括在法律上直接表现为股东或者新设公司的所得。比如甲公司和乙公司合并，甲公司解散，乙公司存续，乙公司将甲公司股东合并后持有的乙公司的股权直接登记给甲公司的股东，这在法律上没有错，但在财务和税务上，这是甲公司清算的财产，是分配给股东的剩余财产，要确认清算收益缴纳甲公司清算期间的所得税。

假如A公司吸收合并B公司，A公司资产总额15,000万元，负债10,000万元，注册资本2000万元，盈余公积1000万元，未分利润2000万元，股东权益5000万元。B公司有甲公司、乙自然人和丙自然人三个股东，甲公司出资1000万元，乙自然人出资500万元，丙自然人出资500万元，B公司资产总额10,000万元，负债7000万元，未分配利润1000万元。经评估和协商各方同意，A公司资产估值20,000万元，负债估值10,000万元，企业估值10,000万元；B公司资产估值12,000万元，负债估值5000万元，企业估值7000万元。乙自然人要求现金支付，不再持有合并之后A公司的股权。适用企业所得税一般性处理。

B公司因合并解散清算账目，资产转让收益2000万元，负债转让收益2000万元，需要缴纳清算年度企业所得税1000万元。完税后B公司企业估值6000万元，减去乙自然人股东退出合并分得的现金1500万元（6000万元×25%），B公司实际参加合并的价值为4500万元（6000万元－1500万元）。

合并后A公司的股东全部存续合计持有A公司69%的股权（10,000万元÷14,500万元），A公司向B公司的两个留存股东合计增发39%的股权（4500万元÷

14,500 万元),其中甲公司股东持有合并后 A 公司 26% 的股权(39% ×66.66%),丙自然人股东持有合并后 A 公司 13% 的股权(39% ×33.33%),向 B 公司支付 1500 万元的现金(也可像股权一样直接支付给 B 公司的乙股东)。B 公司的乙自然人股东从 B 公司取得清算财产 1500 万元。

■第二节　公司清算股东的所得税问题

清算企业缴纳完清算年度的企业所得税后的剩余财产可向股东进行分配,股东从清算企业分配取得清算剩余财产时也涉及所得税问题,这是本节要讨论的事项。

财税〔2009〕60 号规定,“企业清算的所得税处理,是指企业在不再持续经营,发生结束自身业务、处置资产、偿还债务以及向所有者分配剩余财产等经济行为时,对清算所得、清算所得税、股息分配等事项的处理”。“企业全部资产的可变现价值或交易价格减除清算费用,职工的工资、社会保险费用和法定补偿金,结清清算所得税、以前年度欠税等税款,清偿企业债务,按规定计算可以向所有者分配的剩余资产。被清算企业的股东分得的剩余资产的金额,其中相当于被清算企业累计未分配利润和累计盈余公积中按该股东所占股份比例计算的部分,应确认为股息所得;剩余资产减除股息所得后的余额,超过或低于股东投资成本的部分,应确认为股东的投资转让所得或损失。被清算企业的股东从被清算企业分得的资产应按可变现价值或实际交易价格确定计税基础”。

据上,股东从清算企业分配取得的剩余财产按照以下三个档次依次分别进行税务处理:

第一,剩余财产中相当于被清算企业累计未分配利润和盈余公积金按照该股东所持股份比例计算的部分,确认为该股东股息分红所得。对这部分剩余财产,如果股东是法人企业,无须缴纳企业所得税;如果股东是自然人则应当缴纳 20% 的个人所得税。

第二,剩余财产中相当于股东取得股权成本的部分,为计算股东转让股权收益时允许扣除的部分。如果扣除上述第一项后的剩余财产小于允许扣除的成本,小于部分确认为转让股权的损失;如果扣除上述第一项后的剩余财产大于允许扣除的成本,说明股东取得了收益,按照转让股权的收益处理。

第三,对于股东取得的上述第二项所言的股权转让收益,如果股东是法人企业,则适用企业所得税法计算缴纳企业所得税;如果股东是自然人则按照个人所得税法缴纳个人所得税。

比如在前述第一个例子中,A 公司从甲公司分得剩余财产 4575 万元,B 自然人从甲公司分得剩余财产 3050 万元,双方的纳税义务和 A 公司会计分录如下:

A 公司　　借:银行存款　4575 万元;

贷:长期股权投资(甲公司)　600 万元;

股息收入(免税)　　3975 万元。

B 自然人的纳税义务:

清算收益 = 甲公司清算剩余财产 3050 万元 - 投资成本 400 万元 = 2650 万元(视同股权转让收益)。纳税义务 = 2650 万元 × 20% = 530 万元。

再如在前述第二个例子中,甲公司股东的所得和会计分录如下:

借:长期股权投资(A 公司)　3000 万元;

贷:长期股权投资(B 公司)　1000 万元;

股利收入　2000 万元。

乙自然人股东的所得税事项如下:

清算剩余财产 1500 万元 - 股权成本 500 万元 = 1000 万元(视同转股收益) × 20% = 200 万元,乙自然人需要缴纳 200 万元的个人所得税。

丙自然人股东的所得税事项如下:

清算剩余财产 1500 万元(全部为 A 公司的股权,视同将 B 公司的股权转让,价格为 1500 万元,全部投入 A 公司) - 股权成本 500 万元 = 1000 万元 × 20% = 200 万元,乙自然人需要缴纳 200 万元的个人所得税。

附　录

资本项目税收优惠政策文件

一、企业所得税

财政部　国家税务总局关于企业重组业务企业所得税处理若干问题的通知

（2009 年 4 月 30 日　财税〔2009〕59 号）

各省、自治区、直辖市、计划单列市财政厅（局）、国家税务局、地方税务局，新疆生产建设兵团财务局：

根据《中华人民共和国企业所得税法》第二十条和《中华人民共和国企业所得税法实施条例》（国务院令第 512 号）第七十五条规定，现就企业重组所涉及的企业所得税具体处理问题通知如下：

一、本通知所称企业重组，是指企业在日常经营活动以外发生的法律结构或经济结构重大改变的交易，包括企业法律形式改变、债务重组、股权收购、资产收购、合并、分立等。

（一）企业法律形式改变，是指企业注册名称、住所以及企业组织形式等的简单改变，但符合本通知规定其他重组的类型除外。

（二）债务重组，是指在债务人发生财务困难的情况下，债权人按照其与债务人达成的书面协议或者法院裁定书，就其债务人的债务作出让步的事项。

（三）股权收购，是指一家企业（以下称为收购企业）购买另一家企业（以下称为被收购企业）的股权，以实现对被收购企业控制的交易。收购企业支付对价的形式包括股权支付、非股权支付或两者的组合。

（四）资产收购，是指一家企业（以下称为受让企业）购买另一家企业（以下称为转让企业）实质经营性资产的交易。受让企业支付对价的形式包括股权支付、非股权支付或两者的组合。

（五）合并，是指一家或多家企业（以下称为被合并企业）将其全部资产和负债转让给另一家现存或新设企业（以下称为合并企业），被合并企业股东换取合并企业的股权或非股权支付，实现两个或两个以上企业的依法合并。

（六）分立，是指一家企业（以下称为被分立企业）将部分或全部资产分离转让给现存或新设的企业（以下称为分立企业），被分立企业股东换取分立企业的股权或非股权支付，实现企业的依法分立。

二、本通知所称股权支付，是指企业重组中购买、换取资产的一方支付的对价中，以本企业或其控股企业的股权、股份作为支付的形式；所称非股权支付，是指以本企业的现金、银行存款、应收款项、本企业或其控股企业股权和股份以外的有价证券、存货、固定资产、其他资产以及承担债务等作为支付的形式。

三、企业重组的税务处理区分不同条件分别适用一般性税务处理规定和特殊性税务处理规定。

四、企业重组，除符合本通知规定适用特殊性税务处理规定的外，按以下规定进行税务处理：

（一）企业由法人转变为个人独资企业、合伙企业等非法人组织，或将登记注册地转移至中华人民共和国境外（包括港澳台地区），应视同企业进行清算、分配，股东重新投资成立新企业。企业的全部资产以及股东投资的计税基础均应以公允价值为基础确定。

企业发生其他法律形式简单改变的，可直接变更税务登记，除另有规定外，有关企业所得税纳税事项（包括亏损结转、税收优惠等权益和义务）由变更后企业承继，但因住所发生变化而不符合税收优惠条件的除外。

（二）企业债务重组，相关交易应按以下规定处理：

1. 以非货币资产清偿债务，应当分解为转让相关非货币性资产、按非货币性资产公允价值清偿债务两项业务，确认相关资产的所得或损失。

2. 发生债权转股权的，应当分解为债务清偿和股权投资两项业务，确认有关债务清偿所得或损失。

3. 债务人应当按照支付的债务清偿额低于债务计税基础的差额，确认债务重组所得；债权人应当按照收到的债务清偿额低于债权计税基础的差额，确认债务重组损失。

4. 债务人的相关所得税纳税事项原则上保持不变。

（三）企业股权收购、资产收购重组交易，相关交易应按以下规定处理：

1. 被收购方应确认股权、资产转让所得或损失。

2. 收购方取得股权或资产的计税基础应以公允价值为基础确定。

3. 被收购企业的相关所得税事项原则上保持不变。

（四）企业合并，当事各方应按下列规定处理：

1. 合并企业应按公允价值确定接受被合并企业各项资产和负债的计税基础。

2. 被合并企业及其股东都应按清算进行所得税处理。

3. 被合并企业的亏损不得在合并企业结转弥补。

（五）企业分立，当事各方应按下列规定处理：

1. 被分立企业对分立出去资产应按公允价值确认资产转让所得或损失。

2. 分立企业应按公允价值确认接受资产的计税基础。

3. 被分立企业继续存在时，其股东取得的对价应视同被分立企业分配进行处理。

4. 被分立企业不再继续存在时，被分立企业及其股东都应按清算进行所得税处理。

5. 企业分立相关企业的亏损不得相互结转弥补。

五、企业重组同时符合下列条件的，适用特殊性税务处理规定：

（一）具有合理的商业目的，且不以减少、免除或者推迟缴纳税款为主要目的。

（二）被收购、合并或分立部分的资产或股权比例符合本通知规定的比例。

（三）企业重组后的连续 12 个月内不改变重组资产原来的实质性经营活动。

（四）重组交易对价中涉及股权支付金额符合本通知规定比例。

（五）企业重组中取得股权支付的原主要股东，在重组后连续 12 个月内，不得转让所取得的股权。

六、企业重组符合本通知第五条规定条件的，交易各方对其交易中的股权支付部分，可以按以下规定进行特殊性税务处理：

（一）企业债务重组确认的应纳税所得额占该企业当年应纳税所得额 50% 以上，可以在 5 个纳税年度的期间内，均匀计入各年度的应纳税所得额。

企业发生债权转股权业务，对债务清偿和股权投资两项业务暂不确认有关债务清偿所得或损失，股权投资的计税基础以原债权的计税基础确定。企业的其他相关所得税事项保持不变。

（二）股权收购，收购企业购买的股权不低于被收购企业全部股权的 75%，且收购企业在该股权收购发生时的股权支付金额不低于其交易支付总额的 85%，可以选择按以下规定处理：

1. 被收购企业的股东取得收购企业股权的计税基础，以被收购股权的原有计税基础确定。

2. 收购企业取得被收购企业股权的计税基础，以被收购股权的原有计税基础确定。

3. 收购企业、被收购企业的原有各项资产和负债的计税基础和其他相关所得税事项保持不变。

（三）资产收购，受让企业收购的资产不低于转让企业全部资产的 75%，且受让企业在该资产收购发生时的股权支付金额不低于其交易支付总额的 85%，可以选择按以下规定处理：

1. 转让企业取得受让企业股权的计税基础，以被转让资产的原有计税基础确定。

2. 受让企业取得转让企业资产的计税基础，以被转让资产的原有计税基础确定。

(四)企业合并,企业股东在该企业合并发生时取得的股权支付金额不低于其交易支付总额的85%,以及同一控制下且不需要支付对价的企业合并,可以选择按以下规定处理:

1. 合并企业接受被合并企业资产和负债的计税基础,以被合并企业的原有计税基础确定。

2. 被合并企业合并前的相关所得税事项由合并企业承继。

3. 可由合并企业弥补的被合并企业亏损的限额 = 被合并企业净资产公允价值 × 截至合并业务发生当年年末国家发行的最长期限的国债利率。

4. 被合并企业股东取得合并企业股权的计税基础,以其原持有的被合并企业股权的计税基础确定。

(五)企业分立,被分立企业所有股东按原持股比例取得分立企业的股权,分立企业和被分立企业均不改变原来的实质经营活动,且被分立企业股东在该企业分立发生时取得的股权支付金额不低于其交易支付总额的85%,可以选择按以下规定处理:

1. 分立企业接受被分立企业资产和负债的计税基础,以被分立企业的原有计税基础确定。

2. 被分立企业已分立出去资产相应的所得税事项由分立企业承继。

3. 被分立企业未超过法定弥补期限的亏损额可按分立资产占全部资产的比例进行分配,由分立企业继续弥补。

4. 被分立企业的股东取得分立企业的股权(以下简称"新股"),如需部分或全部放弃原持有的被分立企业的股权(以下简称"旧股"),"新股"的计税基础应以放弃"旧股"的计税基础确定。如不需放弃"旧股",则其取得"新股"的计税基础可从以下两种方法中选择确定:直接将"新股"的计税基础确定为零;或者以被分立企业分立出去的净资产占被分立企业全部净资产的比例先调减原持有的"旧股"的计税基础,再将调减的计税基础平均分配到"新股"上。

(六)重组交易各方按本条(一)至(五)项规定对交易中股权支付暂不确认有关资产的转让所得或损失的,其非股权支付仍应在交易当期确认相应的资产转让所得或损失,并调整相应资产的计税基础。

非股权支付对应的资产转让所得或损失 = (被转让资产的公允价值 - 被转让资产的计税基础) × (非股权支付金额 ÷ 被转让资产的公允价值)

七、企业发生涉及中国境内与境外之间(包括港澳台地区)的股权和资产收购交易,除应符合本通知第五条规定的条件外,还应同时符合下列条件,才可选择适用特殊性税务处理规定:

(一)非居民企业向其100%直接控股的另一非居民企业转让其拥有的居民企业股权,没有因此造成以后该项股权转让所得预提税负担变化,且转让方非居民企

业向主管税务机关书面承诺在 3 年(含 3 年)内不转让其拥有受让方非居民企业的股权;

(二)非居民企业向与其具有 100% 直接控股关系的居民企业转让其拥有的另一居民企业股权;

(三)居民企业以其拥有的资产或股权向其 100% 直接控股的非居民企业进行投资;

(四)财政部、国家税务总局核准的其他情形。

八、本通知第七条第(三)项所指的居民企业以其拥有的资产或股权向其 100% 直接控股关系的非居民企业进行投资,其资产或股权转让收益如选择特殊性税务处理,可以在 10 个纳税年度内均匀计入各年度应纳税所得额。

九、在企业吸收合并中,合并后的存续企业性质及适用税收优惠的条件未发生改变的,可以继续享受合并前该企业剩余期限的税收优惠,其优惠金额按存续企业合并前一年的应纳税所得额(亏损计为零)计算。

在企业存续分立中,分立后的存续企业性质及适用税收优惠的条件未发生改变的,可以继续享受分立前该企业剩余期限的税收优惠,其优惠金额按该企业分立前一年的应纳税所得额(亏损计为零)乘以分立后存续企业资产占分立前该企业全部资产的比例计算。

十、企业在重组发生前后连续 12 个月内分步对其资产、股权进行交易,应根据实质重于形式原则将上述交易作为一项企业重组交易进行处理。

十一、企业发生符合本通知规定的特殊性重组条件并选择特殊性税务处理的,当事各方应在该重组业务完成当年企业所得税年度申报时,向主管税务机关提交书面备案资料,证明其符合各类特殊性重组规定的条件。企业未按规定书面备案的,一律不得按特殊重组业务进行税务处理。

十二、对企业在重组过程中涉及的需要特别处理的企业所得税事项,由国务院财政、税务主管部门另行规定。

十三、本通知自 2008 年 1 月 1 日起执行。

企业重组业务企业所得税管理办法①

(2010 年 7 月 26 日国家税务总局公告 2010 年第 4 号公布)

第一章　总则及定义

第一条　为规范和加强对企业重组业务的企业所得税管理,根据《中华人民共和国企业所得税法》(以下简称《税法》)及其实施条例(以下简称《实施条例》)、《中华人民共和国税收征收管理法》及其实施细则(以下简称《征管法》)、《财政部　国家税务总局关于企业重组业务企业所得税处理若干问题的通知》(财税〔2009〕59 号)(以下简称《通知》)等有关规定,制定本办法。

第二条　本办法所称企业重组业务,是指《通知》第一条所规定的企业法律形式改变、债务重组、股权收购、资产收购、合并、分立等各类重组。

第三条　企业发生各类重组业务,其当事各方,按重组类型,分别指以下企业:

(一)债务重组中当事各方,指债务人及债权人。

(二)股权收购中当事各方,指收购方、转让方及被收购企业。

(三)资产收购中当事各方,指转让方、受让方。

(四)合并中当事各方,指合并企业、被合并企业及各方股东。

(五)分立中当事各方,指分立企业、被分立企业及各方股东。

第四条　同一重组业务的当事各方应采取一致税务处理原则,即统一按一般性或特殊性税务处理。

第五条　《通知》第一条第(四)项所称实质经营性资产,是指企业用于从事生产经营活动、与产生经营收入直接相关的资产,包括经营所用各类资产、企业拥有的商业信息和技术、经营活动产生的应收款项、投资资产等。

第六条　《通知》第二条所称控股企业,是指由本企业直接持有股份的企业。

第七条　《通知》中规定的企业重组,其重组日的确定,按以下规定处理:

(一)债务重组,以债务重组合同或协议生效日为重组日。

(二)股权收购,以转让协议生效且完成股权变更手续日为重组日。

(三)资产收购,以转让协议生效且完成资产实际交割日为重组日。

(四)企业合并,以合并企业取得被合并企业资产所有权并完成工商登记变更

---

①　第三条、第七条、第八条、第十六条、第十七条、第十八条、第二十二条、第二十三条、第二十四条、第二十五条、第二十七条、第三十二条已被 2015 年 6 月 24 日国家税务总局公告 2015 年第48 号《关于企业重组业务企业所得税征收管理若干问题的公告》废止,第三十六条已被 2017 年 10 月 17 日国家税务总局公告 2017 年第 37 号《关于非居民企业所得税源泉扣缴有关问题的公告》宣布废止。——编者注

日期为重组日。

（五）企业分立，以分立企业取得被分立企业资产所有权并完成工商登记变更日期为重组日。

第八条　重组业务完成年度的确定，可以按各当事方适用的会计准则确定，具体参照各当事方经审计的年度财务报告。由于当事方适用的会计准则不同导致重组业务完成年度的判定有差异时，各当事方应协商一致，确定同一个纳税年度作为重组业务完成年度。

第九条　本办法所称评估机构，是指具有合法资质的中国资产评估机构。

第二章　企业重组一般性税务处理管理

第十条　企业发生《通知》第四条第（一）项规定的由法人转变为个人独资企业、合伙企业等非法人组织，或将登记注册地转移至中华人民共和国境外（包括港澳台地区），应按照《财政部　国家税务总局关于企业清算业务企业所得税处理若干问题的通知》（财税〔2009〕60 号）规定进行清算。

企业在报送《企业清算所得纳税申报表》时，应附送以下资料：

（一）企业改变法律形式的工商部门或其他政府部门的批准文件；

（二）企业全部资产的计税基础以及评估机构出具的资产评估报告；

（三）企业债权、债务处理或归属情况说明；

（四）主管税务机关要求提供的其他资料证明。

第十一条　企业发生《通知》第四条第（二）项规定的债务重组，应准备以下相关资料，以备税务机关检查。

（一）以非货币资产清偿债务的，应保留当事各方签订的清偿债务的协议或合同，以及非货币资产公允价格确认的合法证据等；

（二）债权转股权的，应保留当事各方签订的债权转股权协议或合同。

第十二条　企业发生《通知》第四条第（三）项规定的股权收购、资产收购重组业务，应准备以下相关资料，以备税务机关检查。

（一）当事各方所签订的股权收购、资产收购业务合同或协议；

（二）相关股权、资产公允价值的合法证据。

第十三条　企业发生《通知》第四条第（四）项规定的合并，应按照财税〔2009〕60 号文件规定进行清算。

被合并企业在报送《企业清算所得纳税申报表》时，应附送以下资料：

（一）企业合并的工商部门或其他政府部门的批准文件；

（二）企业全部资产和负债的计税基础以及评估机构出具的资产评估报告；

（三）企业债务处理或归属情况说明；

（四）主管税务机关要求提供的其他资料证明。

第十四条 企业发生《通知》第四条第(五)项规定的分立,被分立企业不再继续存在,应按照财税〔2009〕60号文件规定进行清算。

被分立企业在报送《企业清算所得纳税申报表》时,应附送以下资料:

(一)企业分立的工商部门或其他政府部门的批准文件;

(二)被分立企业全部资产的计税基础以及评估机构出具的资产评估报告;

(三)企业债务处理或归属情况说明;

(四)主管税务机关要求提供的其他资料证明。

第十五条 企业合并或分立,合并各方企业或分立企业涉及享受《税法》第五十七条规定中就企业整体(即全部生产经营所得)享受的税收优惠过渡政策尚未期满的,仅就存续企业未享受完的税收优惠,按照《通知》第九条的规定执行;注销的被合并或被分立企业未享受完的税收优惠,不再由存续企业承继;合并或分立而新设的企业不得再承继或重新享受上述优惠。合并或分立各方企业按照《税法》的税收优惠规定和税收优惠过渡政策中就企业有关生产经营项目的所得享受的税收优惠承继问题,按照《实施条例》第八十九条规定执行。

第三章 企业重组特殊性税务处理管理

第十六条 企业重组业务,符合《通知》规定条件并选择特殊性税务处理的,应按照《通知》第十一条规定进行备案;如企业重组各方需要税务机关确认,可以选择由重组主导方向主管税务机关提出申请,层报省税务机关给予确认。

采取申请确认的,主导方和其他当事方不在同一省(自治区、市)的,主导方省税务机关应将确认文件抄送其他当事方所在地省税务机关。

省税务机关在收到确认申请时,原则上应在当年度企业所得税汇算清缴前完成确认。特殊情况,需要延长的,应将延长理由告知主导方。

第十七条 企业重组主导方,按以下原则确定:

(一)债务重组为债务人;

(二)股权收购为股权转让方;

(三)资产收购为资产转让方;

(四)吸收合并为合并后拟存续的企业,新设合并为合并前资产较大的企业;

(五)分立为被分立的企业或存续企业。

第十八条 企业发生重组业务,按照《通知》第五条第(一)项要求,企业在备案或提交确认申请时,应从以下方面说明企业重组具有合理的商业目的:

(一)重组活动的交易方式。即重组活动采取的具体形式、交易背景、交易时间、在交易之前和之后的运作方式和有关的商业常规;

(二)该项交易的形式及实质。即形式上交易所产生的法律权利和责任,也是该项交易的法律后果。另外,交易实际上或商业上产生的最终结果;

（三）重组活动给交易各方税务状况带来的可能变化；

（四）重组各方从交易中获得的财务状况变化；

（五）重组活动是否给交易各方带来了在市场原则下不会产生的异常经济利益或潜在义务；

（六）非居民企业参与重组活动的情况。

第十九条　《通知》第五条第（三）和第（五）项所称“企业重组后的连续12个月内”，是指自重组日起计算的连续12个月内。

第二十条　《通知》第五条第（五）项规定的原主要股东，是指原持有转让企业或被收购企业20%以上股权的股东。

第二十一条　《通知》第六条第（四）项规定的同一控制，是指参与合并的企业在合并前后均受同一方或相同的多方最终控制，且该控制并非暂时性的。能够对参与合并的企业在合并前后均实施最终控制权的相同多方，是指根据合同或协议的约定，对参与合并企业的财务和经营政策拥有决定控制权的投资者群体。在企业合并前，参与合并各方受最终控制方的控制在12个月以上，企业合并后所形成的主体在最终控制方的控制时间也应达到连续12个月。

第二十二条　企业发生《通知》第六条第（一）项规定的债务重组，根据不同情形，应准备以下资料：

（一）发生债务重组所产生的应纳税所得额占该企业当年应纳税所得额50%以上的，债务重组所得要求在5个纳税年度的期间内，均匀计入各年度应纳税所得额的，应准备以下资料：

1. 当事方的债务重组的总体情况说明（如果采取申请确认的，应为企业的申请，下同），情况说明中应包括债务重组的商业目的；

2. 当事各方所签订的债务重组合同或协议；

3. 债务重组所产生的应纳税所得额、企业当年应纳税所得额情况说明；

4. 税务机关要求提供的其他资料证明。

（二）发生债权转股权业务，债务人对债务清偿业务暂不确认所得或损失，债权人对股权投资的计税基础以原债权的计税基础确定，应准备以下资料：

1. 当事方的债务重组的总体情况说明。情况说明中应包括债务重组的商业目的；

2. 双方所签订的债转股合同或协议；

3. 企业所转换的股权公允价格证明；

4. 工商部门及有关部门核准相关企业股权变更事项证明材料；

5. 税务机关要求提供的其他资料证明。

第二十三条　企业发生《通知》第六条第（二）项规定的股权收购业务，应准备以下资料：

（一）当事方的股权收购业务总体情况说明，情况说明中应包括股权收购的商业目的；

（二）双方或多方所签订的股权收购业务合同或协议；

（三）由评估机构出具的所转让及支付的股权公允价值；

（四）证明重组符合特殊性税务处理条件的资料，包括股权比例，支付对价情况，以及12个月内不改变资产原来的实质性经营活动和原主要股东不转让所取得股权的承诺书等；

（五）工商等相关部门核准相关企业股权变更事项证明材料；

（六）税务机关要求的其他材料。

第二十四条 企业发生《通知》第六条第（三）项规定的资产收购业务，应准备以下资料：

（一）当事方的资产收购业务总体情况说明，情况说明中应包括资产收购的商业目的；

（二）当事各方所签订的资产收购业务合同或协议；

（三）评估机构出具的资产收购所体现的资产评估报告；

（四）受让企业股权的计税基础的有效凭证；

（五）证明重组符合特殊性税务处理条件的资料，包括资产收购比例，支付对价情况，以及12个月内不改变资产原来的实质性经营活动、原主要股东不转让所取得股权的承诺书等；

（六）工商部门核准相关企业股权变更事项证明材料；

（七）税务机关要求提供的其他材料证明。

第二十五条 企业发生《通知》第六条第（四）项规定的合并，应准备以下资料：

（一）当事方企业合并的总体情况说明。情况说明中应包括企业合并的商业目的；

（二）企业合并的政府主管部门的批准文件；

（三）企业合并各方当事人的股权关系说明；

（四）被合并企业的净资产、各单项资产和负债及其账面价值和计税基础等相关资料；

（五）证明重组符合特殊性税务处理条件的资料，包括合并前企业各股东取得股权支付比例情况以及12个月内不改变资产原来的实质性经营活动、原主要股东不转让所取得股权的承诺书等；

（六）工商部门核准相关企业股权变更事项证明材料；

（七）主管税务机关要求提供的其他资料证明。

第二十六条 《通知》第六条第（四）项所规定的可由合并企业弥补的被合并

企业亏损的限额,是指按《税法》规定的剩余结转年限内,每年可由合并企业弥补的被合并企业亏损的限额。

第二十七条 企业发生《通知》第六条第(五)项规定的分立,应准备以下资料:

(一)当事方企业分立的总体情况说明。情况说明中应包括企业分立的商业目的;

(二)企业分立的政府主管部门的批准文件;

(三)被分立企业的净资产、各单项资产和负债账面价值和计税基础等相关资料;

(四)证明重组符合特殊性税务处理条件的资料,包括分立后企业各股东取得股权支付比例情况,以及12个月内不改变资产原来的实质性经营活动、原主要股东不转让所取得股权的承诺书等;

(五)工商部门认定的分立和被分立企业股东股权比例证明材料;分立后,分立和被分立企业工商营业执照复印件;分立和被分立企业分立业务账务处理复印件;

(六)税务机关要求提供的其他资料证明。

第二十八条 根据《通知》第六条第(四)项第2目规定,被合并企业合并前的相关所得税事项由合并企业承继,以及根据《通知》第六条第(五)项第2目规定,企业分立,已分立资产相应的所得税事项由分立企业承继,这些事项包括尚未确认的资产损失、分期确认收入的处理以及尚未享受期满的税收优惠政策承继处理问题等。其中,对税收优惠政策承继处理问题,凡属于依照《税法》第五十七条规定中就企业整体(即全部生产经营所得)享受税收优惠过渡政策的,合并或分立后的企业性质及适用税收优惠条件未发生改变的,可以继续享受合并前各企业或分立前被分立企业剩余期限的税收优惠。合并前各企业剩余的税收优惠年限不一致的,合并后企业每年度的应纳税所得额,应统一按合并日各合并前企业资产占合并后企业总资产的比例进行划分,再分别按相应的剩余优惠计算应纳税额。合并前各企业或分立前被分立企业按照《税法》的税收优惠规定以及税收优惠过渡政策中就有关生产经营项目所得享受的税收优惠承继处理问题,按照《实施条例》第八十九条规定执行。

第二十九条 适用《通知》第五条第(三)项和第(五)项的当事各方应在完成重组业务后的下一年度的企业所得税年度申报时,向主管税务机关提交书面情况说明,以证明企业在重组后的连续12个月内,有关符合特殊性税务处理的条件未发生改变。

第三十条 当事方的其中一方在规定时间内发生生产经营业务、公司性质、资产或股权结构等情况变化,致使重组业务不再符合特殊性税务处理条件的,发生变化的当事方应在情况发生变化的30天内书面通知其他所有当事方。主导方在接到通知后30日内将有关变化通知其主管税务机关。

上款所述情况发生变化后60日内，应按照《通知》第四条的规定调整重组业务的税务处理。原交易各方应各自按原交易完成时资产和负债的公允价值计算重组业务的收益或损失，调整交易完成纳税年度的应纳税所得额及相应的资产和负债的计税基础，并向各自主管税务机关申请调整交易完成纳税年度的企业所得税年度申报表。逾期不调整申报的，按照《征管法》的相关规定处理。

第三十一条 各当事方的主管税务机关应当对企业申报或确认适用特殊性税务处理的重组业务进行跟踪监管，了解重组企业的动态变化情况。发现问题，应及时与其他当事方主管税务机关沟通联系，并按照规定给予调整。

第三十二条 根据《通知》第十条规定，若同一项重组业务涉及在连续12个月内分步交易，且跨两个纳税年度，当事各方在第一步交易完成时预计整个交易可以符合特殊性税务处理条件，可以协商一致选择特殊性税务处理的，可在第一步交易完成后，适用特殊性税务处理。主管税务机关在审核有关资料后，符合条件的，可以暂认可适用特殊性税务处理。第二年进行下一步交易后，应按本办法要求，准备相关资料确认适用特殊性税务处理。

第三十三条 上述跨年度分步交易，若当事方在首个纳税年度不能预计整个交易是否符合特殊性税务处理条件，应适用一般性税务处理。在下一纳税年度全部交易完成后，适用特殊性税务处理的，可以调整上一纳税年度的企业所得税年度申报表，涉及多缴税款的，各主管税务机关应退税，或抵缴当年应纳税款。

第三十四条 企业重组的当事各方应该取得并保管与该重组有关的凭证、资料，保管期限按照《征管法》的有关规定执行。

第四章 跨境重组税收管理

第三十五条 发生《通知》第七条规定的重组，凡适用特殊性税务处理规定的，应按照本办法第三章相关规定执行。

第三十六条 发生《通知》第七条第（一）、（二）项规定的重组，适用特殊税务处理的，应按照《国家税务总局关于印发〈非居民企业所得税源泉扣缴管理暂行办法〉的通知》（国税发〔2009〕3号）和《国家税务总局关于加强非居民企业股权转让所得企业所得税管理的通知》（国税函〔2009〕698号）要求，准备资料。

第三十七条 发生《通知》第七条第（三）项规定的重组，居民企业应向其所在地主管税务机关报送以下资料：

（一）当事方的重组情况说明，申请文件中应说明股权转让的商业目的；

（二）双方所签订的股权转让协议；

（三）双方控股情况说明；

（四）由评估机构出具的资产或股权评估报告。报告中应分别列示涉及的各单项被转让资产和负债的公允价值；

（五）证明重组符合特殊性税务处理条件的资料，包括股权或资产转让比例，支付对价情况，以及 12 个月内不改变资产原来的实质性经营活动、不转让所取得股权的承诺书等；

（六）税务机关要求的其他材料。

国家税务总局关于企业重组业务企业所得税征收管理若干问题的公告

（2015 年 6 月 24 日国家税务总局公告 2015 年第 48 号公布　根据 2018 年 6 月 15 日国家税务总局公告 2018 年第 31 号《关于修改部分税收规范性文件的公告》修正）

根据《中华人民共和国企业所得税法》及其实施条例、《中华人民共和国税收征收管理法》及其实施细则、《国务院关于取消非行政许可审批事项的决定》（国发〔2015〕27 号）、《财政部　国家税务总局关于企业重组业务企业所得税处理若干问题的通知》（财税〔2009〕59 号）和《财政部　国家税务总局关于促进企业重组有关企业所得税处理问题的通知》（财税〔2014〕109 号）等有关规定，现对企业重组业务企业所得税征收管理若干问题公告如下：

一、按照重组类型，企业重组的当事各方是指：

（一）债务重组中当事各方，指债务人、债权人。

（二）股权收购中当事各方，指收购方、转让方及被收购企业。

（三）资产收购中当事各方，指收购方、转让方。

（四）合并中当事各方，指合并企业、被合并企业及被合并企业股东。

（五）分立中当事各方，指分立企业、被分立企业及被分立企业股东。

上述重组交易中，股权收购中转让方、合并中被合并企业股东和分立中被分立企业股东，可以是自然人。

当事各方中的自然人应按个人所得税的相关规定进行税务处理。

二、重组当事各方企业适用特殊性税务处理的（指重组业务符合财税〔2009〕59 号文件和财税〔2014〕109 号文件第一条、第二条规定条件并选择特殊性税务处理的，下同），应按如下规定确定重组主导方：

（一）债务重组，主导方为债务人。

（二）股权收购，主导方为股权转让方，涉及两个或两个以上股权转让方，由转让被收购企业股权比例最大的一方作为主导方（转让股权比例相同的可协商确定主导方）。

（三）资产收购，主导方为资产转让方。

（四）合并，主导方为被合并企业，涉及同一控制下多家被合并企业的，以净资产最大的一方为主导方。

（五）分立，主导方为被分立企业。

三、财税〔2009〕59 号文件第十一条所称重组业务完成当年，是指重组日所属的企业所得税纳税年度。

企业重组日的确定，按以下规定处理：

1. 债务重组，以债务重组合同（协议）或法院裁定书生效日为重组日。

2. 股权收购，以转让合同（协议）生效且完成股权变更手续日为重组日。关联企业之间发生股权收购，转让合同（协议）生效后 12 个月内尚未完成股权变更手续的，应以转让合同（协议）生效日为重组日。

3. 资产收购，以转让合同（协议）生效且当事各方已进行会计处理的日期为重组日。

4. 合并，以合并合同（协议）生效、当事各方已进行会计处理且完成工商新设登记或变更登记日为重组日。按规定不需要办理工商新设或变更登记的合并，以合并合同（协议）生效且当事各方已进行会计处理的日期为重组日。

5. 分立，以分立合同（协议）生效、当事各方已进行会计处理且完成工商新设登记或变更登记日为重组日。

四、企业重组业务适用特殊性税务处理的，除财税〔2009〕59 号文件第四条第（一）项所称企业发生其他法律形式简单改变情形外，重组各方应在该重组业务完成当年，办理企业所得税年度申报时，分别向各自主管税务机关报送《企业重组所得税特殊性税务处理报告表及附表》（详见附件 1）和申报资料（详见附件 2）。合并、分立中重组一方涉及注销的，应在尚未办理注销税务登记手续前进行申报。

重组主导方申报后，其他当事方向其主管税务机关办理纳税申报。申报时还应附送重组主导方经主管税务机关受理的《企业重组所得税特殊性税务处理报告表及附表》（复印件）。

五、企业重组业务适用特殊性税务处理的，申报时，应从以下方面逐条说明企业重组具有合理的商业目的：

（一）重组交易的方式；

（二）重组交易的实质结果；

（三）重组各方涉及的税务状况变化；

（四）重组各方涉及的财务状况变化；

（五）非居民企业参与重组活动的情况。

六、企业重组业务适用特殊性税务处理的，申报时，当事各方还应向主管税务机关提交重组前连续12个月内有无与该重组相关的其他股权、资产交易情况的说明，并说明这些交易与该重组是否构成分步交易，是否作为一项企业重组业务进行处理。

七、根据财税〔2009〕59号文件第十条规定，若同一项重组业务涉及在连续12个月内分步交易，且跨两个纳税年度，当事各方在首个纳税年度交易完成时预计整个交易符合特殊性税务处理条件，经协商一致选择特殊性税务处理的，可以暂时适用特殊性税务处理，并在当年企业所得税年度申报时提交书面申报资料。

在下一纳税年度全部交易完成后，企业应判断是否适用特殊性税务处理。如适用特殊性税务处理的，当事各方应按本公告要求申报相关资料；如适用一般性税务处理的，应调整相应纳税年度的企业所得税年度申报表，计算缴纳企业所得税。

八、企业发生财税〔2009〕59号文件第六条第（一）项规定的债务重组，应准确记录应予确认的债务重组所得，并在相应年度的企业所得税汇算清缴时对当年确认额及分年结转额的情况做出说明。

主管税务机关应建立台账，对企业每年申报的债务重组所得与台账进行比对分析，加强后续管理。

九、企业发生财税〔2009〕59号文件第七条第（三）项规定的重组，居民企业应准确记录应予确认的资产或股权转让收益总额，并在相应年度的企业所得税汇算清缴时对当年确认额及分年结转额的情况做出说明。

主管税务机关应建立台账，对居民企业取得股权的计税基础和每年确认的资产或股权转让收益进行比对分析，加强后续管理。

十、适用特殊性税务处理的企业，在以后年度转让或处置重组资产（股权）时，应在年度纳税申报时对资产（股权）转让所得或损失情况进行专项说明，包括特殊性税务处理时确定的重组资产（股权）计税基础与转让或处置时的计税基础的比对情况，以及递延所得税负债的处理情况等。

适用特殊性税务处理的企业，在以后年度转让或处置重组资产（股权）时，主管税务机关应加强评估和检查，将企业特殊性税务处理时确定的重组资产（股权）计税基础与转让或处置时的计税基础及相关的年度纳税申报表比对，发现问题的，应依法进行调整。

十一、税务机关应对适用特殊性税务处理的企业重组做好统计和相关资料的归档工作。各省、自治区、直辖市和计划单列市税务局应于每年8月底前将《企业重组所得税特殊性税务处理统计表》（详见附件3）上报税务总局（所得税司）。

十二、本公告适用于2015年度及以后年度企业所得税汇算清缴。《国家税务总局关于发布〈企业重组业务企业所得税管理办法〉的公告》（国家税务总局公告2010年第4号）第三条、第七条、第八条、第十六条、第十七条、第十八条、第二十二条、第二十三条、第二十四条、第二十五条、第二十七条、第三十二条同时废止。

本公告施行时企业已经签订重组协议,但尚未完成重组的,按本公告执行。

特此公告。

附件:(略)

财政部、国家税务总局关于非货币性资产投资企业所得税政策问题的通知

(2014 年 12 月 31 日　财税〔2014〕116 号)

各省、自治区、直辖市、计划单列市财政厅(局)、国家税务局、地方税务局,新疆生产建设兵团财务局:

为贯彻落实《国务院关于进一步优化企业兼并重组市场环境的意见》(国发〔2014〕14 号),根据《中华人民共和国企业所得税法》及其实施条例有关规定,现就非货币性资产投资涉及的企业所得税政策问题明确如下:

一、居民企业(以下简称企业)以非货币性资产对外投资确认的非货币性资产转让所得,可在不超过 5 年期限内,分期均匀计入相应年度的应纳税所得额,按规定计算缴纳企业所得税。

二、企业以非货币性资产对外投资,应对非货币性资产进行评估并按评估后的公允价值扣除计税基础后的余额,计算确认非货币性资产转让所得。

企业以非货币性资产对外投资,应于投资协议生效并办理股权登记手续时,确认非货币性资产转让收入的实现。

三、企业以非货币性资产对外投资而取得被投资企业的股权,应以非货币性资产的原计税成本为计税基础,加上每年确认的非货币性资产转让所得,逐年进行调整。

被投资企业取得非货币性资产的计税基础,应按非货币性资产的公允价值确定。

四、企业在对外投资 5 年内转让上述股权或投资收回的,应停止执行递延纳税政策,并就递延期内尚未确认的非货币性资产转让所得,在转让股权或投资收回当年的企业所得税年度汇算清缴时,一次性计算缴纳企业所得税;企业在计算股权转让所得时,可按本通知第三条第一款规定将股权的计税基础一次调整到位。

企业在对外投资 5 年内注销的,应停止执行递延纳税政策,并就递延期内尚未确认的非货币性资产转让所得,在注销当年的企业所得税年度汇算清缴时,一次性计算缴纳企业所得税。

五、本通知所称非货币性资产,是指现金、银行存款、应收账款、应收票据以及

准备持有至到期的债券投资等货币性资产以外的资产。

本通知所称非货币性资产投资，限于以非货币性资产出资设立新的居民企业，或将非货币性资产注入现存的居民企业。

六、企业发生非货币性资产投资，符合《财政部、国家税务总局关于企业重组业务企业所得税处理若干问题的通知》（财税〔2009〕59 号）等文件规定的特殊性税务处理条件的，也可选择按特殊性税务处理规定执行。

七、本通知自 2014 年 1 月 1 日起执行。本通知发布前尚未处理的非货币性资产投资，符合本通知规定的可按本通知执行。

财政部　国家税务总局关于促进企业重组有关企业所得税处理问题的通知

（2014 年 12 月 25 日　财税〔2014〕109 号）

各省、自治区、直辖市、计划单列市财政厅（局）、国家税务局、地方税务局，新疆生产建设兵团财务局：

为贯彻落实《国务院关于进一步优化企业兼并重组市场环境的意见》（国发〔2014〕14 号），根据《中华人民共和国企业所得税法》及其实施条例有关规定，现就企业重组有关企业所得税处理问题明确如下：

一、关于股权收购

将《财政部 国家税务总局关于企业重组业务企业所得税处理若干问题的通知》（财税〔2009〕59 号）第六条第（二）项中有关“股权收购，收购企业购买的股权不低于被收购企业全部股权的 75%”规定调整为“股权收购，收购企业购买的股权不低于被收购企业全部股权的 50%”。

二、关于资产收购

将财税〔2009〕财税〔2009〕59 号件第六条第（三）项中有关“资产收购，受让企业收购的资产不低于转让企业全部资产的 75%”规定调整为“资产收购，受让企业收购的资产不低于转让企业全部资产的 50%”。

三、关于股权、资产划转

对 100% 直接控制的居民企业之间，以及受同一或相同多家居民企业 100% 直接控制的居民企业之间按账面净值划转股权或资产，凡具有合理商业目的、不以减少、免除或者推迟缴纳税款为主要目的，股权或资产划转后连续 12 个月内不改变被划转股权或资产原来实质性经营活动，且划出方企业和划入方企业均未在会计上确认损益的，可以选择按以下规定进行特殊性税务处理：

1. 划出方企业和划入方企业均不确认所得。

2. 划入方企业取得被划转股权或资产的计税基础，以被划转股权或资产的原账面净值确定。

3. 划入方企业取得的被划转资产，应按其原账面净值计算折旧扣除。

四、本通知自2014年1月1日起执行。本通知发布前尚未处理的企业重组，符合本通知规定的可按本通知执行。

国家税务总局关于资产(股权)划转企业所得税征管问题的公告

(2015年5月27日　国家税务总局公告2015年第40号)

《国务院关于进一步优化企业兼并重组市场环境的意见》(国发〔2014〕14号)和《财政部 国家税务总局关于促进企业重组有关企业所得税处理问题的通知》(财税〔2014〕109号，以下简称《通知》)下发后，各地陆续反映在企业重组所得税政策执行过程中有些征管问题亟须明确。经研究，现就股权或资产划转企业所得税征管问题公告如下：

一、《通知》第三条所称"100%直接控制的居民企业之间，以及受同一或相同多家居民企业100%直接控制的居民企业之间按账面净值划转股权或资产"，限于以下情形：

(一)100%直接控制的母子公司之间，母公司向子公司按账面净值划转其持有的股权或资产，母公司获得子公司100%的股权支付。母公司按增加长期股权投资处理，子公司按接受投资(包括资本公积，下同)处理。母公司获得子公司股权的计税基础以划转股权或资产的原计税基础确定。

(二)100%直接控制的母子公司之间，母公司向子公司按账面净值划转其持有的股权或资产，母公司没有获得任何股权或非股权支付。母公司按冲减实收资本(包括资本公积，下同)处理，子公司按接受投资处理。

(三)100%直接控制的母子公司之间，子公司向母公司按账面净值划转其持有的股权或资产，子公司没有获得任何股权或非股权支付。母公司按收回投资处理，或按接受投资处理，子公司按冲减实收资本处理。母公司应按被划转股权或资产的原计税基础，相应调减持有子公司股权的计税基础。

(四)受同一或相同多家母公司100%直接控制的子公司之间，在母公司主导下，一家子公司向另一家子公司按账面净值划转其持有的股权或资产，划出方没有获得任何股权或非股权支付。划出方按冲减所有者权益处理，划入方按接受投资处理。

二、《通知》第三条所称“股权或资产划转后连续12个月内不改变被划转股权或资产原来实质性经营活动”，是指自股权或资产划转完成日起连续12个月内不改变被划转股权或资产原来实质性经营活动。

股权或资产划转完成日，是指股权或资产划转合同(协议)或批复生效，且交易双方已进行会计处理的日期。

三、《通知》第三条所称“划入方企业取得被划转股权或资产的计税基础，以被划转股权或资产的原账面净值确定”，是指划入方企业取得被划转股权或资产的计税基础，以被划转股权或资产的原计税基础确定。

《通知》第三条所称“划入方企业取得的被划转资产，应按其原账面净值计算折旧扣除”，是指划入方企业取得的被划转资产，应按被划转资产的原计税基础计算折旧扣除或摊销。

四、按照《通知》第三条规定进行特殊性税务处理的股权或资产划转，交易双方应在协商一致的基础上，采取一致处理原则统一进行特殊性税务处理。

五、交易双方应在企业所得税年度汇算清缴时，分别向各自主管税务机关报送《居民企业资产(股权)划转特殊性税务处理申报表》(详见附件)和相关资料(一式两份)。

相关资料包括：

1. 股权或资产划转总体情况说明，包括基本情况、划转方案等，并详细说明划转的商业目的；

2. 交易双方或多方签订的股权或资产划转合同(协议)，需有权部门(包括内部和外部)批准的，应提供批准文件；

3. 被划转股权或资产账面净值和计税基础说明；

4. 交易双方按账面净值划转股权或资产的说明(需附会计处理资料)；

5. 交易双方均未在会计上确认损益的说明(需附会计处理资料)；

6. 12个月内不改变被划转股权或资产原来实质性经营活动的承诺书。

六、交易双方应在股权或资产划转完成后的下一年度的企业所得税年度申报时，各自向主管税务机关提交书面情况说明，以证明被划转股权或资产自划转完成日后连续12个月内，没有改变原来的实质性经营活动。

七、交易一方在股权或资产划转完成日后连续12个月内发生生产经营业务、公司性质、资产或股权结构等情况变化，致使股权或资产划转不再符合特殊性税务处理条件的，发生变化的交易一方应在情况发生变化的30日内报告其主管税务机关，同时书面通知另一方。另一方应在接到通知后30日内将有关变化报告其主管税务机关。

八、本公告第七条所述情况发生变化后60日内，原交易双方应按以下规定进行税务处理：

（一）属于本公告第一条第（一）项规定情形的，母公司应按原划转完成时股权或资产的公允价值视同销售处理，并按公允价值确认取得长期股权投资的计税基础；子公司按公允价值确认划入股权或资产的计税基础。

属于本公告第一条第（二）项规定情形的，母公司应按原划转完成时股权或资产的公允价值视同销售处理；子公司按公允价值确认划入股权或资产的计税基础。

属于本公告第一条第（三）项规定情形的，子公司应按原划转完成时股权或资产的公允价值视同销售处理；母公司应按撤回或减少投资进行处理。

属于本公告第一条第（四）项规定情形的，划出方应按原划转完成时股权或资产的公允价值视同销售处理；母公司根据交易情形和会计处理对划出方按分回股息进行处理，或者按撤回或减少投资进行处理，对划入方按以股权或资产的公允价值进行投资处理；划入方按接受母公司投资处理，以公允价值确认划入股权或资产的计税基础。

（二）交易双方应调整划转完成纳税年度的应纳税所得额及相应股权或资产的计税基础，向各自主管税务机关申请调整划转完成纳税年度的企业所得税年度申报表，依法计算缴纳企业所得税。

九、交易双方的主管税务机关应对企业申报适用特殊性税务处理的股权或资产划转加强后续管理。

十、本公告适用2014年度及以后年度企业所得税汇算清缴。此前尚未进行税务处理的股权、资产划转，符合《通知》第三条和本公告规定的可按本公告执行。

特此公告。

财政部　国家税务总局关于完善股权激励和技术入股有关所得税政策的通知（节录）

（2016年9月20日　财税〔2016〕101号）

各省、自治区、直辖市、计划单列市财政厅（局）、国家税务局、地方税务局，新疆生产建设兵团财务局：

为支持国家大众创业、万众创新战略的实施，促进我国经济结构转型升级，经国务院批准，现就完善股权激励和技术入股有关所得税政策通知如下：

三、对技术成果投资入股实施选择性税收优惠政策

（一）企业或个人以技术成果投资入股到境内居民企业，被投资企业支付的对价全部为股票（权）的，企业或个人可选择继续按现行有关税收政策执行，也可选择适用递延纳税优惠政策。

选择技术成果投资入股递延纳税政策的，经向主管税务机关备案，投资入股当期可暂不纳税，允许递延至转让股权时，按股权转让收入减去技术成果原值和合理税费后的差额计算缴纳所得税。

（二）企业或个人选择适用上述任一项政策，均允许被投资企业按技术成果投资入股时的评估值入账并在企业所得税前摊销扣除。

（三）技术成果是指专利技术（含国防专利）、计算机软件著作权、集成电路布图设计专有权、植物新品种权、生物医药新品种，以及科技部、财政部、国家税务总局确定的其他技术成果。

（四）技术成果投资入股，是指纳税人将技术成果所有权让渡给被投资企业、取得该企业股票（权）的行为。

四、相关政策

……

（二）个人因股权激励、技术成果投资入股取得股权后，非上市公司在境内上市的，处置递延纳税的股权时，按照现行限售股有关征税规定执行。

（三）个人转让股权时，视同享受递延纳税优惠政策的股权优先转让。递延纳税的股权成本按照加权平均法计算，不与其他方式取得的股权成本合并计算。

（四）持有递延纳税的股权期间，因该股权产生的转增股本收入，以及以该递延纳税的股权再进行非货币性资产投资的，应在当期缴纳税款。

（五）全国中小企业股份转让系统挂牌公司按照本通知第一条规定执行。

适用本通知第二条规定的上市公司是指其股票在上海证券交易所、深圳证券交易所上市交易的股份有限公司。

五、配套管理措施

（一）对股权激励或技术成果投资入股选择适用递延纳税政策的，企业应在规定期限内到主管税务机关办理备案手续。未办理备案手续的，不得享受本通知规定的递延纳税优惠政策。

（二）企业实施股权激励或个人以技术成果投资入股，以实施股权激励或取得技术成果的企业为个人所得税扣缴义务人。递延纳税期间，扣缴义务人应在每个纳税年度终了后向主管税务机关报告递延纳税有关情况。

（三）工商部门应将企业股权变更信息及时与税务部门共享，暂不具备联网实时共享信息条件的，工商部门应在股权变更登记3个工作日内将信息与税务部门共享。

六、本通知自2016年9月1日起施行。

中关村国家自主创新示范区2016年1月1日至8月31日之间发生的尚未纳税的股权奖励事项，符合本通知规定的相关条件的，可按本通知有关政策执行。

二、个人所得税

财政部　国家税务总局关于个人非货币性资产投资有关个人所得税政策的通知

（2015年3月30日　财税〔2015〕41号）

各省、自治区、直辖市、计划单列市财政厅（局）、地方税务局，新疆生产建设兵团财务局：

为进一步鼓励和引导民间个人投资，经国务院批准，将在上海自由贸易试验区试点的个人非货币性资产投资分期缴税政策推广至全国。现就个人非货币性资产投资有关个人所得税政策通知如下：

一、个人以非货币性资产投资，属于个人转让非货币性资产和投资同时发生。对个人转让非货币性资产的所得，应按照“财产转让所得”项目，依法计算缴纳个人所得税。

二、个人以非货币性资产投资，应按评估后的公允价值确认非货币性资产转让收入。非货币性资产转让收入减除该资产原值及合理税费后的余额为应纳税所得额。

个人以非货币性资产投资，应于非货币性资产转让、取得被投资企业股权时，确认非货币性资产转让收入的实现。

三、个人应在发生上述应税行为的次月15日内向主管税务机关申报纳税。

纳税人一次性缴税有困难的，可合理确定分期缴纳计划并报主管税务机关备案后，自发生上述应税行为之日起不超过5个公历年度内（含）分期缴纳个人所得税。

四、个人以非货币性资产投资交易过程中取得现金补价的，现金部分应优先用于缴税；现金不足以缴纳的部分，可分期缴纳。

个人在分期缴税期间转让其持有的上述全部或部分股权，并取得现金收入的，该现金收入应优先用于缴纳尚未缴清的税款。

五、本通知所称非货币性资产，是指现金、银行存款等货币性资产以外的资产，包括股权、不动产、技术发明成果以及其他形式的非货币性资产。

本通知所称非货币性资产投资，包括以非货币性资产出资设立新的企业，以及以非货币性资产出资参与企业增资扩股、定向增发股票、股权置换、重组改制等投资行为。

六、本通知规定的分期缴税政策自2015年4月1日起施行。

对2015年4月1日之前发生的个人非货币性资产投资，尚未进行税收处理且自发生上述应税行为之日起期限未超过5年的，可在剩余的期限内分期缴纳其应纳税款。

财政部、国家税务总局关于创业投资企业和天使投资个人有关税收政策的通知

（2018年5月14日　财税〔2018〕55号）

各省、自治区、直辖市、计划单列市财政厅（局）、国家税务局、地方税务局，新疆生产建设兵团财政局：

为进一步支持创业投资发展，现就创业投资企业和天使投资个人有关税收政策问题通知如下：

一、税收政策内容

（一）公司制创业投资企业采取股权投资方式直接投资于种子期、初创期科技型企业（以下简称初创科技型企业）满2年（24个月，下同）的，可以按照投资额的70%在股权持有满2年的当年抵扣该公司制创业投资企业的应纳税所得额；当年不足抵扣的，可以在以后纳税年度结转抵扣。

（二）有限合伙制创业投资企业（以下简称合伙创投企业）采取股权投资方式直接投资于初创科技型企业满2年的，该合伙创投企业的合伙人分别按以下方式处理：

1. 法人合伙人可以按照对初创科技型企业投资额的70%抵扣法人合伙人从合伙创投企业分得的所得；当年不足抵扣的，可以在以后纳税年度结转抵扣。

2. 个人合伙人可以按照对初创科技型企业投资额的70%抵扣个人合伙人从合伙创投企业分得的经营所得；当年不足抵扣的，可以在以后纳税年度结转抵扣。

（三）天使投资个人采取股权投资方式直接投资于初创科技型企业满2年的，可以按照投资额的70%抵扣转让该初创科技型企业股权取得的应纳税所得额；当期不足抵扣的，可以在以后取得转让该初创科技型企业股权的应纳税所得额时结转抵扣。

天使投资个人投资多个初创科技型企业的，对其中办理注销清算的初创科技型企业，天使投资个人对其投资额的70%尚未抵扣完的，可自注销清算之日起36

个月内抵扣天使投资个人转让其他初创科技型企业股权取得的应纳税所得额。

二、相关政策条件

（一）本通知所称初创科技型企业，应同时符合以下条件：

1. 在中国境内（不包括港、澳、台地区）注册成立、实行查账征收的居民企业；

2. 接受投资时，从业人数不超过200人，其中具有大学本科以上学历的从业人数不低于30%；资产总额和年销售收入均不超过3000万元；

3. 接受投资时设立时间不超过5年（60个月）；

4. 接受投资时以及接受投资后2年内未在境内外证券交易所上市；

5. 接受投资当年及下一纳税年度，研发费用总额占成本费用支出的比例不低于20%。

（二）享受本通知规定税收政策的创业投资企业，应同时符合以下条件：

1. 在中国境内（不含港、澳、台地区）注册成立、实行查账征收的居民企业或合伙创投企业，且不属于被投资初创科技型企业的发起人；

2. 符合《创业投资企业管理暂行办法》（发展改革委等10部门令第39号）规定或者《私募投资基金监督管理暂行办法》（证监会令第105号）关于创业投资基金的特别规定，按照上述规定完成备案且规范运作；

3. 投资后2年内，创业投资企业及其关联方持有被投资初创科技型企业的股权比例合计应低于50%。

（三）享受本通知规定的税收政策的天使投资个人，应同时符合以下条件：

1. 不属于被投资初创科技型企业的发起人、雇员或其亲属（包括配偶、父母、子女、祖父母、外祖父母、孙子女、外孙子女、兄弟姐妹，下同），且与被投资初创科技型企业不存在劳务派遣等关系；

2. 投资后2年内，本人及其亲属持有被投资初创科技型企业股权比例合计应低于50%。

（四）享受本通知规定的税收政策的投资，仅限于通过向被投资初创科技型企业直接支付现金方式取得的股权投资，不包括受让其他股东的存量股权。

三、管理事项及管理要求

（一）本通知所称研发费用口径，按照《财政部 国家税务总局 科技部关于完善研究开发费用税前加计扣除政策的通知》（财税〔2015〕119号）等规定执行。

（二）本通知所称从业人数，包括与企业建立劳动关系的职工人员及企业接受的劳务派遣人员。从业人数和资产总额指标，按照企业接受投资前连续12个月的平均数计算，不足12个月的，按实际月数平均计算。

本通知所称销售收入，包括主营业务收入与其他业务收入；年销售收入指标，按照企业接受投资前连续12个月的累计数计算，不足12个月的，按实际月数累计计算。

本通知所称成本费用，包括主营业务成本、其他业务成本、销售费用、管理费用、财务费用。

（三）本通知所称投资额，按照创业投资企业或天使投资个人对初创科技型企业的实缴投资额确定。

合伙创投企业的合伙人对初创科技型企业的投资额，按照合伙创投企业对初创科技型企业的实缴投资额和合伙协议约定的合伙人占合伙创投企业的出资比例计算确定。合伙人从合伙创投企业分得的所得，按照《财政部　国家税务总局关于合伙企业合伙人所得税问题的通知》（财税〔2008〕159号）规定计算。

（四）天使投资个人、公司制创业投资企业、合伙创投企业、合伙创投企业法人合伙人、被投资初创科技型企业应按规定办理优惠手续。

（五）初创科技型企业接受天使投资个人投资满2年，在上海证券交易所、深圳证券交易所上市的，天使投资个人转让该企业股票时，按照现行限售股有关规定执行，其尚未抵扣的投资额，在税款清算时一并计算抵扣。

（六）享受本通知规定的税收政策的纳税人，其主管税务机关对被投资企业是否符合初创科技型企业条件有异议的，可以转请被投资企业主管税务机关提供相关材料。对纳税人提供虚假资料，违规享受税收政策的，应按税收征管法相关规定处理，并将其列入失信纳税人名单，按规定实施联合惩戒措施。

四、执行时间

本通知规定的天使投资个人所得税政策自2018年7月1日起执行，其他各项政策自2018年1月1日起执行。执行日期前2年内发生的投资，在执行日期后投资满2年，且符合本通知规定的其他条件的，可以适用本通知规定的税收政策。

《财政部 税务总局关于创业投资企业和天使投资个人有关税收试点政策的通知》（财税〔2017〕38号）自2018年7月1日起废止，符合试点政策条件的投资额可按本通知的规定继续抵扣。

三、增 值 税

国家税务总局关于纳税人资产重组有关增值税问题的公告

(2011年2月18日　国家税务总局公告2011年第13号)

根据《中华人民共和国增值税暂行条例》及其实施细则的有关规定,现将纳税人资产重组有关增值税问题公告如下:

纳税人在资产重组过程中,通过合并、分立、出售、置换等方式,将全部或者部分实物资产以及与其相关联的债权、负债和劳动力一并转让给其他单位和个人,不属于增值税的征税范围,其中涉及的货物转让,不征收增值税。

本公告自2011年3月1日起执行。此前未作处理的,按照本公告的规定执行。《国家税务总局关于转让企业全部产权不征收增值税问题的批复》(国税函〔2002〕420号)、《国家税务总局关于纳税人资产重组有关增值税政策问题的批复》(国税函〔2009〕585号)、《国家税务总局关于中国直播卫星有限公司转让全部产权有关增值税问题的通知》(国税函〔2010〕350号)同时废止。

特此公告。

营业税改征增值税试点有关事项的规定

(财税〔2016〕36号)(附件2相关内容)

(二)不征收增值税项目。

1. 根据国家指令无偿提供的铁路运输服务、航空运输服务,属于《试点实施办法》第十四条规定的用于公益事业的服务。

2. 存款利息。

3. 被保险人获得的保险赔付。

4. 房地产主管部门或者其指定机构、公积金管理中心、开发企业以及物业管理单位代收的住宅专项维修资金。

5. 在资产重组过程中，通过合并、分立、出售、置换等方式，将全部或者部分实物资产以及与其相关联的债权、负债和劳动力一并转让给其他单位和个人，其中涉及的不动产、土地使用权转让行为。

四、土地增值税

财政部　国家税务总局关于继续实施企业改制重组有关土地增值税政策的通知

（2018年5月16日　财税〔2018〕57号）

各省、自治区、直辖市、计划单列市财政厅（局）、地方税务局，西藏、宁夏回族自治区国家税务局，新疆生产建设兵团财政局：

为支持企业改制重组，优化市场环境，现将继续执行企业在改制重组过程中涉及的土地增值税政策通知如下：

一、按照《中华人民共和国公司法》的规定，非公司制企业整体改制为有限责任公司或者股份有限公司，有限责任公司（股份有限公司）整体改制为股份有限公司（有限责任公司），对改制前的企业将国有土地使用权、地上的建筑物及其附着物（以下称房地产）转移、变更到改制后的企业，暂不征土地增值税。

本通知所称整体改制是指不改变原企业的投资主体，并承继原企业权利、义务的行为。

二、按照法律规定或者合同约定，两个或两个以上企业合并为一个企业，且原企业投资主体存续的，对原企业将房地产转移、变更到合并后的企业，暂不征土地增值税。

三、按照法律规定或者合同约定，企业分设为两个或两个以上与原企业投资主体相同的企业，对原企业将房地产转移、变更到分立后的企业，暂不征土地增值税。

四、单位、个人在改制重组时以房地产作价入股进行投资，对其将房地产转移、变更到被投资的企业，暂不征土地增值税。

五、上述改制重组有关土地增值税政策不适用于房地产转移任意一方为房地产开发企业的情形。

六、企业改制重组后再转让国有土地使用权并申报缴纳土地增值税时，应以改制前取得该宗国有土地使用权所支付的地价款和按国家统一规定缴纳的有关费用，作为该企业“取得土地使用权所支付的金额”扣除。企业在改制重组过程中经省级以上（含省级）国土管理部门批准，国家以国有土地使用权作价出资入股的，再转让该宗国有土地使用权并申报缴纳土地增值税时，应以该宗土地作价入股时省级以上（含省级）国土管理部门批准的评估价格，作为该企业“取得土地使用权所支付的金额”扣除。办理纳税申报时，企业应提供该宗土地作价入股时省级以上（含省级）国土管理部门的批准文件和批准的评估价格，不能提供批准文件和批准的评估价格的，不得扣除。

七、企业在申请享受上述土地增值税优惠政策时，应向主管税务机关提交房地产转移双方营业执照、改制重组协议或等效文件，相关房地产权属和价值证明、转让方改制重组前取得土地使用权所支付地价款的凭据（复印件）等书面材料。

八、本通知所称不改变原企业投资主体、投资主体相同，是指企业改制重组前后出资人不发生变动，出资人的出资比例可以发生变动；投资主体存续，是指原企业出资人必须存在于改制重组后的企业，出资人的出资比例可以发生变动。

九、本通知执行期限为 2018 年 1 月 1 日至 2020 年 12 月 31 日。

五、契　　税

财政部、国家税务总局关于继续支持企业、事业单位改制重组有关契税政策的通知

(2018 年 3 月 2 日　财税〔2018〕17 号)

各省、自治区、直辖市、计划单列市财政厅(局)、地方税务局,西藏、宁夏、青海省(自治区)国家税务局,新疆生产建设兵团财政局:

为贯彻落实《国务院关于进一步优化企业兼并重组市场环境的意见》(国发〔2014〕14 号),继续支持企业、事业单位改制重组,现就企业、事业单位改制重组涉及的契税政策通知如下:

一、企业改制

企业按照《中华人民共和国公司法》有关规定整体改制,包括非公司制企业改制为有限责任公司或股份有限公司,有限责任公司变更为股份有限公司,股份有限公司变更为有限责任公司,原企业投资主体存续并在改制(变更)后的公司中所持股权(股份)比例超过 75%,且改制(变更)后公司承继原企业权利、义务的,对改制(变更)后公司承受原企业土地、房屋权属,免征契税。

二、事业单位改制

事业单位按照国家有关规定改制为企业,原投资主体存续并在改制后企业中出资(股权、股份)比例超过 50%的,对改制后企业承受原事业单位土地、房屋权属,免征契税。

三、公司合并

两个或两个以上的公司,依照法律规定、合同约定,合并为一个公司,且原投资主体存续的,对合并后公司承受原合并各方土地、房屋权属,免征契税。

四、公司分立

公司依照法律规定、合同约定分立为两个或两个以上与原公司投资主体相同的公司,对分立后公司承受原公司土地、房屋权属,免征契税。

五、企业破产

企业依照有关法律法规规定实施破产,债权人(包括破产企业职工)承受破产企业抵偿债务的土地、房屋权属,免征契税;对非债权人承受破产企业土地、房屋权属,凡按照《中华人民共和国劳动法》等国家有关法律法规政策妥善安置原企业全

部职工规定，与原企业全部职工签订服务年限不少于三年的劳动用工合同的，对其承受所购企业土地、房屋权属，免征契税；与原企业超过 30% 的职工签订服务年限不少于三年的劳动用工合同的，减半征收契税。

六、资产划转

对承受县级以上人民政府或国有资产管理部门按规定进行行政性调整、划转国有土地、房屋权属的单位，免征契税。

同一投资主体内部所属企业之间土地、房屋权属的划转，包括母公司与其全资子公司之间，同一公司所属全资子公司之间，同一自然人与其设立的个人独资企业、一人有限公司之间土地、房屋权属的划转，免征契税。

母公司以土地、房屋权属向其全资子公司增资，视同划转，免征契税。

七、债权转股权

经国务院批准实施债权转股权的企业，对债权转股权后新设立的公司承受原企业的土地、房屋权属，免征契税。

八、划拨用地出让或作价出资

以出让方式或国家作价出资（入股）方式承受原改制重组企业、事业单位划拨用地的，不属上述规定的免税范围，对承受方应按规定征收契税。

九、公司股权（股份）转让

在股权（股份）转让中，单位、个人承受公司股权（股份），公司土地、房屋权属不发生转移，不征收契税。

十、有关用语含义

本通知所称企业、公司，是指依照我国有关法律法规设立并在中国境内注册的企业、公司。

本通知所称投资主体存续，是指原企业、事业单位的出资人必须存在于改制重组后的企业，出资人的出资比例可以发生变动；投资主体相同，是指公司分立前后出资人不发生变动，出资人的出资比例可以发生变动。

本通知自 2018 年 1 月 1 日起至 2020 年 12 月 31 日执行。本通知发布前，企业、事业单位改制重组过程中涉及的契税尚未处理的，符合本通知规定的可按本通知执行。

图书在版编目(CIP)数据

资本之税. 2，投资并购重组节税策划 / 张远堂著
. -- 北京：法律出版社，2020
ISBN 978-7-5197-4315-4

Ⅰ. ①资… Ⅱ. ①张… Ⅲ. ①企业-投资-税收管理-中国②企业合并-税收管理-中国 Ⅳ. ①F812.423

中国版本图书馆 CIP 数据核字(2020)第 045641 号

资本之税 2:投资并购重组节税策划
ZIBEN ZHISHUI 2:
TOUZI BINGGOU CHONGZU JIESHUI CEHUA

张远堂 著

责任编辑 慕雪丹 章 雯
装帧设计 马 帅

出版 法律出版社
总发行 中国法律图书有限公司
经销 新华书店
印刷 固安华明印业有限公司
责任印制 胡晓雅

编辑统筹 法商出版分社
开本 710 毫米×1000 毫米 1/16
印张 17
字数 342 千
版本 2020 年 5 月第 1 版
印次 2020 年 5 月第 1 次印刷

法律出版社/北京市丰台区莲花池西里 7 号(100073)
网址/www.lawpress.com.cn
投稿邮箱/info@lawpress.com.cn
举报维权邮箱/jbwq@lawpress.com.cn
销售热线/400-660-8393
咨询电话/010-63939796

中国法律图书有限公司/北京市丰台区莲花池西里 7 号(100073)
全国各地中法图分、子公司销售电话：
统一销售客服/400-660-8393/6393
第一法律书店/010-83938432/8433
西安分公司/029-85330678
重庆分公司/023-67453036
上海分公司/021-62071010/1636
深圳分公司/0755-83072995

书号:ISBN 978-7-5197-4315-4
定价:69.00 元